山东省社会科学规划研究一般项目

（16CXWJ02）研究成果

店名文化传播研究

李洪彩　著

知识产权出版社

全国百佳图书出版单位

图书在版编目（CIP）数据

店名文化传播研究 / 李洪彩著 . — 北京：知识产权出版社，2018.5
ISBN 978-7-5130-5527-7

Ⅰ . ①店… Ⅱ . ①李… Ⅲ . ①商店－文化传播－研究－中国 Ⅳ . ①F717

中国版本图书馆 CIP 数据核字（2018）第 074459 号

内容提要

店铺语言是社会政治、经济、文化、心理等方面的直接反映，它体现一个民族的哲学观念、思维模式、文化心理、道德观念、生活习俗、社会制度乃至政治信仰，是社会文化传播的一个重要研究领域。本书从传播学的视角，在深入地研究店名的起源、发展、现状与展望的基础上，建构了一个当代店名文化传播研究的学术体系。

责任编辑：卢媛媛

店名文化传播研究
DIANMING WENHUA CHUANBO YANJIU

李洪彩 著

出版发行：知识产权出版社有限责任公司		网　　址：http://www.ipph.cn	
电　话：010–82004826		http://www.laichushu.com	
社　址：北京市海淀区气象路50号院		邮　编：100081	
责编电话：010–82000860转8597		责编邮箱：luyuanyuan@cnipr.com	
发行电话：010–82000860转8101		发行传真：010–82000893	
印　刷：北京中献拓方科技发展有限公司		经　销：各大网上书店、新华书店及相关专业书店	
开　本：720mm×1000mm　1/16		印　张：13.5	
版　次：2018年5月第1版		印　次：2018年5月第1次印刷	
字　数：230千字		定　价：48.00元	
ISBN 978-7-5130-5527-7			

开拓新闻传播教学与研究的新空间

——"新闻传播教学与研究书系"总序

杨中举

传播改变世界。人类每一次传播技术的发明都会引发人类社会文化的历史性变革，口语传播、文字传播、印刷传播、电子传播、网络传播等各个发展阶段，无不为人类积累了丰富的文化财富，掀起社会文化变革的无数次浪潮，比如对于印刷术的发明，法国浪漫主义文化生产者雨果曾充满豪情地写道："书籍将要消灭建筑，印刷术的发明是重大的历史事件，它是革命之母，它是人类全新的表现方式……在印刷的形式下，思想比任何时候都更易于流传，它是飞翔的、逮不住的、不能毁灭的，它和空气溶合在一起……它是人类的第二座巴别塔。"（雨果：《巴黎圣母院》，陈敬容译，人民文学出版社，1994年，第211-218页）可以说，技术能够不断地拓展人类发展的新领域，展开更加富有魅力的文明画卷，也会翻开旧账簿，使古久的文化信息再次飞扬；同时传播也在过滤着一切，使不定型的东西定型，使虚伪的东西、无生命力的东西烟消云散。历史地看，人类传播是一个不断叠加的过程，从原初单一化的传播方式，到现代异彩纷呈的传播手段，传播已经滚雪球般成为一座文化星球，大放光芒。特别是互联网技术、微传播技术的高智能化发展，极大地解放了传播生产力，如电脑、手机等新传播工具的微型化、小型化、可视化、便携化，使得传统媒介与新兴传播媒介都插上了崭新翅膀，飞翔的姿态为之一新，在此背景下新闻传播学的教学与研究也被赋予了新的视角、新的阐释维度，由此进一步深化人们对传播领域的新认识、新探索。但是这种新探索，从逻辑上看，不能是单一的新技术手段与传播现象的简单相加，比如"互联网+"不能被简单地理解为"+互联网"（即互联网与不同行业的简单相加），而是一种新的思维方式、存在方式、生活方式，是一种对社会文化发展具有重要作用的新技术、新业态。因此，活在当下的人们无法回避它的影响与塑造，必须去学会、掌握、使用、批判它，以新思维、新视角研究和解决问题。

因之，新闻传播学的教学与研究日新，有关新媒体教学与研究的成果不断涌现，如网络文化研究、博客研究、微电影研究、微博研究、手机（移动终端）传播研究等方面成果丰富，特别是青年学子们在硕、博士论文选题中更青睐新媒体研究，引入了新理论、新方法，为传播研究注入了新血液，增添了新活力。中国传播学研究中心城市北京、上海、武汉、南京、广州、成都、重庆等地的高校成为新媒体、新传播研究的学术重镇，成为学界、业界的领航员，为新传播研究培养了大批人才；同时，各地方高校、地方媒体相关专业学人也参与到这一时代的大合唱中，各自发挥自己的优势，进行相关研究，从"边缘"呼应着"中心"。

基于此，"新闻传播教学与研究书系"也尝试以开放的姿态，以新传播技术为基础，一方面对传统的传播现象、传播文化进行再讨论，以期发现在新技术背景下传统的传播文化大大小小的变化，梳理其特征，探寻其规律，为业界、学界提供参考；另一方面，更多地关注传播新现象、新问题，对当下因传播新技术、新媒介的运用而产生的新变化、新领域进行研究，为人们更好地认识、理解、应用这些新媒介服务。这决定了"新传播教学与研究书系"的选题范围广、角度多，从传统传播研究到新兴传媒文化现象讨论均可以涉及，研究书系小组只论证大的框架结构，把握传播思想、立场、方向，严肃学术规范与知识产权问题，而把题目选择权、写作权、研究权交给作者，充分尊重作者的意见；研究方法也是开放的，量化、质化研究不限，自由思辨、逻辑论证交融，事实分析、科学论证与自主创意并存，传统与现代并用，中西方结合，跨学科交叉，从而彻底解放论者手脚，实现百家争鸣。

当然这种百家争鸣是建立在尊重传播规律，遵守科学范式，弘扬社会主义核心价值观基础之上，体现在制度自信、道路自信、理论自信、文化自信基础之上，每一位学人、从业者都应当担负国家民族责任、承担社会义务、明确教育职责和新闻传播职业操守、不辱学术使命、不失学人品格，要高境界、宽眼界、有边界，传播正能量。

本研究书系的作者，大都来自教育一线、传媒业界，来自不同的学科专业，摆脱了单纯的专业限制，这符合当下传播学跨学科、跨文化发展的实际。他们大都是青年教师、业界青年新闻传播工作者，有的还是在读研究生和相关专业本科学生，知识新、思维活跃，对新兴传媒有着浓厚兴趣，更是使用和实践新传播技术的主力军，从事相关思考与研究，有一点儿发言权；从这些作者的学术背景看，他们来自传媒理论、传媒技术、传媒艺术三个领域，同时学历背景文理兼容，能够满足新闻传播研究对人文社科知识和相关理工科技知识的要求。

当然，年轻人也有年轻的劣势，研究基础不牢，学术经验不丰富，深度不够，做事比较急躁，研究中一定会存在各种各样的问题。我们应当正视这些问题，加以提醒、解决，同时也要允许问题的存在，只要不是大方向走错，青年人的蹒跚学步也是其成长道路上无法回避的问题。这就需要传播学界前辈、专家学者关心年轻人，对他们给予指导、批评、纠正、引领。我们相信有学界前辈们的指点，有年轻人自身的奋发努力，有所在单位学术组织的督促，新传播环境下的新传播研究一定会不断涌现出新成果。

目 录
CONTENTS

第一章　店名的起源与研究现状

第一节　店名的起源

任何一种新事物、新现象的产生，既与当时的社会发展条件密切相关，又和人们的生活需求相联系。商品、市场、店铺的产生遵循了这样的规律：社会生产力水平低下时，人们生产的产品严重不足，仅仅处于一种自给自足的状态；随着人类认识世界和改造世界能力的逐渐提高，社会生产力水平不断提升，人类社会不断发展和进步，在社会上出现了大量的剩余产品，人们相互之间产生了物质交换的需求，这些主客观条件的成熟促进了商品交换活动的场所——市场（市肆）的产生。

市场是商铺产生的前奏，具体年代已不可考，最早可以追溯到原始社会末期。据《易·系辞》记载："神农日中为市，致天下之民，聚天下之货，交易而退，各得其所。"这是我国历史文献中有关市场的最早记载，距今约有 2600 年的历史。宋代司马光著《资治通鉴》认为神农时期即开始了市场及相关活动，[1] 使《易经》中的这一记载有了可靠的历史佐证。当然，这个时期的市场是简单的物物交换，衡量商品价值的唯一标准就是双方的需求，遵守"需要的就是最好的"这种原始市场价值规律。

货币出现以后，社会商品越来越发达，尤其同类商品间出现一定的竞争态势，卖家为了吸引顾客注意，开始早期的商业叫卖，形成真正商业意义上的"行商"或"摊位小贩"。最早的叫卖内容就是其所卖对象，即所谓"卖啥吆喝啥"，都是露天的简单叫卖，如"棉布""玉米""锄头"等，虽然叫卖很简单，但是能让买主有所识别，很快找到所买对象。《水浒传》里有

1　司马光.《资治通鉴》卷一，三皇纪之炎帝神农氏.

一回写到燕青扮作山东货郎:"腰里插着一把串鼓儿,挑一条高肩杂货担子","一手拈串鼓,一手打板,唱出货郎太平歌"。[2]他叫卖的是杂货,属综合叫卖。这种叫卖形式一直延续到现在(多采用电子录音设备),一次录制重复播放,打破了人体生物体能的限制,使叫卖声传得更远也更持久。

一、店名的产生与发展阶段

从叫卖算起,到今天店名的丰富多元,大致经历了以下几个阶段。

(一)招幌——店名的前身

行商或摊位小贩非常辛苦,时常经受风吹雨淋,为了遮风避雨、去暑防寒,商家开始构建固定店铺成了"坐贾"。商家有了店铺,不仅免受奔劳之苦,也可使远方顾客不期而至。店铺不便叫卖,为了使其与普通住宅有所区别,需要一个醒目的标志性符号。由于那时候大多数老百姓不识字,于是实物标志的店名——幌子便应运而生了。据文字记载,幌子最早可以追溯到战国时期。

那时候的幌子式样很多,有的店家用所卖商品做幌子,称为实物幌子,就是卖什么挂什么,如卖锄头的悬一只锄头、卖马蹄胸的挂两只马蹄胸、卖布料的挂一匹布头。这是最原始的一种招幌,具体、形象、没有任何夸张修饰,一般挂在离店铺最近又最显眼的地方,如门前树上、房顶上等顾客比较容易识别的地方。

有的商家采用模型幌子,多是因为商品实物过小不易引起人们的注意,因此采用模型加以夸张引人注目,如烟袋铺门前的木制大烟袋、鱼店门口的大木鱼、鞋店门口夸张的特大号鞋子等。这种幌子仍然具有鲜明的形象感,是一种由商品实物到象征物、标志符号的过渡形式。

随着人们识字率的逐渐提高,出现了布幌子,在布帘上简单地写上所卖对象,形成最早的文字店名符号,这种文字符号跨越了商品实物的形象特征,具有一定的抽象性和较为高级的审美属性,是最原始的商业招牌。先秦圣贤孔子在《论语·子路》篇中提到命名的重要性:"名不正则言不顺;言不顺则事不成。"荀子在其《命名篇》中认为,给事物命名要"稽实"。早期招幌都遵循了这一命名原则,既简单又直接。

在古代社会,人们对幌子有不同的称谓,古籍中也有不同的表述,较常

---

2 施耐庵.水浒传[M].人民文学出版社,1975:211-212.

见的有"店招""酒幌"等，其余的称谓还有"旗""望""标"等。酒馆、栈房、食宿等店铺多采用麻布或丝帛做成幌子，称为"酒旗"，是最早的文字标注幌子。韩非子《外储说右上》中记载的"宋人有酤酒者，升概甚平，遇客甚谨，为酒甚美，悬帜甚高"，[3] 这是目前所知有关"幌子"的最早史料记载。秦汉时期，商业有所发展，店铺增加。尤其是汉代，以墙垣圈地而成市肆，货摊分类布列，布帛招牌大旗小帜，好似战场上飘扬的旌旗，可见当时市场的活跃和出现的竞争端倪。店铺的实物标志和幌子一直延续到今天，但时代潮流的洗刷已经使它"今非昔比"：实物标志已经收归橱窗，而且被醒目的店名所涵盖。

（二）牌匾店名的产生

我国南北朝时期，在南北长期对立中，尽管战争非常多，但在战争的空隙，经济的交往总是连绵不断，商品交换仍然活跃。因为总体上我国古代重农抑商，又以礼仪之邦自居，言义不言利，所以自上而下不推崇商业。尽管商业发展的步伐比较缓慢，店名作为商业的一个重要标识符号，却一直处在发展变化中。

至隋唐时期，为了规范市场贸易，商家被要求在门面上悬挂匾额牌，匾额牌上标有所卖物品名称及经营者的姓名，这就是我们后来所说的"招牌"。这样，牌匾店名就大量产生了。之后，招牌发展为两种形式：一是横放在门面上或店堂正上方的牌匾，标明店铺的名称；二是在牌匾名之外另立牌子或悬挂幌子，是对店名夸张式的进一步叙述，也就是后来的广告牌。唐代以后，随着国家的昌盛和社会经济文化的繁荣，商业逐渐兴盛起来，同一行业的店铺逐渐增多，商家在招牌上书写、篆刻店主姓名、图形标记、雅号等内容以彰显店铺精神和独特别致的文化内涵，形成了完整的招牌字号。这在当时许多文人诗句中都有大量的记录与反映，如杜牧七言诗《清明》中有"借问酒家何处有，牧童遥指杏花村"。唐朝小说《虬髯客传》中也有"灵石旅舍""马行东酒楼"之类的名目，可以称得上是后世店名的滥觞。

到了宋代，商业进一步发展起来，店铺茶肆遍布，有"店如云屯"之说。北宋著名画家张择端在《清明上河图》上以精工妙笔绘出了当时汴京（今河南省开封市）大街上近百家商店各具特色的招牌，真实地描绘了宋代招幌的形象。汴城东门十字路口一带，有各种各样的木制招牌三十余块，如写着"脚

3　韩非子.《韩非子·外储说右上》第162篇.

店""新酒""正店"等酒楼挂板、"香醒""孙羊店"等竖牌、"王家罗锦帛铺"等横匾，还有医药店"赵大垂家"和"杨家应症"、住宅"王员外家"、汤药摊"饮子"等，说明当时的汴京商业已经十分繁荣。

（三）店名的发展

宋末元初，吴自牧的《梦粱录》记载了南宋首都临安（今浙江杭州）著名的商店名："向者杭城市肆名家，有名者如中瓦前皂水……自淳祐年有名相传者，如猫儿桥魏大刀熟肉，潘节干熟药铺……局前沈家、张家金银交引铺，刘家、吕家、陈家彩帛铺、舒家纸扎铺，五间楼前周五朗蜜煎铺、童家柏烛铺、张家生药铺、狮子巷口徐家纸扎铺、凌家刷牙铺、观复丹室，保佑坊前孔家头巾铺、张卖食品店、张官人诸史子文籍铺、讷庵丹砂熟药铺、俞家七宝铺、张家元子铺，中瓦子前徐茂之家扇子铺、陈直翁药铺、梁道实药铺、张家豆儿水、钱家干果铺……"[4]上述所列杭州有名的店铺几乎都是以经营者的姓氏加上所卖商品的名称来命名的，冠之以某家，也出现了少数以具体地点加所经营内容来命名的店铺，如"官巷前仁爱堂熟药铺""修义坊三不欺药铺""市西坊南和剂惠民药局"等，但这类商号数量极少——至少从史料上表现出来的是这样。但是这种命名形式打破了之前较为单一的"某家+经营内容"的店名形式，丰富了店名符号的类型，拓展了店名符号的传播空间。

到了明清时期，随着市井商业的日益繁荣，招幌的发展进入成熟阶段，可分为形象招幌、实物招幌、象征招幌、文字招幌四大类。其中文字招幌最为普遍（1781年人类学家约翰逊在谈到"英国是一个读者的国度"时说："在伦敦，店名取代商店标志物的做法越来越普及，这说明大众的识字率已经有了较大的提高。"看来，文字招幌的普及与大众识字率有密切关系），而且形态多样，分为单一式文字招幌和复合式文字招幌。前者形制简洁，具有一目了然的识别作用，如当铺写"当"字，酱菜铺写"酱"字；后者则以招幌的形式、色彩的识别功能为主，再辅以相应的文字，如清末北京崇文门大街地区的油篓商铺招幌，悬挂油篓实物，并在上面书写"油"字，以表明其作为容器的作用以及经营的品种范围。初期的字招，以简单的姓氏字号为内容，后来逐渐发展为在字数和字体上比试高低，有的店主制作了十几个字至几十个字的字招。如，"北京德爱堂药铺"曾题写为"德爱堂沈家祖传七代小儿

---

4 吴自牧.《梦粱录》卷十三《铺席》.

七珍丹只此一家别无二处"的22字冲天招牌，非常特别也十分醒目，成为别样字招的典范代表。

近代，随着工商业的发展，店名日益渗入经济活动与人们的社会生活中。更因外国各种势力的入侵，店名也受到外来文化的影响与冲击，出现了一些洋店名和仿洋店名，如"俱乐部""洋行"等和传统店名并存。直到中华人民共和国成立后，一些大城市和沿海城市仍然留有洋店名的遗迹。中华人民共和国成立初期，店名中大多都加入了表明所有制成分的内容，如"国营""公私合营"等，政治体制色彩较浓。改革开放后，随着新的经济体制的建立与发展，这些标志性内容又逐渐消失了，店名开始向多样化方向发展。

随着改革开放的深入、市场经济的发展和商业规模的扩大，行业部门之间的分工和竞争日益加剧，商家对店铺的命名更加重视，甚至不惜花重金。只起到指称和区别作用的店名已不能满足商家传播经营理念与商贸文化的需求，店名已经同商业活动融为一体，并在商业交往中扮演着重要的角色。尤其在当下全球性的市场经济大潮下，人们不仅物质生活提高了，精神文化上也有长足发展，信息的载体与传播手段空前绝后得丰富多元，店名已不单单是一个名字，更是传递商业信息和社会文化的载体。随着电子商务的兴起，网店名成为店名中的新成员，是新兴电商文化的载体，具有网络时代的语言文化特征。

由此可见，店名的产生与发展经历了口头传播、象形符号传播、文字传播和文字象征综合传播几个阶段，形成今天丰富多彩、兼容并包的店名文化。

二、店名的命名规律

尽管店名经过了长期的发展变化，但是传统店名的命名依据、商家的命名心理具有一定的规律可循。

（一）崇礼尚德的儒家文化是商家命名的哲学理据

儒家文化是中华民族伦理道德的规范，至今仍深深地影响着中华民族的各个方面。以"仁、义、礼、智、信"为主要内容的儒家文化及其道德规范是各个时代商家命名的主要依据，宽厚仁爱、诚信为本、义利结合、尊人谦己等思想融入了历代店名当中，如"全聚德""同仁堂""广济堂"等老字号中均有充分体现。在当代店名中仍不缺失这一传统，如"诚信商店""福大家超市""圣道体育"等店名中也能看出礼待他人、重诚守信、互惠互利的伦理道德内涵。

（二）盼望幸福、吉祥、平安、兴隆的民族文化是店铺命名的思想主题

追求美好的生活是人们出于本能的共同愿望，期盼幸福、祥和、平安、兴盛的生活是一种传统的、稳定的、在共同文化基础上形成的共同心理素质。取一个吉祥如意的名字是人们寻求心理慰藉、借助其他力量来求吉免祸的一种方式。商人经商都要承担一定的经济风险，更加希望能够顺顺利利、有所盈利，故在给店铺命名时比较注重选用吉利的字眼——昌、盛、兴、顺、祥等，如"老昌盛汤包""顺丰快递""兴发旅馆"等。

（三）店铺命名的儒雅高洁来自汉民族传统的审美情趣

我国有着五千年的文明史，向来重视文化教育，讲究温文尔雅，崇尚自内而外渗透出的非凡气质，所谓"腹有诗书气自华"。店名中也反映了人们注重追求儒雅的审美情趣，如老字号"登瀛楼饭庄"，"登瀛"二字来自《史记·秦始皇本纪》中"海中有三神仙，名为蓬莱、方丈、瀛洲，仙人居之"和李白的《梦游天姥吟留别》诗中的"海客谈瀛洲，烟涛微茫信难求"，这个店名既有悠久的史实来源，又不乏遐想的浪漫情怀。如今，有人提出"新儒雅主义"，加入了时尚简约的时代质感、舒适轻松的空间体验等内容，但其本质仍代表着内敛的气质和优雅丰富的文化气息。总的说来，人们追求淡雅高洁的审美情趣并没有改变。

总之，店名犹如一个多棱镜，能折射出一定的社会心理和文化内涵，更是一家店铺的灵魂所在，是企业的无形资产。店铺语言是社会政治、经济、文化、心理等方面的直接反映，它体现一个民族的哲学观念、思维模式、文化心理、道德观念、生活习俗、社会制度乃至政治信仰，是社会文化传播的一个重要研究领域。

第二节 店名研究现状

我国店名研究渊源已久，孔子言："名不正则言不顺"；荀子在《正名篇》中表示命名要"稽实"，可以看成对命名学较为原始的哲学与逻辑思考。韩非子所著的《外储说右上》中的"宋人有酤酒者……悬帜甚高"，是有关

早期店名幌子的最早记载；宋代吴自牧的《梦粱录》记载了南宋首都临安（今杭州）著名的商店名，这些记载为店名语言文化研究提供了可靠的历史材料。真正现代学术意义上的店名研究开始于 20 世纪 80 年代，90 年代中期到 21 世纪初曾经掀起一股店名研究高潮，近几年随着电子商务的崛起，青年研究群体开始对网络店名进行尝试研究。主要研究成果有以下各项。

一、专著

潘文国所著的《实用命名艺术手册》（1994），是我国第一本对命名艺术及实践进行全面研究和总结的著作，主要论述了艺术型命名艺术、述志型命名艺术、竞争型命名艺术等命名类型，并不主要针对店名。

罗昕如所著的《社会用语用字规范化透析》（2004），用专门的章节对城市店名进行了多角度考察，分析了店名语言中存在的不规范问题，在如何规范店名方面提出了不少宝贵的意见。

钱理、王军元所著的《商店名称语言》（2005），是"商务语言研究丛书"系列之一，作者运用语言学的基本原理和基础知识观察、剖析了店名语言的起源、发展与研究，对店名的语言学本体、蕴含的传统文化、营销策略进行了较为详尽的剖析，并对老字号店名、现代店名与网名进行了分类研究。

王军云所著的《商名是金：公司、店铺、商品命名艺术》（2005），详细讲解了起名的理念、原则、技巧、途径、禁忌等，具有内容全面、通俗易懂、可操作性强等特点。把店名的命名原则与策略延伸到公司和商品命名领域，带有浓厚的商业特点。

二、期刊论文

论文类的研究成果较为丰富，可归纳为以下十类。

（一）店名的语言学本体研究

包括店名的语音特点分析研究、店名用语的语词分析研究、店名用语的修辞特点研究、店名的语用策略研究、店名作为一种社会用语的社会语言学综合研究。如刘宁生的《店名的社会语言学分析》（1987）、郑梦娟的《当代商业店名的社会语言学分析》（2006）等。

（二）店名的社会文化研究

包括店名中社会文化心理探究、店名中的区域文化特征探究、店名中的城市文化传承与缺失探究、命名的文化内涵与功能探析等。如邵敬敏的《上海店名文化心理分析》（1990）、郭先珍的《店名的社会文化属性》（1996）、李洪彩的《临沂市牌匾语言与沂蒙文化探析》（2005）、潘佳凝的《城市中店名、广告牌的语言学文化》等。

（三）店名的类型研究

针对店名语料进行类型探析，是一种较为基础和浅层次的分析归类研究。如李首鹏的《商店店名的类型管窥》（2006）等。

（四）店名的历时演变研究

从历史的角度对店名的起源与发展进行归纳、梳理，或者关注某个城市店名的历史发展与变化情况。如林岩、黄燕生的《中国店铺幌子研究》（1995），刘惠琼的《城市商店名称演变的跟踪研究——以广州市北京路为例》（2009）等。

（五）店名的命名策略研究

从命名学视角探究店铺命名的方法与策略，如黄利华的《当代美发店店名的命名策略》（2008）等。

（六）店名存在的问题研究

从社会学视角关注店名作为一种社会用语是否规范、存在哪些问题、对社会带来哪些负面影响、如何进行规范等一系列问题进行分析研究。如丁安英的《青岛市店铺名存在的问题、原因、影响及建议》（2015）等。

（七）店名的符号学研究

从现代符号学的视角探究店名符号的意义及其社会价值，如陈萌的《商店名称的现代符号学解读》（2009）等。

（八）店名的民俗学研究

从民俗学的视角探究店名作为社会文化的一部分，其中所蕴含的民俗文化内涵，如王楠楠的《什刹海商业店名的民俗文化内涵》等。

（九）网络店名研究

随着网络时代的到来，网店作为一种新兴事物是实体店铺在网络技术时代的延伸。尽管网店名与传统店名都是店铺的名称，但是网店名带有鲜明的网络语言特点与电商文化特色，引起学者们的高度关注与研究。如傅钰的《试论网络店名体现出的新特点》（2012）、唐七元的《试谈网络书店名的结构特点及其文化内涵》（2012）、李华的《网店名称的语言调查及社会文化分析》（2010）等。

（十）硕士毕业论文

店名研究的视野十分广泛，涉及的专业门类较多，如语言学、社会学、酒店管理、艺术设计、文化学、民俗学、符号学等，因此出现了大量的以店名为研究对象的硕士研究论文。如吕玥的《天津商店命名的社会语言学考察和研究》（天津师范大学，2002）、张晓旭的《语言学视角下的店铺命名行为研究》（吉林大学，2006）、赵爱英的《店名的语言特征及其历史文化心理》（华中师范大学，2006）等。

三、研究综述

从以上研究资料可以看出，跨入新世纪以后，店名语言文化研究无论从研究数量还是研究视野上都取得较大进步与开拓性发展。学者们不仅从语言学、修辞学、语义学、语用学的角度研究店名语言，还尝试从符号学、文化学、社会学、民俗学等方面进行探究，有的学者从店名与语言认知、命名策略、店名中存在的问题等角度展开分析，取得了可喜的成果。尤其是近十年来，网络店名的研究使得店名语言的研究与时俱进，视野更为开阔，研究的材料也更全面、细致，研究方法更加成熟、趋于完善，在研究的广度与深度上都达到了前所未有的水平。

首先，店名的社会语言学领域的研究成果最丰富，从研究方法看已经形成"语料——分类——归纳"的分析研究模式，尤其是对店名的语言文字本体的应用分析更为充分，以郭贤珍、郑梦娟为代表的研究成果质量趋于成熟，主要涉及店名的语音、用字、语法、修辞、语义、语用诸方面的分析研究，而语音、用字和修辞方面的研究成果最集中。

其次，店名的社会文化研究也较为扎实充分，大多是从语料来源地的具体城市入手，结合本地的传统文化特色展开分析研究，区域性特征明显。而区域间的比较研究大多只涉及店名语言文字本身，文化对比较少，大概店名所呈现的中国传统文化和当代商贸文化所占比例较大，文化差异不明显，比较分析较困难。

最后，店名的类型、命名策略、存在问题以及对店名符号学与民俗学的研究虽有涉及，但是还有深度挖掘的空间。网络店名作为传统店名的时代拓展是一个崭新的研究领域，目前看，对网店中的电商文化挖掘还不够，未发现微店、微商的研究成果。

第三节　店名研究新思考

当下学科之间的相互交融、跨转，为研究者打开了新的研究视角和研究空间。传播学从一开始诞生就跟语言学、新闻学、广告学、社会学、信息论、系统论、控制论等诸多学科密切相连，为诸多传统学科理论研究打开新的视角。店名是一种社会用语，更是一种传播符号，有自己相对完整而独特的传播语境与传播特点，在商品与文化传播中起着十分重要的作用。从其历时发展演变看，店名映射了社会文化的变迁；从共时店名不同的结构组合看，店名反映出不同地域、不同民族的文化特点，中外文化的交流、碰撞与融合，以及社会文化雅俗共赏、流行与传统并存的现象。我们从语言符号传播的视角，利用传播学的研究理论和研究范式对店名进行一个全新视域的分析研究，建立一个相对完整的店名文化传播研究体系，是一个很有意义的尝试。

一、研究意义

店名语言不仅是语言学家的研究对象，还是社会学家、心理学家、广告学与语言文化传播研究者关注的内容。对店名进行传播学视域的理论分析研究，至少有以下两个方面的意义：

（一）学术价值

从传播学视角探讨店名文化传播的诸要素，建构一个较为完整的店名文化传播体系，使店名语言文化研究具备更强的理据性和学术价值。

（二）实际应用价值

研究店名文化符号对提升城市文明形象、推进城市文明建设和促进经济文化健康有序地发展具有一定的实际应用价值。店名文化传播的研究还可以为店铺命名的科学性、规范性以及取得更好的传播效果提供理论支持和实践指导；对工商管理部门的店铺语言文字规范与管理引导提供一定的数据参考。

二、研究方法

以语言符号传播的研究理论与研究范式为导向，运用语言学、传播学、社会学、心理学、文化学等学科理论，在方法上注重理论与实践、宏观与微观、具体分析与归纳概括相结合，系统研究店名文化传播的理论体系架构。使用的研究方法有以下几种。

（一）田野调研法

采用徒步使用相机、手机拍照等方式，对所选城市有代表性的街区店名加以收集，获取真实的第一手语料，以确保后续工作的有效开展。

（二）统计法

通过对语料库中的材料进行定量和定性分析，使研究建立在准确的统计分析基础上，使所得出的结论具有真实性、代表性、有效性，也更具有说服力。

（三）归纳分析法

在分析语料的基础上，对研究的重点内容加以理论归纳与概括，总结规律，得出真实结论。

（四）文献法

这是科学研究的主要方法。尽管没有见到传播学视角下的店名语言研究成果，但是我们认真学习所收集的其他视阈下的店名研究资料，借鉴其中的长处，有所参考、有所继承，并在此基础上进行发展和创新。

三、创新之处

（一）研究视角与方法创新

从符号传播学视角研究店名语言文化及其传播，这在店名研究和传播学研究中都是一种全新的尝试。

（二）研究内容创新

从店名的传播符号、传播语境、传播策略、传播内容、传播效果、存在的问题及意见、建议等诸方面建构相对完整的店名文化传播研究体系，具有一定的创新性。

（三）观点创新

提出店名是一个相对完整的语言文化传播体系；时代、现实、历史、文化、习俗、信仰、政治、经济等场景对店名文化的形成、积淀、传播与传承产生较大影响。

四、语料来源

（一）店名语料来源范围

本书的店名语料主要来自山东省临沂市，原因有二。

1. 住所关系

笔者长期居住在临沂市，对这个地方的历史民俗与经济文化发展十分熟悉。临沂市地处鲁东南，古称琅琊郡、沂州府，是我国东夷文化的发祥地，建成已有2400多年的历史，是省级历史文化名城。在抗日战争和解放战争时期，这里是著名的革命根据地，留有大量的革命遗迹。临沂近20年来发展迅速，已经从一个贫困落后的革命老区，发展成为一个拥有100多万人口的中等城市，又是全国著名的第三大商贸物流城，店名符号十分丰富。

2. 学习关系

2004年10月，笔者在曲阜师范大学读研期间，对张怡三老师提出的"社会语言学田野调查研究方法"十分感兴趣，首次对临沂市开阳路和启阳路繁华路段进行了店名的搜集与调查研究工作，并写出《临沂市牌匾语言与沂蒙文化探究》一文，发表在临沂师范学院学报2005年第1期。这个小成就引发笔者更强烈的研究兴趣。

（二）语料具体来源

1. 临沂市人民广场商业圈主干街道

本研究的语料主要来源于临沂市人民广场商业圈主干街区，因为这个商圈是临沂市的核心商圈，是临沂商业最繁荣、最活跃、最成熟、最具有代表性的商圈。选择这里的店名作为研究语料，能够反映临沂市的店名文化景观，具有较强的研究价值。

2. 临沂市北城新区店名语料

相对于临沂老城区，北城新区的面貌更加时尚、新颖与充满活力，代表了临沂店名文化的未来发展趋势。所以，为了全面反映临沂市的店名文化属性与特点，笔者补充了北城新区的店名语料。

3. 外地店名语料

为了丰富语料，也为了研究不同地方店名的共性与个性特点，课题组于 2017 年年初去上海市南京路、北京市南锣鼓巷、中国传媒大学西门附近街道和丽江古城搜集了部分店名，充实了上述语料，建立了包括 1296 个有效店名的语料库，并对店名语料展开了符号传播视角的初步分析整理，力求探讨传播符号与社会文化之间的呈现关系，有了大致的研究思路与规划。

4. 网店名

结合当下越来越火的电商业发展，2017 年 5 月，笔者组织 2015 级播音与主持艺术专业 105 名学生对网店名称进行了分类收集，建立了包括 818 个网店名的语料库，为店名与电商文化研究部分提供了充分的研究语料。

第二章　店名作为文化传播符号

　　符号是信息的外在形式或物质载体，是信息表达和传播中不可缺少的一种基本要素。人类是通过符号或符号体系来传递信息的。皮尔士认为，传播即观念或意义（精神内容）的传递过程，而观念或意义只有通过"像"或符号才能得到传达，强调符号作为精神内容的载体在传播中所起的特殊作用。[5]在索绪尔看来，符号具有能指（signifiant）和所指（signifie）的二元关系，两者之间的连接通过意指（signification）来完成，意指被认为是一个过程，它连接了两类不同指向，从而创造出符号本源意义，使群体得以理解。在人类传播中，任何符号都与一定的意义相联系，人类传播在现象上表现为符号的交流，而实质上是通过符号而进行的精神内容（意义）的交流。从现象上看，店名是一种外在的语言传播符号，实质上融合了店主的文化素养、审美品位和经营理念，更彰显了丰富的社会文化内涵，是店家经营思想的概括和隐喻，也是一个地方一个城市商贸文化的具体呈现。

　　店名符号主要用名词或名词性短语来指称，承载并传播一定的意义，呈现性、记录性与传播性是店名的主要功能。从概念内涵上来说，狭义的店名符号仅指商店的名号，即店名语言符号，是一种社会专名用语，是一个形式独特、内涵丰富、结构完整的语言符号，具有相对独特的结构特点、语义属性、语用功能和修辞特征，是具有一定自足性的语言体系；广义的店名符号除了文字名称外，还包括店牌的图画背景、橱窗装饰、店内装饰、灯光照明、背景音乐等非语言传播符号，它们共同构成店名符号体系。

5　郭庆光.传播学教程[M].中国人民大学出版社,1999年,第3页.

第一节 店名语言传播符号

人类拥有最完整的符号体系，人类的符号体系既包括信号，也包括象征符，语言是人类最基本的符号体系，包括口语符号和文字书面符号两种形式。店名语言传播符号是人类所创造的语言符号的一部分，表现为口语传播符号和店名文字传播符号两种形态。

一、店名口语传播符号

口语是人类把握世界、表达思想、交流情感的第一个真正意义上的媒介符号，也是人类使用时间最长、使用频率最高、至今仍然须臾不可或离的一种传播媒介。口语让人类有了离开感性对象而言说对象的自由，在人的思维、表达中，口语充任人与人之间、人与物之间的媒介，在精神性地联结主、客体双方充当思维符号的同时，还反过来制约着主体的思想认识乃至情感和行为方式。

口语传播符号是店铺最早的传播形式。在商业活动初期，除了商品实物，口语的叫卖是商家传播意义的重要商业行为。那时候商业活动不频繁，人们之间的商品交换有限，顾客的要求不高，只要让顾客能够识别所需要的货物，不需要有质料、产地、价值、价格与品牌的比较。后来随着商品的逐渐丰富，商家的竞争日益激烈，吸引顾客的较为夸张的叫卖形式显得更加重要，扩音器、录音器成了口语媒介的延伸工具，这种叫卖形式一直延续到今天。

店名口语媒介符号的传播特点大致表现在以下几个方面。

（一）音乐的参与性

口语最接近音乐，音乐的和谐与参与性是店名口语传播符号的主要特点。口语叫卖的句式都非常简短、节奏明快、抑扬顿挫、平仄相间，音乐性强，而且还带有一定唱腔的味道。口语叫卖中最喜欢用的修辞方式就是形象描写与夸张。口语本身的发音合乎节奏就成了"乐"，即使是商业活动最原始最简单的叫卖声——"棉布……""玉米……""锄头……"卖主也会拖着长长的尾音，跟日常的交流大有不同，以引起顾客的关注。后来的走街串巷，几乎发展成为街头的唱卖，不同地区的人操着不同的方言，成为各地街头一道特殊的风景线。这种现实场域的口语传播既属于群体传播，又具有面对面人际传播的性质，加上商品的展示等辅助性交际手段，可信度强，传播效果好。所以这种口语传播形式一直延续到今天。尽管店家开着店铺，但是有时候还会用叫卖的形式推出一些优惠活动以吸引顾客，促销产品。这时候，口语就成为实体店的一种辅助性传播符号。

（二）时间的当下性

从本质上说，声音是转瞬即逝的，而且人会感觉到它的转瞬即逝。即使现在的电子录音会复制、重复传播，但仍然会有间隙，听者会感觉到声音消逝的过程。所以，口语媒介所表达的是此时此刻的真实存在，它的时间是具体的，语境是真实的。店名口语叫卖的表达是经过调解的产物，伴随着语调、语气、表情和手势，强调表达的方式、修辞格、句法，甚至还有类型化的套词。

这样的套语结构让人们一听就知道是卖某类东西的，才会引起更形象、更生动的联想。人们所思考的就是他们所记住的东西，所以就需要节奏感、平衡的模式、重复和对仗的形式、头韵和准押韵、别称和其他的套语、标准的叫卖环境、大量的顺口溜与打油诗等的口语模式。

（三）情景式的在场

口语媒介具有突出的场景特征。店名的口语传播符号注重实用性，它围绕具体的商业语境展开，贴近当场的真实世界，口语叫卖与所卖商品基本是一一对应的关系，不需细看与过多思考，不像文字店名那样同人们的生活经验拉开了一定的距离，需要人们仔细解读与思量。口语没有具体的范畴，都是商家的原创，时间久了在叫卖过程中会根据自己的传播效果逐渐修改成为更顺口、更具音乐感、更适于现场唱卖的形式。

口语传播符号中并不存在明确的定义与清单之类，有的只是对事物的描述。人类的口语表达符合人类早期的思维模式，也是人类最为原始、最为简单的思维模式。在这种面对面的交流、商品的现场展示、叫卖的语言提醒等较为丰富全面的在场式的语境中，人们不需要再进行进一步的抽象思维活动，交流传播相对快捷，传播效果较好。在当今的农村、乡镇或城市居民区仍然会有一些围场集市，还保存着这种口语加商品展示的在场式语境下的商贸活动。超市卖场里的导购员、推销员也在继续着这种古老而又流行的口语商业传播形式。

总之，有声语言在店名语言符号传播中具有鲜活而强烈的生命活力，在这种有声语言传播过程中，传播者积极而有效地履行着传播责任，以丰富的口语叫卖体验和深刻的生存理念为底蕴，凭借高超的有声语言传播能力，具有强烈的鼓动与煽情性，以激活受传者的积极购买情绪，实现良好的传播效果。这种有声语言传播的生命活力取决于传播中传播者主体商贸交流意识的强化，体现在有声语言传播的设计创作里，增殖于主顾之间的交流与共建中，融会于有声语言传播的整体和谐过程中。

二、店名的文字传播符号

店名文字的产生，一方面弥补了有声语言一发即逝的缺陷，另一方面也是大众识字率不断提高的结果。店名的文字传播符号是语形、语音、语义三者的完美结合。我们通过分析店名语言符号的结构形式、语音特点、语义结构和语法特点来探求店名文字符号的总体特征，从而更好地把握店名作为符号的能指功能。

（一）店名的结构形式

关于店名的结构形式，业界有不同的看法并且没有统一的标准。崔健在《关于延吉市社区店名的文化心理透视》中指出，店名由若干项组成：A1 表示所有制性质，A2 表示所在地理位置，A3 表示隶属关系，A4 表示区别于同行的标记，A5 表示经营项目或经营类别，A6 表示区别于非商业实体的标记，如"国营 延吉市 自来水公司 泉水 食品 商店"。但并不是所有店名都包含以上 6 项，尤其在市场化环境下，一般的店名结构模式是 A4 + A5 + A6，如"沂蒙百货大楼""鲁南炒鸡店"等。这又与 20 世纪 90 年代末，赵世举提出的店名由"属名""业名""通名"三部分组成相类似。如在店名"沂蒙百货大楼"中，"沂蒙"就是表明所属和个性的区别性名号——属名；"百货"就是从业类型名称——业名；"大楼"是商业单位的通用称呼——通名。任志萍、韩杰等人则认为店名由"专名"和"通名"两部分组成。之后王梦纯提出店名由所在区域、区别性名称和行业标志词三部分组成，与赵世举的分法相比较，王梦纯把商业单位的业务类型和通用称呼并称为行业标志词，而赵世举则将所在区域包括在了属名之内，一并作为区别性名称。另外还有几种其他的分法，经过比较，我们采用赵世举的结构划分方法。

当然，并不是所有的店名都是一个组合模式，而是呈现出多种结构形态，下面以我们语料统计的1296个店名为例进行归类分析。

第一种：属名+业名+通名（354个，占比27.3%）。例如，"朱老大饺子村"中，"朱老大"是属名，"饺子"是业名，"村"是通名。"慧萍大药房""云南茶礼文化园""鸢尾图书馆"等也属这种结构，这种结构形式的店名中规中矩，表述清晰明白，给人一种踏实可靠的感觉。

第二种：属名+业名（576个，占比44.4%）。如"永和豆浆""百元裤业""武汉热干面""福泽海鲜""朕的茶"等店名。这种结构形式的店名既能体现属名标识的独特特点，也有主营业务对象的交代，与上述结构相比，语言更加清晰干练，好读好记。在社会生活节奏加快、通名不再具有行业标志功能的今天，此类店名有逐渐增多的趋势。

第三种：属名+通名（56个，占比4.3%）。如"海澜之家"（如图2.1）"莹莹的店""缘来小站""扬州小镇""大冰的小屋""太古名店"等。这种结构形式的店名没有交代经营的对象，属名一般是某产品的品牌或者是店家自己的名字，给人一种既个性又自信的感觉。

图2.1　2016年5月摄于临沂市解放路

第四种：业名+通名（17个，占比1.3%）。如"糁馆""茶社""咖啡馆""鞋柜""百货商店""五金商店""洗涤日化商店"等。这种结构形式的店名主要突出主营业务，从店名形式和内容上看都略显单调，具有店名的原始命名风格，一般是店面不大，经营内容单一的小店，但是简单中透露着传统的自信。

第五种：只用业名（3个，占比0.2%）。如"糁油条 稀饭 八宝粥 豆汁 咸糊豆""肉夹馍 笼蒸豆腐脑""豆腐卷 煎包 锅贴"等，鲜明地突出了店铺的经营对象，可以节省顾客的解读时间。一般是特色鲜明、单一，适合不讲究档次的特色早餐和简单午餐的匆匆过往一族。

第六种：只用属名（166个，占比12.8%）。如"明洞""初秋""快鱼""舞之恋""部落格"等店名，往往运用比喻或象征手法，较为抽象，凸显个性化。但是店名与经营内容不是显在的直接关系，采用隐喻和后现代的表现手法，解读空间较大，需要抢眼的橱窗设计配合。当然这种店名形式符合部分顾客的后现代审美思维和好奇心理，能够刺激顾客进店消费。

第七种：只用商标命名（1个，占比0.1%）。语料中只有图中"耐克"运动品牌专卖店铺采用这种命名方式（如图2.2），表明商家深信品牌标志已经深入人心，其代表的品牌文化家喻户晓，无须多言，彰显的是品牌自信和品牌魅力，能够达到"此处无声胜有声"的语言表达效果。

图2.2　2016年5月摄于临沂市解放路

第八种：其他结构（123个，约占9.6%）。主要是英文、数字与汉字杂糅的店名。

由以上分析可以看出，店名符号的结构形态多样，表意模式多元，这种丰富的、不拘一格的语言符号与表意形式在店名文化传播中形成巨大的传播张力。

（二）店名的语音特点

语音即语言的声音，是语言符号的物质外壳，是由人的发音器官发出的、代表一定意义的声音。与自然界的声音产生的原理一样,语音也产生于物体的震动,具有一定的物理属性。语音受到人的生理、体能限制,具有一定的生理属性。语音负载一定的意义,使得语言具有了社会交际功能,所以语音具有一定的社会性。社会性是语音区别于自然界声音的根本属性。在语言的形、音、义三个基本属性当中,语音是第一性的,人类的语言首先以语音的形式形成,语音在语言中起决定性的支撑作用,语言首先依靠语音实现它的社会功能。店名作为一种特殊的交际用语,在语音上表现出以下特点。

1. 语音形式短小精悍

音节是用听觉可以区分清楚的语音基本单位,在汉语中一般一个汉字的读音即为一个音节。对一个店铺而言,有一个读起来朗朗上口的名字非常重要,店名的长短可以影响人们的记忆效果,也就直接影响到店名的传播效果。关注店名的音节数量不仅是我们研究店名语音的开端,发现其在语音组合上的一些特点,还能为店名的传播效果研究打下良好的基础。为了能够形象而精确地说明这一问题,课题组对所收集的 1215 个纯汉字结构实体店名的音节数量作了如下统计分析:

音节数(个)	店名总数(个)	占百分比	音节数(个)	店名总数(个)	占百分比
1	0		6	169	13.91%
2	54	4.44%	7	110	9.05%
3	129	10.62%	8	85	7%
4	414	34.07%	9	29	2.39%
5	186	15.31%	10及以上	39	3.21%

由统计表的分析我们可以看出,在这 1215 个店名中,店名的音节数量不是平均分配的,主要集中在 3～7 个音节。其中,3～6 个音节的店名最多,占到 73.91%;3～7 个音节的店名,占比达到 82.96%;8 个音节以上的店名仅占 12.6%。

实验证明,人们在眼睛的每一次眨、停下,3～5 个音节以内的名称可以一目了然,容易记住,字数越多,要求眼睛停顿的次数越多,也就越不容易记住。窃以为这跟汉语自身的属性特点密切相关。古代汉语从形式上看以单音节词为主,简短精悍,但是表意却十分丰富含蓄。自唐代以来,我们又形成了创作和诵记五言、七言诗律的传统,对我们的语言认知和记诵规律产生重要影响。这说明店铺的命名是受语言表达习惯和人们的认知规律所影响。笔者赞同将 3、4、5 个音节的名称称为"黄金格"的说法,"黄金格"与"黄金分割"的道理相似，是指组成事物各部分之间有一个相对合理的比例关系。在这个比例关系中，更加符合人们的视觉、听觉感受，更加容易上口，给人较深的记忆印象。如"全聚德""东来顺""麦当劳""天天过年""泽福海鲜""沂蒙大楼""晶晶眼镜""新华书城""秦镇肉夹馍""宋三老鸭汤"等这些店名都遵循了这一规律，简洁明快，好读好记，印象深刻。

随着店名个性化发展趋势的加强，店名符号需要更多的叙事、描写空间，店名的字数有越来越多的趋势，比如六七个字的店名比例比笔者五年前的统计数量有所增加。

2. 平仄相间，富有韵味

平仄（拼音：píng zè，英文：level and oblique tones），是中国古代诗词中用字的声调，"平"指平直，"仄"指曲折。根据隋朝至宋朝时期修订的韵书，如《切韵》《广韵》等，中古汉语有四种声调，称为平、上、去、入。除了平声，其余三种声调都有高低曲折的变化，故统称为仄声。在现代普通话中，四声指阴平、阳平、上声和去声。古代"平声"分化为阴平和阳平，"入声"已经不存在。

在店名中讲究平仄对仗，给人以一定的音乐美感，读起来抑扬顿挫、朗朗上口，容易激发人们的阅读兴趣和记忆神经的兴奋，高效率地进行记忆，提高店名的传播效果。因此，商家在给店铺命名时对平仄的使用十分讲究，以更好地起到广告宣传作用。

我们将店名中的平仄使用情况列表统计如下：

店名字数	平平	店名举例	仄仄	店名举例	平仄相间	店名举例
2字格	40%	沙宣、乔丹	20%	味道、辣府	40%	衣酷、标榜、明洞
3字格	5%	真维斯	13%	必胜客	82%	歌莉娅、爱约定
4字格	5%	红英花房	2%	细味物语	93%	重庆火锅、锦泽海鲜
5字格	0		0		100%	鸢尾图书馆、慧萍大药房
6字格	0		0		100%	菌香时尚火锅、花果山水果店
7字格	0		0		100%	零五三九自助餐、云南茶礼文化园
8字格	0		0		100%	金龟馅饼中式餐厅、那一年我们在丽江
9字格	0		0		100%	托普斯太阳花散热器、小象同学的泰式奶茶

通过统计列表可以看出，店名的声调搭配有三种情况：平平、仄仄、平仄相间。在 2 字格里，平平搭配的店名占 40%，仄仄搭配的店名占 20%，平仄相间的店名占 40%；3 字格里，平平搭配的店名仅占 5%，仄仄搭配的店名占 13%，平仄相间的店名就占到了 82%；在 4 字格里，平平的店名仅占 5%，仄仄格式的店名占 2%，平仄相间的店名占 95%；5 字格以上的店名全部都是平仄相间。看来，在店名音节里，平仄相间搭配的情况占绝对优势，而且音节越多的店名平仄相间的比例就越大。这样的语音形式，第一是为了发音的方便；第二是为了读起来朗朗上口，抑扬顿挫；第三还能婉转地表达店主复杂的思想感情，从而在语音方面刺激顾客，拉近店主与顾客的情感距离，提高店名传播效果。

平仄是由语速加声带振动频率产生的，语速是可以改变的，声带的振动频率却是相对固定的。当然，音节和谐不全依赖平仄本身，如"新加坡的幽蓝天空"一词就是八连平，可大家读起来也不觉得它多么拗口。今天，我们讲平仄，强调的是平仄自然化，在店名的选择中，我们应当适当注意平仄变化，增强店名语音的音乐感，念起来不至于像僧敲木鱼，调门一律，而可以收到波澜起伏、抑扬顿挫的语音效果。当然，我们也不能刻意去追求这种语音效果，以免影响语义的表达，那就舍本逐末了。

3. 多用叠音、谐音形式

（1）叠音。叠音又称叠字，古时叫作"重言"或"复字"，是指形、音、义完全相同的字（音节）的重叠，是汉语语音修辞的重要手段，最早可以追溯到商周时期。甲骨文中已经使用了相当数量的叠音词，此后《诗经》《楚辞》等文献中叠音词都随处可见。重叠音节能增强我们对语言的感受，使听觉得到一种回环往复的语音美感。店名中通过叠音词的使用，能够传神地描写出商品的形、态以及店家的主要经营理念，有栩栩如生的表达效果。恰当地运用叠音词语，可以突出词语的意义，加强对事物的形象描绘，增强音乐美感，产生一种饶有情趣的表达效果。在我们搜集到的店铺名称中有四种叠音形式：

①AA 式："典典""贝贝""亲亲""鑫鑫""QQ""千千""天天""旺旺""盼盼""多多""笑笑""康康""糖糖"等。

在这些店名中，"典典""鑫鑫""旺旺""优优""多多""康康"是形容词的重叠形式，起到了强调、程度加深的作用；"贝贝""QQ""糖糖"是名词的重叠形式，起到比同形的单音字显得感情更加亲近或玲珑可爱的作用；"千千""天天"则是量词的重叠形式，带上了其单音形式所不具有的"每""全部"的意思；"盼盼""笑笑"则是动词的重叠，起到程度加强的作用。店家以这些有意味的形式既能增强店名的音乐美感，引起顾客愉悦的审美感受，又能反复吟诵加深顾客的记忆印象，以至有更多的机会把生意做成。

②AAB式："担担面""锅锅香""哈哈堂""嘟嘟家""馨馨然彩妆""串串香""小小厨""笨笨熊"等。

AAB式重叠是一种偏正型的词语结构，AA在结构中具有修饰限制B的作用，B是整个结构的中心语素，整个词语带有名词性特征。这种结构在汉语词汇中并不少见。

店名中的AAB式结构中，重叠部分可分为名词性、形容词性、量词性、副词性等多种下位类型，可以凸显事物的外形、数量、性质、状态等特征。在"担担面"中，"担担"为名词，有扁担的意思，主要突出店家所经营的面外形很像扁担，意在描绘和夸大面条是一种又宽又长的形状；"锅锅香""串串香"中"锅锅""串串"是量词，突出强调每一、所有等数量，意在显示其产品的质量有保证，不存在意外问题；"哈哈堂"用一个描述性的形容词，意在强调本店能给您消除烦恼，带来快乐；"甜甜圈"用一个性质形容词，突出商品的味道品质；"小小厨"则是语义双关，可以理解为店家故意采用往小里夸张的手法，表达的却是"厨小味道全"或者"人小能耐大"的反语意义，"小小"也可以理解为是店家的真实描写，如该店是一家自主经营的家庭式私厨，菜、料保证绿色无公害，是当下人们喜爱的一种饮食店铺。

③ABB式：如"哎呀呀（小饰品）""甜蜜蜜""乐滋滋（甜品）""糖果果"等。

在ABB式结构中，BB一般是形容词A的后缀，具有加强说明A的程度的作用。这种语音结构用在店名中，可以产生反复吟咏、增加印象的作用。如，"甜蜜蜜"意在表明产品像蜜一样甜；"乐滋滋"则使用了使动用法，顾客吃了这种甜品后会变得乐滋滋，二者都属于形容词；"哎呀呀"是个例外，用叹词做女性饰品店名，表明店内产品令人欣喜、令人惊叹。从另一个角度看，"哎呀呀"是蔡依林做形象大使并演唱的一首台湾流行歌曲的名字，以此给女性饰品店铺命名，可以借助名人和媒体的宣传力量，增强店铺宣传效果，其简洁、轻松、幽默和形象的语音特点，容易拉近主顾之间的感情，易于交流，一定程度上还可以宣泄情感，缓解心理压力，媒体语言的使用能使人们产生心理上的熟悉感、认同感和归属感。

④ ABAB 式：ABAB 式的语言结构一般是动词的重叠形式，如考虑考虑、调查调查、研究研究等表达出一种较为短暂的动作意义。这种意义不黏糊，有爽快、干脆利落的风格，如"巴拉巴拉"（如图 2.3）品牌的童装店和"擦车擦车"品牌的女装店，均采用了 ABAB 式的结构形式，有一定的拟声特点，生动有趣，读起来朗朗上口。

图2.3　2016年摄于临沂市启阳路

（2）谐音。所谓"谐音"就是用同音字或读音相近的字来代替本字，产生言在此而意在彼的辞趣。利用谐音构词能让语言诙谐、幽默，充满活力。店家在给店铺命名时，为了抓人眼球或凸显自己的创意，把汉语词语或成语等喜闻乐见的形式转换成语音相似的语素，构成谐音词。谐音往往言在此而意在彼，或者二者兼顾，在语义上是很丰富的，能够收到意内言外的效果。如服装店名"衣米阳光"（如图 2.4），谐音"一米阳光"，蕴含着一个美丽的典故：云南丽江玉龙雪山只有每年秋分时节会有一米长的阳光照下来，传说被这一米阳光照到的人能拥有美丽的爱情。意思是让大家把握现在可以得到的东西，大胆追求真爱。店铺以此命名含有言外之意，即店铺经营的是能够获得真爱的女装。此外"好孕妈咪""怡朦酒店""衣衣不舍""壳遇可求""桐真商店""一嘉好粥""姚领""馨馨然彩妆""羲大丽屋""食全食美""鸡祥鱼意"等都含有谐音所蕴含的美好内涵。

当然，如果对这种谐音命名不加考虑，一味地乱用，也有故意篡改成语用字的嫌疑，与语言的规范化是背道而驰的。我们以为，任何事物都有两面性，利用谐音造词命名也不例外，它的利与弊就像一把双刃剑。

首先，谐音店名可以较含蓄的表达情感。这样的形式既不落俗套，又能够把不便直讲的思想情感表达出来。其次，谐音店名有较强的趣味性，这是谐音店名最大的优点。如店名"漂亮美媚"，让人眼前一亮，以为是个漂亮女人，其实是女士用品店，预设店内产品具有让你成为漂亮女人的特殊功效。

图2.4　2016年摄于临沂市启阳路

谐音店名也有不利的一面，主要表现在：店名作为一种醒目的街道用语，往往是孩子识字的一个重要窗口，看这种不规范的店名时间久了，孩子就容易形成记忆，不利于他们的汉语学习。按照成语结构的凝固性特点，不允许任意添加、更改其中的汉字顺序和书写形式，因此谐音成语中的谐音字实际上就是错别字。孩子们的接受能力很强，这些字很快就能被孩子们掌握，长此以往，不利于汉语的规范化。因此，我们不提倡这种命名方式。

（三）店名的语义结构

店名语言是一种特殊的信息承载系统，尽管从语言形式上看结构短小，但是富有意义。对店名的语义结构进行分析研究，有助于我们更好地把握店名的语言结构特点、发展变化及其所蕴含的社会意义。我们前面已经提到，店名的文字组合结构一般由三个部分组成：一是表明所属和个性的区别性名号，即属名；二是从业类型名称，即业名；三是商业单位的通用称呼，即通名。[6]我们解构店名的组合结构，从这三个方面分别探求店名的语义。

1. 通名分析

通名指的是商铺所属行业的类别，是店铺通用的名称，一般位于店名

6　郭先珍.店名的社会文化属性[J].语文建设，1996(4).

的最后，具有固定性，可以昭示店铺的定位、功能和规模大小等。过去，我国传统的商业店铺通用名称一直都比较朴实、单纯，大多叫"铺""铺子""店""馆""部"等，从用语上看数量少而单调，而且大同小异，缺乏吸引人的新鲜感。从语义上说，不同的通名曾经是不同行业的标志性符号。

随着时代的进步、行业竞争和社会生活的变化，店名的意义已经超越了商店的指称和标志功能，更多地体现了商家求富、求胜、求美、求大的心理和追求某种文化理想的经营理念。商家通过美好的、有特色文化内涵的店名可以吸引消费者的眼球，满足消费者物质和精神双层面的追求，从而获得更大的经济效益。所以，如今的店名通名呈现百花齐放、百家争鸣的局面，不仅出现了许多新的通名，而且一些老的通名也有了新的用法，使通名愈来愈丰富多彩。在含有通名的 426 个店名中，共有通名 44 个，各个通名所占比例情况见下表：

通名	序列标记	个数	所占比例	通名	序列标记	个数	所占比例
店	1	106	24.88%	楼	23	16	3.76%
行	2	26	6.10%	总汇	24	1	0.23%
馆	3	68	15.96%	院	25	2	0.47%
超市	4	21	4.93%	堂	26	2	0.47%
沙龙	5	1	0.23%	园	27	4	0.94%
城	6	17	3.99%	村	28	2	0.47%
吧	7	13	3.05%	柜	29	3	0.70%
中心	8	12	2.82%	厅	30	12	0.34%
世界	9	3	0.70%	部	31	3	0.70%
广场	10	11	2.58%	堡	32	1	0.23%
房	11	8	1.88%	屋	33	11	2.6%
社	12	4	0.94%	庄	34	4	0.94%
室	13	1	0.23%	府	35	4	0.94%
库	14	1	0.23%	居	36	2	0.47%
局	15	1	0.23%	苑	37	1	0.23%
坊	16	10	2.35%	阁	38	3	0.07%
站	17	1	0.23%	轩	39	2	0.47%
学校	18	10	2.35%	庭	40	1	0.23%
部落	18	1	0.23%	都	41	1	0.23%
宫	20	2	0.47%	家	42	6	1.41%
湾	21	1	0.23%	公司	43	10	2.35%
所	22	8	1.88%	铺	44	9	2.11%

综观表格数据我们可以发现，通名的使用呈现下列特点。

（1）通名呈现多元化特点。店铺通名的类别越来越丰富，呈现多元化特点。限定在某一种行业内，通名使用也不再单一，同样呈现多元的趋势。如，美容美发行业就有"屋""室""社""吧""馆""坊""中心""超市""设计室"等通名同时使用。餐饮业也有"店""馆""坊""厅""府""吧""楼""轩""斋""阁""庄""村""家""城""园""广场""中心""湾"等各种亦古亦今、亦土亦洋的通名。

我们发现，通名在走向多元化的同时，使得通名的定类功能变得淡化、模糊化。在以前，人们往往能够依据通名区分其类别，从而起到"定类"的作用。现在通名的定类功能变得越来越模糊，如"中心""工作室""馆""店"等可以运用到美发、服装、餐饮、百货、艺术设计等不同的行业，人们单凭一个通名不能确定它的具体功能。但是，通名总体的走势是逐步多元化。透过这些丰富多彩的通名，折射出人们多元的价值取向，多层次的心理需求；折射出经营方式、经营类别的多样，专业分工的细化；折射出多元文化兼容并存的发展趋势；折射出当代中国人、临沂人、商城人一种开放的心态和活跃的思维。这也正是当今中国对外开放政策的成果和中国社会多元化发展的一个缩影。

（2）传统通名风采依然。中国有着五千年历史文化传统，对人们的思想与行为有着根深蒂固的影响。表现在店名的使用上，使得传统通名在今天的店名中仍然占有一定的优势，居于统治地位。这说明在通名的使用中，传统的力量依然强大，影响深远。表现在，有些几乎已经消失的行业，随着社会的发展和人们生活的需要而重新出现，这些行业名称的使用范围逐渐扩大，使用频率也逐渐提高。例如"行"，除了银行以外，中华人民共和国成立前曾经有过的拍卖行、典当行等在一段时间内已经销声匿迹，如今又登上了社会舞台，而且还衍生出商行、琴行、眼镜行、皮革行、电器行、音响行、物资调剂行等。

"店"的使用范围最广泛，涉及各种行业，几乎是店面的一种通称。但在新兴时尚前沿的行业，"店"已经逐渐不受青睐。如"理发店""服装店"等的叫法已经很少见，逐步走向绝迹。这也许是因为"店"字不够大气、缺少个性的缘故。而与此同时，随着经营方式的变革，由"店"组合成的复合型的通名却大行其道。"专卖店""连锁店""加盟店""旗舰店""便利店""临沂店""总店""分店""名店"等林林总总、花样繁多，使"店"这个老通名重新焕发了青春，成为老词新用的代表。

"坊"字古意即指店铺,还指小手工业者的工作场所。现在"坊"不仅用在"茶坊""酒坊""食坊""制衣坊""豆腐坊""香油坊"等传统行业,还用于"发型工作坊""美容美发坊""鲜花坊""服饰坊""内衣坊"等引领时尚的行业。"坊"字何以如此备受注目呢?一方面,是因为"坊"字透着浓浓的思古幽情,承载着古朴凝重的传统文化,在这个喧嚣浮躁的社会,它犹如一缕清风给人的心灵以宁静、安详之感;另一方面,如今手工制作、纯天然、无公害的商品深受欢迎,而"坊"原指手工工场,正迎合了公众追求健康、原生态的心理需求。通名复古现象的背后,更深层的原因是传统文化在经过一个阶段的断层后,重新获得了生存发展的空间,重新得到了认同。这是人们在承受了现代化所带来的弊端之后,又重新开始寻找纯净、自然、雅致、清新感觉的一个重要表现。

另外,古色古香、带有几分书卷气的传统雅致通名日益用于传统经营项目。如,出售文房四宝、名人字画的叫"制宝堂""艺雅轩""艺宝斋"等;追求怀古情调的餐饮、茶馆叫"御粥轩""圣蓝茶轩""三味居""怡然阁"等。大概与临沂市地处凤文化发祥地,有着悠久的历史,受中国传统文化的深远影响,并且和市委市政府对城市文化建设的重视以及对沂蒙文化的继承与弘扬有密切关系。

(3)外来通名明显增多。在临沂这个并不怎么开放的三线城市,由于其是贯通中国南北的交通枢纽,又是全国著名的商贸批发城,商业信息来往

图2.5　2016年5月摄于临沂市启阳路

28

迅速及时。随着改革开放越来越深入，各国经济文化交流的拓展与加深，各种外来文化尤其是美国、日本、欧韩文化逐渐渗入、影响到人们的生活，并且反映到店名语言中。在店名语言中，我们发现许多外来语言元素和文化元素，与汉语相互碰撞、相互影响、相互融合，各种洋通名纷至沓来，如"超市""吧""社""KTV""家""语座"等，使得店名语言在形式和结构上都发生了一些新的变化（如图2.5）。

分析其原因，一方面是因为时代变革的召唤。现代社会不再是封闭的传统手工业时代，而是经济全球化、市场化、信息化的地球村社会，商贸信息跨越了国家、种族、地域等限制，是一个信息共享、合作共赢的时代。我国与外来文化不可避免地要交流、合作、融合、发展，这势必会在语言上尤其是店名语言中有所反应。在商贸领域，新经营方式、新事物的引入必然会带来新的词汇，包括店名通名。店名与社会发展变化是密切联系的，大凡社会的发展变化、新事物、新现象的出现，都会在店名语汇中有所表现。另一方面也因为有些人的崇洋心理在作祟，"外来的和尚会念经"，人们往往对外来事物抱着强烈的好奇心理和崇尚心理，为了迎合顾客的这种消费心理，不管经营的商品是不是跟国外有关系，店家在店铺命名时特别添加了外来文化元素，或者用英文命名、用汉字加字母命名、使用外来的通名以显示店家经营理念的时尚、洋气。

英文 super market（超级市场）在汉语里被缩减成"超市"，"超市"一词的产生就是引入外来经营方式的结果。1997年版的《现代汉语词典》中对"超市"的解释是：一种新型的综合商店，一般不设或少设售货员，让顾客自行选取所需的商品，到出口处结算付款，也叫"自选商场"。[7]这是超市本来的含义。如今"超市"的含义又有了新发展：非综合、丰富、自选、价格低的商店都可称为超市。因其简洁、新颖，凡是自选商场、自选商店人们都冠之以"超市"，比如"家具超市""图书超市""日用品超市""眼镜超市""药品超市""手机超市""音像图书超市""服装超市"，甚至"发艺超市""娱乐超市"等纷纷产生，这说明"超市"这一通名的含义由单一性向多样化发展了，这也是汉语词语在借用外来词语时并不是一味地拿来，而是根据汉语本土的表达需要进行了改造、扬弃与发展。

---

7 现代汉语词典[M].上海:商务印书馆,1997:38.

再如"吧"字一族，也是目前非常走俏、使用频率最高的一类洋通名。"吧"来源于英语中的"bar"，引入时的意义是指出售酒、饮料、食品或其他某种特定商品的柜台或场所，也指饮酒的地方，汉语译作"酒吧"。"吧"字引入后，意义逐渐由特殊走向一般，成为非常能产的词缀。现在"吧"这个外来音译词的意义已经泛化和本土化，不仅构成"酒吧"一词，还出现了"网吧""迪吧""棋牌吧""书吧""茶吧""话吧""咖啡吧""酸奶吧""怀旧吧""粥吧""陶吧""餐吧""聊吧""剪吧""烤吧""冰吧"等，这时"吧"除了原有意义外还泛指休闲娱乐的场所。这种发展反映了中国社会消费文化的发展新趋势——由物质消费向精神享受的转化以及休闲消费文化的丰富化。

至今，尽管民族文化在不断复兴中，我们的文化自信也表现在店名使用中，人们越来越倾向于传播与弘扬民族传统文化，但是外来通名仍有较大的市场：

一是大众的认可。洋化通名具有语言文化二重性，形式上是汉语的，但它包含的却是对外来文化的认可与接受。借用洋化通名多半是为了显示某种与"洋"或外民族有关的身份或色彩，比如显示知识层次、社会地位、价值取向、时代环境等。

二是语言接触的环境。语言像文化一样，很少是自给自足的。交际的需要，使说一种语言的人和说文化上占优势语言的人发生直接或间接的接触。在交往中，彼此的语言必然会相互影响，经济文化上占优势的语言影响力更大一些。在笔者调查的店名语料中，外来通名主要来自欧美、日韩。

三是客观需要。店名文化既属于传统文化，也是一种流行文化，新颖、时尚、个性是店家的普遍追求。店名用语如此庞大，一些常用词已不能满足需要，为了创新、展现独特与个性，一些店家改变了命名思路，采用了洋化通名。

（4）通名趋大化、专业化。通名趋大化发展，反映了商家盼望增强经济实力的愿望，具体反映在对通名的使用上，动不动就以"中心""世界""总汇""天地""广场"等命名，以此突出自己在同行中的地位。赵世举指出："（通名）尚大的主要表现在'店''铺'之类的名称，来自旧时的单门户的小本生意，有规模小、档次低之嫌，故不少商家极力避之，千方百计地取个叫起来响，听起来'派'的大名号以期吸引人青睐光临。"[8]赵世举在文中列举了"城""中心""宫""天地""总汇""大世界""集团""市场""楼""广场""公司""都""府""厅""社""行""庄""超市"等通名词语，这些词语一般代表很大的门面或较大的商业规模。

但是很多小店为了吸引顾客也这样叫，比如我们的语料库中有"睡衣世界""童装大世界""女人世界"（如图2.6），其实只是一间20多平方米的店面。这种尚大，一般来说源于心理学家荣格所分析的"集体无意识"心理，见很多人都用自己也跟着用起来，结果在自己狭小的空间支起来大天地。店家在"大"字上做文章，目的在于给消费者一个较大的选择空间，让顾客以舒适的心理来增强消费欲望。但是滥用此类夸大通名，顾客不免会对店家的诚信产生怀疑，甚至激起不来上当受骗的逆反心理。

图2.6 2016年5月摄于临沂市解放路

移用是通名家族扩大的主要手段。通过移用，通名的种类和内涵都大大丰富了。有些词本来不指商业店名，但由于包含有规模宏大、品种丰富、专业化等意义，所以被移用为通名。其中"城""广场""世界"等就能够表达规模大、商品丰富的内涵，被移用作通名，如"书城""美食城""餐饮广场""手机特卖场""睡衣世界""蛋糕世界"等。"中心""工作室""设

---

8 赵世举.当代商业店名的构成类析及文化透视[J].云梦学刊，1999(1).

计室"能够表达经营项目和服务水平的高度专业化，如"形象设计中心""摄影工作室""录音工作室"等。使用这些通名，一方面体现了商家增强自身可信度的意图，是商家对消费者实施的心理战术；另一方面也是社会分工专业化程度和专业化水平不断提高的表现。

（5）不使用通名。现在越来越多的店名不使用通名，直接用属名或业名命名，或者是二者的结合。前面我们已经提到，通名的作用是标明行业所属，在以前行业分工比较粗的时候，不同的通名可以较为鲜明地标识店铺所属的行业，如"酒馆""理发店""油坊""药铺"等，对顾客有提醒的作用。但是现在行业分工越来越细，通名的行业标识作用减弱，很多行业可以共用一个通名。随着行业间的竞争越来越激烈，店家日益追求独特、鲜明、个性，甚至故意不想让顾客一眼就看懂店铺的经营内容，以激发起好奇心而进店观看。所以，通名日渐弱化。

2. 业名分析

业名作为业务类型标志，可谓五花八门，在行业分工越来越精细的今天，行业类型多如牛毛。商家别出心裁，从不同视角挖掘业名类型，我们归纳为以下几种。

（1）标明所售商品：鞋店、珠宝店、服装店、体育用品商店、文具商店、书店、药店、手机专卖、笔记本电脑、灯具市场、五金器材、桃源家居、床上用品、佛教用品、厨具专卖、小家电、日用百货商店、轴承老店、饭店、保健用品、洗化用品、化妆品、雪糕批发、放心肉、酸奶吧、百元裤业、鲜花店、礼品店、烟酒糖茶批发、电动车、自行车、汽车、沂蒙春茶、嘉兴粽子、米其林轮胎等。

（2）标明服务项目：餐馆、照相馆、形象设计、婚庆公司、儿童专业摄影、婚纱设计、婚纱影楼、美容院、理发设计室、裁缝店、家电维修部、汽车维修、手机美容、酷车装饰、专业开锁、洗车行、理疗馆、汗蒸坊、小儿推拿、擦鞋、皮草保养、养生馆、中医拔罐、专业刷漆、电信服务、航空售票、国际旅行社、茶馆、咖啡西餐、加油站、税务服务大厅、招待所、旅馆酒店等。

（3）标明商品质料：采棉人、皮草行、丝绸老店、文翠竹行、老布衣、麻·不语、牛仔服、木果果木、红木家具、塑料炸弹、五金机电、石头记、玉石轩、翡翠阁、沙驰皮具等。

（4）表明营业方式：自选商场、自助餐、快餐、外卖等。

（5）表明经营规模：小超市、小店、小铺、大世界、大卖场、大酒店、世界最小餐馆、天下第一涮、小四川等。

（6）标明经营性质：直销、专卖、批发、零售、外卖、代购等。

（7）标明制作方式：阿里巴巴烧烤店、砂锅居、火锅城、地锅全羊、炒鸡、清蒸素食、手工巧克力、民族无烟烧烤、火焰山烧烤、手擀面、机器煎饼、石磨煎饼等。

（8）标明本店特色：鸭子楼、海鲜城、药膳楼、烧鹅楼、小抓鸡、清真全羊馆、小肥羊、福华肥牛、梁记粥铺、烧烤、火锅、九九水饺园、老地方驴肉、品牌专卖店、品牌折扣店、麻辣烫、米线等。

（9）标明营业时间：夜总会、昼夜商场、夜沙龙、24小时旅店等。

（10）标明职员身份：军嫂烧烤、军人修脚、军人开锁、下岗馒头、沂蒙六姐妹煎饼、盲人按摩、农家豆腐草鸡店、外教英语辅导、名师作文辅导、姐妹麻辣烫、兄弟炒鸡等。

（11）标明隶属关系：总店、分店、连锁店、基层店、旗舰店等。

（12）标明商品价格特点：平价超市、低价超市、特价商场、折扣店、一点利商店、利群超市、均得利商店等。

（13）表明服务对象的性别或年龄：男子生活馆、老知青、男子养生馆、女子流行馆、女人秀、童鞋童装、少年风暴、中老年服装、老年乐、海澜之家男人的衣柜、妞妞名鞋店、班尼路男女袜、女人的衣柜、都市恋人、伊人红妆、简约男装牛仔、百丽女鞋、男人族、男主角、男人帮等。

（14）曲折表达业务类别：影楼——用"影"字提示说明是照相馆；四宝堂——用"四宝"暗示所卖商品是笔、墨、纸、砚文房四宝；聚宝斋——彰显店家商品的宝贵品质；梨园阁——用"梨园"说明所经营的商品与曲艺界唱戏表演所用的行头有关。

3. 属名分析

有人认为，通名犹如人的姓，不可妄改；业名就像人的字，不可乱叫；属名恰似人的号，只要能有别于人，可随意而命。我认为有一定的道理。所以商家会在属名上大做文章，专拣好词来装点门面、凸显个性。于是呈现出光怪陆离、无奇不有的"属名大世界"，令人眼花缭乱。归纳起来，大致有以下几个种类。

（1）以某人姓、名、号为名。自从店铺采用文字的形式命名以来，就以某人的姓、名、字、号来命名，这是一种最古老、最传统的命名方式，大多是以历史人物、传说人物、产品首创者或经营者的姓名命名的方法。这种命名方法把特定的人与特定的商店联系起来，使消费者获知有关商家、商品或服务的特点、质量、信誉等特定信息，还能激发消费者对商品首创者或经营者的追忆或联想，刺激其消费的兴趣和购买动机。在人名与店名的联系上，人以物传，物又以人传，通过人名对消费者施加影响，使消费者在认知商店时，或者产生一种心理惯性，对商品质量和服务质量产生充分的信任；或者产生一种心理偏移，将人们对所喜爱的人物的好感与崇拜转移到对该商店和商品的喜欢上来。

"他山之石，可以攻玉"，借历史名人的姓、名、字、号命名，意在借助历史名人的名气彰显本店的历史文化意蕴或悠久的历史文化传统。利用历史名人效应的店名，在传播与弘扬历史名人文化的同时，也为店家带来良好的信誉。如"鲁班大厦""羲之宾馆"（如图2.7）"颜氏粥府""诸葛酒家""润之饭店""陆羽茶庄""梵高印象摄影机构"等。

"羲之宾馆"，位于临沂市繁华的市中心商业区，与王羲之故居相邻，是集餐饮、住宿休闲与会议于一体的综合场所。这个宾馆借助历史名人王羲之而命名。王羲之是东晋著名的书法家，祖籍琅琊（临沂），后迁居会稽（绍兴），写下《兰亭集序》，有"书圣"之称。历任秘书郎、宁远将军、江州刺史，后为会稽内史，领右将军，人称"王右军""王会稽"。其子王献之

图2.7　2016年5月摄于临沂市沂蒙路

34

书法亦佳，世人合称为"二王"。作为历史名人，王羲之的名气为临沂历史传统文化的弘扬增加厚重感，来此旅游的人，一定要看羲之故居、住羲之宾馆，大概这就是商家的目的之所在。

有的店名以人们熟知和喜爱的神话传说或文化作品中的典型人物命名，如"阿诗玛庭院""大力士""张果老驴肉馆""蒙娜丽莎婚纱摄影""独孤求剪""花仙子花店""阿里郎烤肉""风车王专业儿童摄影"等，人们会因为这些人物的鲜明生动、活泼可爱和励志奋斗的性格特点，而引发对店铺的无限遐想。图2.8 店名"大力士"，借助迪士尼于1997年推出的第35

图2.8　2016年5月摄于临沂市金雀山路

部经典动画片《大力士海格力斯》，改编自古希腊神话，故事主要讲述宙斯的儿子海格力斯如何成为超级英雄，该片曾获得第24届美国电影电视土星奖。这个带有一些英雄主义色彩的店名深得男孩子的喜欢。

图2.9里的阿诗玛是彝族支系撒尼人的经典性传说人物，据说她聪颖美丽，与勇敢憨厚的青年阿黑相爱。但是族里头人热布巴拉之子阿支贪婪阿诗玛的姿色，用尽种种威胁和利诱手段抢夺阿诗玛，最后阿黑哥没能成功挽救，阿诗玛化身成一座美丽的石像，盼望着她的阿黑哥和美好的爱情，成为昆明石林中一道永恒的风景。阿诗玛是撒尼人纯洁爱情的象征，图2.9中的音乐酒吧以阿诗玛命名，借助这个感人的爱情故事，想必是青年人寻觅真爱的美好去处。

图2.9　来自360网络图片

35

有些店铺是借当今名人的姓名命名的，在当今流行文化中，名人引导潮流的气势和力量相当强大，名人的示范效应犹如人际传播中的"晕轮效应"，让诸多粉丝追随并心醉神迷。一些人成名后看到了这些商机，利用自己的影响力"圈粉"，着力打造自

图2.10 2016年5月摄于临沂市启阳路

己的品牌。如，"艺谋文化艺术发展中心""晓庆化妆品公司""羽西""谢娜服装、咖啡馆""吴昕泰国菜""李宁服饰专卖"等。图2.10中店名"GAGA"，与美国流行乐坛著名歌手 LADY GAGA 重名，下面还有一行电子字幕"运享奢华，掌控潮流"，借助 GAGA 在流行与时尚界的名气，为自己的服装宣传，吸引很多时尚青年顾客光顾，产生很好的传播效果。

更多的店铺是以店铺创始人或店家自己的姓、名、号命名的，如"李守仁烧鸡肴肉店""陈三更老鸭""苏宁手机大卖场""李锦记收发传真""文英鲜花批发中心""刘一手火锅""徐掌柜鞋底火烧"（如图2.11）等。这些店铺往往是店家白手起家，经营多年，从无到有、从小生意做成大买卖，其中有些店铺已经做成名牌，如"徐掌柜鞋底火烧""陈三更老鸭""刘一手火锅"等，极有可能发展成为家族企业品牌。

图2.11 2015年5月摄于临沂市银雀山路

（2）以山川名胜命名。山川名胜有的优美，有的雄奇，有的险峻。优美的能陶冶人的情操，给人一种回归自然的惬意；雄奇的能锻炼人的气魄，激发人类创造的无限遐想；险峻的让人感叹大自然的鬼斧神工，迸发出征服自然的神奇力量。在人们的物质生活普遍提高的今天，生活节奏相对较快，社会压力普遍较大，为了提升生活的品质，减轻生活带来的压力，旅游已经成为人们生活放松的一个重要环节。那么，名山大川的自然雄奇、名胜古迹的卓越智慧，已经成为人们日常的谈资。以山川名胜命名店铺，可以借助其优美雄奇的自然风貌和自然地理文化意义，增强店名的气势。

在我们收集到的店名中，这个类别所占比例并不大，有"花果山水果店""沂河假日酒店""孟良崮草鸡""三峡食府""琅琊大酒店""长城装饰""太平洋海鲜城""毕升楼大酒店""蒙山沂水大酒店""蒙山光棍鸡店""扬子江酒店"等。图2.12里提到的花果山位于江苏省连云港市南云台山中麓，为云台山脉的主峰，是江苏省诸山的最高峰。这里峰奇石怪，花果满山，景色神奇秀丽，中国著名的古典神话小说《西游记》就是以此山为背景，创造了一个活灵活现的美猴王形象，花果山也因此而名扬天下。有道是"一部西游未出此山半步，三藏东传并非小说所言"，花果山成为国内外知名的旅游胜地。店名借助花果山风景区的优美、雄奇和神话小说进行传播能够深入人心，给人一种"神山出神果，味道特别好"的神奇联想。

图2.12　2017年7月摄于中国传媒大学西门街道

（3）以行政区域名为名。用行政区域做标记的店名有地域的限制，不如被冠以"中华×××"或"中国×××"更显高端大气上档次，但是这类店名最主要的特点是凸显地方特色。做得大不如做得精，现在很多地方特产、地方名吃、地方特色品牌已经被人们所认可，甚至是人们慕名追求的目标。有些商店的命名使用行政区划名称，这不仅可以突出地方风味和特色，还可以满足消费者"慕名购买，求实尝新"的心理。

在我们的店名语料中，这类店名所占比例在10%左右。有临沂市本地的行政区域店名——"临沂饭店""临沂宾馆""正宗蒙阴烧烤店""沂蒙大观园""临沂国际旅行社""沂蒙春茶行""鲁南音像超市""沂蒙六姐妹煎饼"等，彰显了本地的特色与资源优势；有凸显国内外地的店名——"大连海鲜烧烤"（如图2.13）"老北京疙瘩汤""嘉兴粽子""台湾脆皮老婆饼""湖南崖炒鸡店""老陕西肉夹馍""德州烧烤全羊汤馆""猴子岭烧鸡店""胶东庄户城""东北一家人""老四川火锅城""香港凯莲娜""北京·郑剑""深圳圣大保罗""上海雪豹服饰有限公司""广东内衣名城""广州时氏服饰""北京·靓月""杭州围巾商行""重庆美食园""青岛内衣总汇"等，蕴含的是店家对这些地方特色的充分自信，有实力在全国各地参与竞争。店名"大连海鲜烧烤"，借助中国东北对外开放的窗口和最大的港口城市——大连这个历史悠久、环境绝佳、有"东北之窗""北方明珠""浪漫之都"之称的中国东部沿海重要的经济、贸易、港口、工业、旅游城市来命名。店名不仅凸显了大连盛产海鲜的地理优势，还彰显出一种地方文化自信。

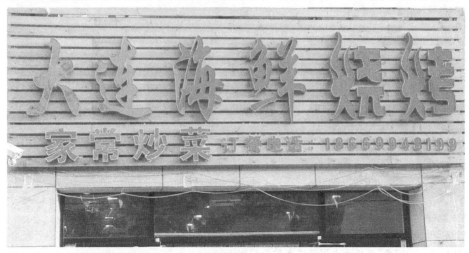

图2.13　2017年8月摄于临沂市北城新区成都路

以外国国家或者行政区划冠名的,如"加拿大海鲜""美国雪伦""韩国化妆精品""法国皮尔卡丹""曼哈顿咖啡语屋""好望角美食园"等,以满足人们崇尚外国品牌或产品的消费需求。图2.14中店名"加拿大海鲜",利用加拿大位置靠北太平洋的地理优势,工业少、无污染的特点,宣传海产品来自深海,营养价值高。在总体饮食环境不佳、竭力追求绿色无污染食品的当下,"眼不见为净""远来的和尚会念经"赢得了许多顾客的青睐。

2.14　2016年10月摄于临沂市南坊新区天津路

（4）采用写意词语命名。写意就是披露心意,抒写心意。《战国策·赵策二》中记载:"忠可以写意,信可以远期。"很多店家开店的主要目的并不是为了单纯追逐利润,更多的是追求一种生活的理想和开创事业的美好心情。所以在给店铺命名时多采用写意的方式,抒情的方法,使得此类店名独具匠心。

据理论研究者指出,处在同一个社会的消费者往往具有相似的思维及生活方式,对客观事物或社会现象的某些方面也有相同或相似的审美感受。[9]也就是说,店家按照自己的思路设计出来的店铺,给店铺命名时的思维能够获得顾客较为一致的审美思维和审美感受。因而,在给商店命名时就可利用这些同样的审美感受,采用写意法命名以赢得共鸣。

属名的重要功能就是彰显店铺的独特个性,在张扬个性、追求差异化的

9　吕叔湘.语言作为一种社会现象[J].读书,1980(4).

图2.15 2016年5月摄于临沂市银雀山路

当下，采用写意法只用属名命名的店铺越来越多，如"糖糖""黑贝·herbay""贵夫人""玫约""海岸线"（如图 2.15）"花漾""雅格""淑女阁""清心茶苑""千禧情缘数码影楼""衣香丽影""土家族掉渣渣烧饼""天籁村音像超市""概念形象设计""好丽丝专业发型设计""晶晶眼镜""金世缘珠宝"等从不同的审美视角挖掘店铺较为独特的情感元素，有的描述，有的隐喻，有的夸张，有的象征抽象，有的用小字号补充店铺信息……顾客看到既能够捕捉足够的所需信息，还能够给人一种小清新、审美想象和审美愉悦感。

"糖糖"（如图 2.16）是一家女装店，正如其店名的内涵，不仅店主是一个甜美可爱的姑娘，其经营的服装也走甜美可爱风格，特色鲜明、名副其实。用属名命名符合当下人们生活的快节奏，浏览店名就知道店铺的经营对象及其风格，在最短的时间内决定和完成消费行为。

图2.16 2016年5月摄于临沂市新华路

图2.17　2016年5月摄于临沂市银雀山路

也有些店名故意采用含义模糊的词语命名，虽然委婉地表达了某种意愿，但其中有些含义不容易解读，如"水云间"（如图2.17）"魅紫""旦可韵""莲语""仙品格""伊念""红粉梦虹""奥斯莱特""爱情物语""S.T印象"等，如果不进店看一看，简直不知道是做什么生意的。据笔者统计，此类店名90%以上是服装店。大概因为当今人们追求着装形象的个性化，所以在选择服饰时对店名的要求也倾向于别致、时尚甚至异化。

（5）以表达美好愿望的字眼为名。选择吉祥语命名源于古代人们对语言的崇拜。古人认为语言具有神秘的力量，它可以改变客观世界，改变一个人的命运。运气不好时都想借助吉祥话以求转机。商家给店铺取个好名字，为自己也为消费者图个吉利。

这些店名具有一个共同的特点——含有预设含义，有的祈求吉祥，如"天丽""天天过年""家和万事兴""百世吉""福大家超市""家家福超市""香港福娃"等；有的渴望发财，如"鑫鑫""艺鑫""鑫源""金盛源""隆盛典当行""昌源"等；有的祝福顾客，如"好太太服饰""丽人行""阳光贝贝""好孩子""大赢家""漂亮美媚""旺万家"等；有的表达某种承诺，如"一点利商店""低价超市""均得利商店"等；另有"皇家太子妃""罗马皇宫大酒店""英皇娱乐宫""裤王""查里王""太子鸟""胜于皇家太子妃""玉面伯爵""王中王""贵夫人"等，选用富贵气派的词语命名以满足人们对富贵生活的向往，不一而足。

（6）以数字词语命名。汉语数字词不像阿拉伯数字那样仅仅是单纯记数，它蕴含着极丰富的哲学内涵，统括了我们祖先对世象人生的深层透视，体现出东方民族的一种大智慧。神秘哲学的祖师，道家学派创始人李耳在《老子》一书中提出"道生一，一生二，二生三，三生万物"。阐释"一"是由无形的"道"派生出来的混沌之气，是万事万物的原始要终。东汉许慎《说文解字》云："一，惟初太始，道立于一，造分天地，化成万物"，认为"一"就是世界的本源，它包罗万象，千变万化，演绎出了丰富多彩的大千世界；"二，分而为二以象两"，古人对于"二"，向无好感，认为它是分裂，猜忌，背叛等乱象恶德的一个外显符号，但是"二"在当代则有"好事成双"的美好内涵；"三，天地人之道也"，也就是对浮生世象的象征统括；"四，四方也，八别也"，这是先民天圆地方的空间观念的一种符号再现；"五，中数也，天数五，地数五，爵惟五"，《易经》及阴阳五行学说将"一"至"九"九个数字分成阴阳两组，奇数为阳，偶数为阴，"九"为最大的阳数，"五"为居中的阳数，视其为吉祥，帝王被称为"九五之尊"，意思是他在天地之间至大至刚，至高无上，同时又不偏不倚；"六"在民间表示顺畅；"七"在特定场合有哀伤之意，现在又因谐音"起"和成语"七上八下"的意思而受热捧；"八"因与粤方言的"发"同音，引得不少希冀富贵利达之辈竞相神往欣羡；"九"除了表示吉祥，至高无上外，在数上同"三"一道言其时间长，数量多，但基本上是模糊的略数；"十，数之具也"，人们常常把"十"作为大团圆的数字。

可见，经过人们长期的约定俗成后，每个数字除了计数的功能外，还承载了某种特殊的象征意义，尽管其含义古今不尽相同，但是从漫长的历史长河来看，基本上属于一脉相承，成为汉语中一种特殊的数字文化。这种特殊的数字文化被大量使用在店铺命名中，形成一个独立的类别。如店名"3S"（如图2.18）"Y:2"等。只看"3S"一般不好理解是什么意思，会

图2.18　2016年5月摄于临沂市银雀山路

有摸不着头脑的感觉，再看3S下面的英文标注才恍然大悟，原来"S"是"SUNNY""SONG""SMILE"三个英文单词的首字母，是"阳光""歌曲""微笑"的缩写，这是店名的表面意义；如果结合"3"这个数字的象征意义，则有包含顾客所需的一切美好内涵，蕴含着这个店铺的经营理念是积极、阳光、向上、正能量的。"Y:2"是以纯品牌服饰的简写代码，以一种简单的对称结构形式，表达好事成双、效果翻倍的意义。这样的店名从形式上看简短、易读、易识、易记，还代表特定的文化内涵，别有一番韵味。

"目标369"这家店所售商品的价格尾数是3或6或9，简单好记，还含有多、顺、好等内涵，很有特色，这样的店名会引起顾客的喜欢。另有"361度自由空间""星期八"等店名，明明空间圆周只有360度，人们的星期制度只有七天，可店家偏偏打破了这个常规，表达了当今社会生活节奏加快后，人们对追求休闲、追求自由空间的无限向往。"黑8台球会馆"是临沂市一家休闲娱乐馆，"8"谐音"发"，暗含店家的经营目的是要发财，而一个"黑"字，则有反主流，反传统的朋克味道，想必店家和来此消费的对象多是青年人。"零五三九自助餐"是临沂市一家餐馆，据说起此店名的原因有二：一是临沂的电话区号是0539，以此命名表明是本土经营，给顾客一种熟悉感；二是按照古人赋予数字的内涵来看，0表示从头开始，5是一个中数，表明经过努力经营可以达到可观满意的盈利，而3和9在古代表示吉祥、数量多，含有不可数之意，言外之意是盈利空间不可限量。可见，店铺命名时的数字组合多种多样，有时候是店家自己寓意其中，更多的时候是社会约定俗成的结果。

其他用数字命名的店铺还有"518专业洗头城""NO.1外贸出口成衣""W.A.7＋2""HariRabu 1，2，3""747火锅城""178时尚宾馆""南门外56号""一品阁""二泉茶艺社""三峡食府""四海聚饭庄""伍佰专卖""六六顺鞋业""七匹狼""八一水饺有限公司""九九水饺园""沂蒙百货大楼""百元裤业""千里明视力健康中心""千和鲜花总汇""万达批发"等，都是利用了数字的特殊文化内涵。

（7）以外文、音译词或仿洋词为名。全球化经济的发展与交流，使一些洋品牌、洋货大量涌入中国，使得国人对洋货的好奇心、猎奇心理甚至是盲目崇洋的心理得到了满足。有些主卖洋品牌的店家在给店铺命名时，直接采用外文的音译，用汉字书写，保留其标识符号的方式。因为这些商品已经是打入中国的强势品牌，比较大众化，顾客群体强大，如"肯德基""麦当劳"（如图2.19）"汉堡王""华伦天奴""皮尔卡丹""梦特娇"等。

图2.19　2016年5月摄于临沂市银雀山路

　　有的店家卖的并非一定是洋货，但是为了迎合顾客的崇洋心理，采用仿洋名命名，如"爱诗伦思连锁机构""冬之物语""舒美珍子""红林芬子""八百伴""马基奴"等，其中有些店名简直不知所云。有的店家直接用英文命名，如"MOFAN"（如图2.20）"Puella""Isaxir"等，其实卖的都是国产服装。

　　总的说来，我国的中等城市市民的外语水平普遍不算高，达不到认识外文店名的程度。可店家想突出所卖的商品跟洋货有关，想用外文命名，又担心人们看不懂影响生意，于是就选择外文后加上汉字翻译的命名方法。例如："eLTD(伊莲苔蒂）""STORY 虫虫""SEASKY 海阔天空""BEFORE（前卫）""HOTWIND（鞋业）""NIKE 耐克""ADIDAS 阿迪达斯""Lenovo 联想""SONY（索尼）""CONVEISE(匡威)""BOS.B(博士堡)""Semir(森马）"，此外还有一些用韩文、日文命名的店铺，店名下也有小字号的汉语翻译。

图2.20　2017年3月摄于临沂市南坊颐高上海街

（8）以商标符号命名。商标分为文字商标、图形商标、文字图形商标三类。文字商标具有名字的性质，一般都有可供称呼的名称，所以不少商店乐于用文字商标来命名，如"真维斯""波斯登""达芙妮""杉杉""雅戈尔""凯撒""鳄鱼""红豆""法国梦特娇"等。在我们搜集的店名里，直接用图形商标作为店名的比较少，因为图案的寓意需要解读，尤其是名气不够响、影响不够大的商品品牌，顾客不一定能够了解和会意图形的真正意义内涵。用于店名的商标名往往是在社会上具有一定知名度的大品牌，顾客对它有一定的熟悉度，商标能够影响到消费者的认知心理。[10]当然，更多的店铺采用"文字＋图形商标"的命名方式，把商品品牌名字和品牌标志共同作为店名。如NIKE这样的店名使消费者一目了然，也为商家起到了广告宣传的作用，强化了企业及其产品的形象，收到一箭双雕的功效。

（9）以粗俗字眼命名。有少数几家商店违背人们的传统思维习惯，故意选用粗俗字眼命名，以刺激人们的逆反心理招徕顾客。如"陈傻子海鲜""花花公子""我铐——恶魔巾栈""挺乃尔美容美体馆""蜀锦香厕所串串""笨笨网吧"等。店名"厕所串串"（如图2.21），用两个风马牛不相及的概念违反常规搭配，却偏偏能够激起人们的好奇心理和逆反心理。据了解，这家店名的来历纯属歪打正着，原名为"特色串串"，其炒料以绿色、健康为主，用独特祖传的配料研制而成，麻辣清香可口，香甜清脆，最初在成都北顺城

图2.21 来自360网络图片

10 邵敬敏.上海店名文化心理分析[J].现代语言学,延边大学出版社,1990:79.

街公厕旁开店，许多食客慕名而来，却找不到地方，由此都介绍到厕所旁边，故得名曰"厕所串串"。后因味道独特鲜美，有食客上传至网络，立刻引来众人围观，许多电视台陆续抢来采访，从而"臭名远扬"，成为成都独具特色的地道风味小吃，堪称一绝。后来在全国招加盟商，各种"厕所串串"店铺遍布全国多个城市。

总体上说，这类店名对城市文明形象的树立与发展不利，对青少年儿童的引导教育也会产生不良影响。我们呼吁，如果不是这么巧合，应该尽量避免这样命名，同时呼吁工商管理部门加强对店铺命名上的文明规范管理。

（10）以拼音或拼音＋文字为名。这种店名对学过汉语拼音、识字不多的人来说，无论中外老幼都能理解，同时又避免了千篇一律的纯汉字店名的雷同，还貌似外文店名一样时尚。如"HUA YE MU（花也慕）""ZHEN-AO 珍奥""WU BAI 500 伍佰专卖""JIU LONG DIAN XUN 久隆电讯""我DE 饰屋"等。尽管在店名语料库中所占比例不大，但也算是中规中矩的传统命名方式的传承与发展。

（11）采用影视、网络及时尚流行语命名。传媒文化已成为现代社会最流行、最有影响力的文化之一，传播速度快，影响面大。因此，流行语、影视、网络语词也成为店铺命名的一大选择。这类店名与店内的经营项目不一定是最佳搭配，但是随处可见的影视语、网络语、流行语确实让人感受到鲜明的传媒文化效应。如"飘2046""甜蜜蜜""花样年华""金粉世家""流星花园""浪漫满屋""薰衣草""在水一方""非常时空""大长今""小

图2.22　2016年5月摄于临沂市新华路

城故事"（如图 2.22）等。《小城故事》是 1979 年上映的一部国产经典故事片电影，由邓丽君演唱的主题歌《小城故事》至今传唱不衰。与其说这个餐馆借助这部电影的传媒影响力来命名，倒不如说是借助邓丽君演唱的歌曲《小城故事》以勾起人们的一种怀旧情绪。

总之，属名在字里行间向我们传递着万种风情，不论是店名所传达的表面意义，还是店名内部蕴含的更深层次的意义，都会共同作用于消费者，引起消费者的兴趣。当然，店家制作富于形象化、个性化的店名，以不离谱、不失真为前提，才能从心理上贴近受众，达到沟通的目的。随着社会的发展、语言的丰富和各类语言文化的影响，也为了适应不同人群的消费需求，人们选用的店名语词逐渐趋向丰富化、多样化。

（四）店名的语法特点

店名由于特殊的传播空间的限制，需要简洁、短小、结构简单的表述方式，大多选用词或短语来命名，只有极少数用句子，所以店名总体上缺乏句态的完整性。我们分析店名语言的语法特点，实际上就是分析汉语词法中词或短语的结构特点。

汉语构词的结构主要有主谓、动宾、偏正、动补、联合五种类型。分析店铺语言的结构特点，离不开这五种结构类型。汉语构词法与句法结构大体一致，即使有个别的句子做店名（"劝君上当，上当一回"），也不影响我们的分析结果。在本文提到的 1215 个店名中，五种结构类型都有，统计如下：

结构类型	店名数	比例	结构类型	店名数	比例
偏正结构	875	72%	联合结构	134	11%
主谓结构	134	11%	述补结构	12	1%
动宾结构	49	4%	歧义结构	12	1%

由上表可以看出，述补结构的店名最少，偏正结构的店名占绝对优势，占所有店名的 72%。因为店铺名称大多带有描述性质，或描述限制店铺的经营内容，或表白店主的经营思想和理念，或彰显店铺与众不同的经营风格等。与其他结构形式比起来，偏正结构的词语最适宜表达这样的需求。

笔者发现一些歧义结构的店名，如"亲亲宝贝"既可以看成偏正结构——"亲亲的宝贝"，又可以将"宝贝"分析成动词"亲亲"的宾语；"女人花"既可以看成主谓结构——"女人像一朵鲜花"或自嘲"女人花心"，也可以分析成偏正结构——"女人的花衣服"，不同的分析会产生不同的意义。有些店主故意采用这种歧义结构，以激发人们的想象力和好奇心，从而拉拢顾客，创造更多的推销机会。

在调查中，笔者还发现几例以句子命名的商店，如"劝君上当，上当一回""Anything is possible 一切皆有可能（李宁）""不走寻常路——安踏"。这种店名不多，所占比例也比较少，但至少说明店名的命名方式在语法领域内并不是由词、短语独领风骚，句子也有一席之地（在网店名称中占的比例较大）。

总之，尽管店名受到空间的限制，但是其结构丰富、独特，以尽可能经济的语言结构形式来传达丰富的经营信息，所以店名凝聚了具有时代气息的广告语精华：短小精悍、富有韵味、意义浓厚、含蓄典雅。这些特点使店名能够在较短的时间内对消费者产生强大的语言刺激，留下深刻的印象，勾起强烈的消费欲望，从而达到最好的宣传和经营目的。

第二节　店名非语言传播符号

著名语言学家罗曼·雅各布森曾经指出，语言符号不提供也不可能提供传播活动的全部意义，交流的所得，有相当一部分来自于语境，即传播情景，往往由非语言符号组成。传播情景指的是对特定的传播行为直接或间接产生影响的外部事物、条件或因素的总称，包括传播活动进行的场景，广义上传播情景还包括传播行为的参与者所处的群体、组织、制度、规范、语言、文化等较大的环境。

店名的非语言传播符号包括语言符号的伴生符，如文字的字体、大小、粗细、工整或潦草等，称为副语言。副语言不仅仅对语言起着辅助作用，它们本身也具有自己的意义，起着加强语言符号的作用或传递语言符号以外的信息，甚至反映出传播者的许多背景材料。非语言符号还可以是物化、活动化、程式化的具有一定独立性和能动性的符号，如店牌背景、橱窗装饰、灯光照明、背景音乐、商品实物等元素，有的以个体的形式出现，有的以组合的形式出现，都是对店名语言符号的进一步形象化解释、说明和强调，和店名语言符号一起构成店名的传播情景（语境）。我们将在传播语境一章做详细探讨，此处不再赘述。

第三章　店名文化传播语境

第一节　语境及其研究概况

　　语境即语言的使用环境，是人们运用语言的基础和出发点。学术界对语境的认识并不一致，在英语中最初指上下文，主要针对会话和语篇来说的，后来学者提出了情景语境和文化语境。现在看语境是一个十分宽泛的概念，包括使用语言时所涉及的一切主客观因素。凡是跟语言形式的产生、使用、理解等相关的各种物质的、技术的、人员的、社会的因素环境都可以称为语境。

　　语境是语言运用中的一个重要因素。无论是语言表达还是语言理解，语境都占有举足轻重的地位，正因如此，语境成了现当代语言学研究的一个重要领域。店名作为社会语言的重要组成部分，对其传播语境进行分析研究是店名传播研究的一个重要内容。对此，我们首先对国内外关于语境研究的理论进行了概要的梳理，从而找到店名传播语境研究的切入点和依据。

一、国外语境研究概况

　　"语境"作为语言学概念，最早是德国语言学家威格纳（Wegener）于1885年提出来的。威格纳认为，语言的意义是通过实际使用而产生的，语言的意义也只有根据语境才能确定。

　　1935年，人类学家马林诺夫斯基（Malinowski）第一次比较系统地提出语境思想，并把语境分为情景语境和文化语境两大类进行分析研究。

　　1957年，弗斯（Firth）接受了马林诺夫斯基情景语境这个概念，并力图把它纳入他的语言学理论体系中，而对文化语境这个概念一直持怀疑态度。

弗斯把语境因素归纳为参与者的有关特征、相关事物和言语活动产生的影响三部分，发展了情景语境的理论，并使语境理论成为语言学研究的重要内容之一。

1964 年，韩礼德（Halliday）在继承马林诺夫斯基语境思想的基础上，注重研究情景因素对语言意义的制约，对语境因素进行了重新界定和划分，把情景因素归纳为语场、语旨、语式三部分，指出它们分别影响语言的概念意义、人际意义和语篇意义。韩礼德清楚地阐述了情景语境和文化语境之间的互补关系。他认为，二者不是两种不同的现象，而是同一种现象的两种不同表现，近距离看到的是一个个的情景语境，远距离看到的是总体的文化语境。把情景语境看作是文化语境的具体实例，而文化语境则是情景语境的抽象系统。

美国语言学家雅各布逊（Jakobson）在他于 1960 年所写的著名论文《语言学与诗学》中，把语境分为说话者、受话者、语境、信息、代码、接触六种因素，这六种因素分别制约语言的六种功能，即情感功能、意动功能、指代功能、诗学功能、元语言功能和寒暄功能，此观点在语言学界产生了广泛的影响。

英国语言学家莱昂斯（Lyons）在《语义学》一书中，对语境与语义的关系给予高度的重视，他认为语境有六个语境变量：参与者扮演的角色和地位、参与者所处的时空位置、交际的正式程度、交际得以实现的媒介、交际的话题以及说话者对该话题所采取的态度、话题涉及的范围或领域，这六个语境变量对语义产生重要影响。

美国语言学家赛义德（Saeed）主要从语境和认知之间相互关系的角度来研究语境。他把语境知识分成三个方面：一是从物理环境中可以估计到的，二是从上下文可以找到的，三是从背景知识和共享知识中可以找到的。

苏联学者科仁娜提出了交际领域三要素：一是语言外部要素，即社会意识形态和与之相适应的活动方式；二是语言表现形式、言语类型、交际方式、言语题材以及论述方式；三是情景或社会因素。

库克（Kook）在《广告话语》一书中指出，语境至少包含以下四个要素：一是物质，即承载话语的物质材料；二是副语言，即伴随语言的有意义的行为；三是情景，即话语参与者能感知的物体和人物的特征以及彼此之间的关系；四是上下文。库克把语言学范围的语境研究扩大到广告应用领域，使得语境研究越来越重视语言应用中的实用语境探讨。

二、国内语境研究概况

我国最早研究语境的是陈望道先生，他在《修辞学发凡》一书中指出，修辞要适应情景和题旨，"题旨情景"实际上大致类似于我们所说的语境。他还提出"六何"说，即"何故""何事""何人""何地""何时""何如"。"何故"指的是写或说的目的，"何事"指的是写或说的事项，"何人"指的是谁对谁说的，"何地"是写者或说者所在的地点，"何时"指的是写或说的时间，"何如"指的是结果怎样。这"六何"是构成题旨情境即语境的六个基本要素。

王德春等学者更是提出建立语境学这门学科，濮侃甚至认为"建立语境学，可以推动现代语言学的发展。"[11] 王占富、冯广毅、王建华、朱永生等学者，更是在此基础上对语境进行了深入的研究。

我国著名语言学家胡壮麟先生把语境分为上下文语境、情景语境和文化语境。上下文语境指的是语篇内部的环境；情景语境是语篇产生的周围情况、事件的性质、参与者的关系、时间、地点、方式等，通常影响口语语篇信息的传递；文化语境指的是与言语交际相关的社会文化背景，它可以分为两个方面。一是文化习俗，是人民群众在社会生活中世代传承，相沿成习的生活模式，是一个社会群众在语言行为和心理上的集体习惯，对属于该集体的成员具有规范性和约束性；二是社会规范，指一个社会对言语交际活动做出的各种规定和限制。

周明强的《现代汉语实用语境学》不仅论述了语境的基本理论，还着重论述了语境理论的运用，选取了语文教学语境、广播电视语境、广告语境和网络语境这四种对当今社会生活影响最大的语境作为研究对象，侧重分析了这些实用语境各自不同的特点，探讨了这些语境中的语言运用、语义理解的规律，着重分析了各种实用语境下的语言调控策略和调控技巧。

从以上的梳理分析中可以看出，无论是国内学者还是国外学者，对语境的研究都始于基本概念的探讨，通过大量的实例分析论证逐渐完善相关理论，最后涉及这种理论在各种语言应用中的具体表现。

11　濮侃,庞蔚群.语境学建构及其他[J].华东师范大学学报（哲社版），1990(4).

第二节 店名文化传播语境

店名作为店铺的名称,属于社会专名用语,不仅具有指代、概括功能,还承载一定的主题和场景内容,为我们提供一定的意义空间、文化空间和市场空间,是店家与顾客、社会的一种交流符号媒介,理应有它的传播语境。但是由于店名的话语本体结构局限,其传播语境呈现一定的特殊性和局限性。

关于店名语境的研究很少,目前我们只发现一篇与之相关的文章,是吉林大学李英菀的《语境论视角下长春餐饮业店名研究》。该文主要从韩礼德的语境观出发,从话语范围、谈话方式和谈话人关系三个方面对长春市700家餐饮店名进行了统计分析,着重探究了餐饮店名的情景语境和文化语境,并力求探索全球化对店名的影响及二者之间的关系。尽管此文存在着把语境理论较为生硬地嫁接给店名研究之嫌,但也为店名传播语境的探讨研究开辟一条道路。

中国传媒大学教授李佐丰在论文《屏幕语境——与口语体、书面语体并立的第三种语体》中提出"协同语境"的概念,发展了语境理论及其研究的范畴。

基于以上国内外相关语境研究的基础,我们认为店名文化传播语境表现为文化语境、情景语境和协同语境三个方面。因为店名传播跟社会经济发展和时代特征息息相关,也跟人们世世代代流传下来的文化习俗、信仰、社会心理等条件密切联系,所以店名符号传播必然受到社会文化背景的影响,其特定的文化语境值得探讨和研究。

从店名符号传播的具体情景看,店名在其特定的店牌背景中展开,店牌的不同设计风格、文字注释形成店名的情景语境,深刻影响着店名内容与传播效果。除此之外,店名还需要橱窗设计、灯光照明、背景音乐等协同因素来共同展现,我们称之为店名协同语境。

一、店名传播的文化语境

文化语境是指符号使用者生活于其中的社会文化背景，[12]包括社会政治背景、社会经济背景、社会文化教育背景和社会道德审美背景诸方面。店名传播受到社会政治、经济、教育和道德审美等要素的影响和制约。

（一）社会政治背景

一个国家的政治导向和基本政策影响甚至决定着国家的商业发展情况，进而影响着店铺的数量和店名语言的繁荣程度。店名作为一种社会语言，城市街头的一道风景线，从一个侧面反映出一个国家的政治形态。

我国古代很长一段历史时期都采取重农抑商的社会政策，所以商业不是很繁荣，店铺较少，店名也不讲究，比如"客栈""酒馆""茶"等，只是泛泛地注明所经营对象，与一般居民住房有所区别而已。唐宋时期才开始注重商业发展，店铺逐渐增多，店名中才出现了姓氏和地域等能够起到标识独特和进一步区别作用的元素，店名符号逐渐丰富起来（见本书第一章）。

中华人民共和国成立以来，从店名中能够窥探国家政治政策的变化影响。如店名"国营延吉市自来水公司泉水食品商店"，从形式上看中规中矩，而从店名结构背后的语义内涵上分析，则反映了改革开放以前我国主要实行国家所有制和集体所有制的商业形式。

自从改革开放以来，我国从政治经济诸方面实行对外开放政策，促进了商业大发展、大繁荣。当下中国在国内市场经济的迅速发展和全球消费文化背景的影响下已经逐步转型，特别是近五年间，在全球化、"互联网＋"时代，我国推动"放管服"改革，促进了"大众创业、万众创新"。尤其近三年来，每天平均有四万个以上市场主体注册登记，相当于每年新增1000多万个。相应的新店铺如雨后春笋般出现，这促进了店名语言的丰富与发展。"味道""付小姐在成都""朕的茶""东巴纸坊""明洞""小象同学的泰式奶茶"等，在表达方式上尽情凸显个性和新奇，反映出在国家政治背景相对宽松和一些相关政策的积极推动下，商贸文化的繁荣与多元化发展。

（二）社会经济背景

经济发展水平往往代表着一个国家的先进程度。经济的发展会推动社会各项事业的发展，店名符号也不例外地受到经济发展水平的制约。主要表现在以下方面。

12　李佐丰.屏幕语境——与口语体、书面语体并立的第三种语体[J].现代传播，2009年第3期.

1. 历史方面

从历史上看，在没有剩余产品的原始时代，没有商品、商店和店名的概念。有了剩余产品之后，人们开始了商贸往来，才有了店铺和店名。在经济相对强盛的朝代，人们之间的经济交往较为活跃，其商业发展相对比较繁荣，体现一定的竞争态势，反映在店名中就是起名、店牌背景、橱窗装饰以及店铺装修越来越讲究以凸显店铺的特色和经营水平（见本书第一章）。

2. 现代社会

在现代工业技术和市场经济条件下，我国经济的大发展促进大量新生事物、新现象和新思想的产生，相应地催生出一些新词语。这些新词语大部分都直接或间接地与经济生活有联系，其中店名词语有"大排档""发屋""连锁店""精品屋""服装城""工作室""购物广场""轰趴馆"等。这些新店名的出现，一方面反映了我国经济的飞速发展，物质极大地丰富；另一方面体现了人们在物质消费的同时，越来越注重符号消费和精神文化享受，审美品位不断提高。

3. 全球化角度

随着经济的全球化发展，洋店名越来越多。"超市""快餐""酒吧""咖啡馆""肯德基""麦当劳""汉堡王"等在城市街头随处可见，英文店名呈现越来越多的增长趋势——不管店内所卖商品是不是外国货。如"TONORIGINS""ME & CITY""AJIDOU""Puella""MOFAN"等，这是在经济全球化背景下，各国经济交流融合的结果。

（三）社会文化教育背景

受教育程度和文化水平是影响语言表达和理解的重要因素。就个人而言，文化水平会直接影响其语言表达力和理解力，也影响其语言审美能力；就社会方面来说，人们的生活水平、生活质量、受教育程度都会影响整个国家和民族的社会语言和精神面貌。

正如英国人类学家约翰逊所言，店名的发展跟人们的识字率密切相关。该观点从店名的产生与发展进程中可以得到印证。随着教育的普及和教育水平的提高，人们的语言审美水平不断提升，推动店名符号越来越讲究文化内涵和精神品质，这也是当下店名语言文化越来越丰富多元的重要原因所在。

（四）社会道德审美背景

道德标准不是超历史、超现实、超人类的东西，在其直接意义上，它是一定社会所倡导或实际通行的道德原则和规范。不同社会往往有着不同的道德标准和善恶观念。道德标准是不是科学的，主要看它所表达的经济关系和相应的利益需要，是否同社会发展的客观必然性相一致，是否反映了最广大人民群众的利益和愿望。

社会道德标准影响甚至决定人们的审美标准。今天中国在弘扬传统文化、争取中华民族伟大复兴的背景下，以社会主义核心价值观为指引，政治、经济、文化诸方面呈现出良好的发展态势，人们的诚信、友善、仁义、含蓄、礼让等优良的商贸品质在店名语言上有所体现。如"诚信老店""一点利""好再来""咱家内衣"等朴实中透露着友善。

但是在国内市场经济的迅速发展和全球消费文化背景影响下，社会上也有不文明的语言现象，使店名语言面貌受到很大影响。比如有的商家、企业为了使自己的生意红火起来，竟用过分夸大、炫耀之词，如用"罗马皇宫洗浴""帝皇夜总会""潘金莲发屋""庄园老爷酒""人中王"等作店名，这种做法与我们新时期社会主义主流核心价值观相违背，也有违基本的社会道德观念和人们的价值审美。

总之，店名语言的文化语境总体上是积极向上、丰富多元的，能够正确引领店名语言及文化的传播方向。但是一些不利因素的存在，也反映了长期以来形成的一些不良积习不会在短期内消失殆尽，还需要全社会共同努力。

二、店名文化传播的情景语境

情景语境是指在使用某种语言时，存在于言语之外的特定的客观语境。[13]情景语境是与语言传播有关的、存在于语言之外而又对该语言的理解至关重要的，是非语言符号传播语境中的一项重要内容。

情景语境对该语言真正要表达的意义具有暗示、补充和强调作用。费罗姆金和罗德曼在《语言导论》中说："语言不是文人学士、辞书编纂者制定的一种抽象物，它有坚实宽厚的基础，它产生于人类世世代代的劳动、需求、交往、娱乐、情爱和志趣。"在语言表达与传播中，人们常常自觉不自觉地调动诸如时间、地点、对象、背景等知识来帮助叙述或理解。

因为店名语言的传播不是直接地会话，不具有话题和话轮的转换，只是"传播者（店家）→店名→顾客受众"的直线性、少反馈的传播模式，所以不适合从韩礼德的语场、语旨和语式三方面来进行分析。店名文化传播的情景语境主要指店铺的店牌背景设计、文字注释和店名的字体风格，三者对店

13　李佐丰.屏幕语境——与口语体、书面语体并立的第三种语体[J].现代传播，2009年第3期.

名真正要表达的意义具有暗示、补充和强调作用。

（一）店牌背景情景语境

店名作为抽象的语言符号，需要物质载体承载，这个物质载体就是店牌，店牌的背景图案构成店名的副语言和重要传播场域，既烘托彰显店名，又构成店名传播的情景语境，对店名的意义具有鲜明的暗示和补充作用。

由于店牌背景比店名本身更具色彩的感染力和形象的感召力，在繁华的商业区里，消费者往往首先浏览的就是大大小小、各式各样的商店招牌，并在自己喜欢或者能吸引自己眼球的招牌中寻找实现自己购买目标或值得游逛的场所。因此，具有高度概括力和强烈吸引力的商店招牌，对消费者的视觉刺激和心理影响非常强大，往往能够决定消费者的购买意图，故而店牌背景设计十分重要。店牌背景设计要跟店铺的名称和所经营的商品协调起来，同时考虑本店顾客群的审美、情感需求等元素，而不能出现风马牛不相及的情况。举例分析如下。

1. "衣见钟情"

店名"衣见钟情"谐音成语"一见钟情"，不言而喻，是一家服装店。从店名语义上看具有一定的浪漫色彩。店牌背景设计要切合这个"不期而遇、一见钟情"的浪漫主题，店铺背景可以采用红、黄两色为主色调，绚丽多姿，加上阳光、彩虹和天真可爱的动漫少女三个充满梦幻、美好寓意和二次元新鲜元素，就会给人一种青春、时尚、浪漫、梦幻的美好感受。这种背景设计在辅助传播店名"不期而遇、一见钟情"的主题上具有鲜明的补充和强调作用，能够收到很好的传播效果。

2. "衣之缘"

店名"衣之缘"顾名思义是"因为衣服而结缘"，主要强调缘分、友谊的主题。其表达不需要过分使用色彩大肆渲染，否则会显得世俗、复杂、沉重，只要能够表现出简单、自然、清新、纯真就好。店牌背景可选择红白两色搭配的横条杠，既不失单调，又表现出热情活泼，加上一对搭伴购物、满载而归的闺蜜顾客形象，构成完美的传播情景，与店名要表现的缘分、友谊主题十分和谐，为店名信息传播起到很好的补充作用。

3. "时尚巴黎"

店名"时尚巴黎"突出的是前卫、时尚的主题和巴黎的流行风格特点，所以店牌设计要简单大方，可采用流行的黑、白、灰主色调和谐搭配，背景色是纯白色，用黑色楷体突出店名文字书写。因为巴黎风格属于外来的时尚，所以在店名的左上部应再加上小号的英文翻译。店门口两旁搭配流行的灰色横杠门框，与店铺风格搭配自然，在橱窗外设计了一位衣着时尚前卫的美女模特辅助宣传，突出时尚、前卫的理念，对时尚女性具有较大的吸引力。

（二）文字注释情景语境

由于店名文本表意的局限，有的店名着重突出个性特征，在经营内容上往往表述不清，给顾客产生一种模糊认知。为了弥补店名信息传播的不足，店家不仅借助店牌背景中的其他符号元素，还在店名的下面、左上角或右下角用小一号的文字进行注释、说明，既能帮助顾客解读，又丰富了店名的情景语境，扩大了店名的传播场域。

对话中的文字注释构成对话的上下文语境，而店牌上的文字注释和店牌背景融为一体，我们称之为情景语境的一部分，例证如下。

1. "玲珑小镇"

餐饮店名"玲珑小镇"给人的第一印象是一个小区的名称，但是名字左边设计了一个卡通厨师的形象在招手，有礼地招揽顾客，戴着厨师帽和围嘴十分可爱。店名下面有小字号的汉语拼音，后面用小字体的注释："小镇有点辣"，"辣"字用大号红色字体突出本店的味道特色，注明这是一家餐饮店，整体画面活泼可爱，对年轻的父母和孩子比较有吸引力。

2. "童年"

图3.1中，店名为"童年"，语义十分宽泛，是童年的食品、衣服鞋帽还是童年读物、玩具、艺术品？仅店名不能确定其经营对象。为了避免顾客理解模糊和误读，店家在店牌下另树小牌匾："舌尖上的童年"，让受众大悟，原来是儿童食品店。

图3.1　2017年7月摄于北京南锣鼓巷

总之，店名文字注释为店名符号的意义传播与理解营造了更加具体而丰富的传播环境，跟店名有机地融合在一起，为受众的理解搭建了一个形象、生动、具体的媒介桥梁，成为店名符号传播的有机组成部分。

（三）店名字体风格情景语境

文字的字体、大小、粗细、工整或潦草等是语言文字的伴生物，也称副语言。汉字被称为一种中性符号，是对符号学中常见的二元对立项目进行拆解后产生出的一个第三项——中性符号，也叫类符号。[14] 也就是说，汉字兼具象形性和会意性两种功能与性质，具有一种其他文字所不具有的系统特征，这种特征使得店名中所用的文字字体介于能指和所指之间，成为一种十分特殊的符号媒介，在表情达意方面起到辅助性说明作用。店家通过不同字体风格的选择，营造一种凌驾于店名之外的情感和信息，形成店名符号传播的情景语境之一。

我们的店名资料显示，店名字体风格主要有以下四类。

1. 以楷体、黑体和仿宋体等为主的规范字体

因为规范字体具有"字体线形粗重、结构均匀、辨识性较高"的特点，将这种字体的特定功能融入店名中能给顾客以安全、沉稳之感。所以，一些大型的购物中心、旅馆酒店、家具商场、医药类商店都采用这种字体。如临沂的"九州商厦""银座商城""沂蒙百货大楼""天天过年水饺有限公司"等都采用了正规字体。浑厚的字体彰显了一种文化底蕴，给顾客一种保障力与安全感，从而说服顾客放心地进店消费。医药类店名如"国大药店""老百姓大药房""同仁堂药店""慧萍大药房"等也采用了浑厚的黑体，表达了一种值得信赖的语境。另外，"九州宜佳佳家电商场""格力空调专卖店"等和一些大型商行均采用了正规字体。可见，正规字体在店名用字所选字体中占有较大比例，它的规范给顾客一种正规、安全和良好的品质保障之感。

2. 以小篆、隶书、繁体等为主的复古字体

书画社或者书画装裱以及文艺类的店铺往往选择使用复古字体。因为复古字体看上去既优雅清逸又历史隽永、古风浓郁，适合彰显内涵丰厚的中华传统文化。店主将这样的文化信息与顾客追求传统文化底蕴的需求融合在一起，就形成了具有复古特色的店名。临沂市王羲之故居附近的洗砚池街，整

14 孟华."中性"——汉字中所隐含的符号学范式[J].符号与传媒，2017.10.23.

条街道两旁店铺基本上都是书画字社及其装裱店,大都采用了这种复古字体。如"林泉斋""一品轩""逸飛軒""明月軒""文萃斋""羲之画苑""淳艺堂""惠風阁""聖金斋"等采用了繁体字,并且按照从右往左的顺序排列,符合古人的书写习惯,具有浓厚的历史文化气息和复古特色。

3. 各种形式的艺术字体

追求时尚、个性的店铺,往往在店名字体的选择上下功夫,艺术字体本身活泼灵动,打破了规范字体的中规中矩,具有很强烈的个性感、时代感和艺术气质,能够彰显店铺的创意、情感与个性特点。个性时尚的元素能够较多地吸引青年顾客,尤其是爱美与时尚的艺术青年。切合青年人欣赏品味的店名如"淳咖啡""衣恋""花样年华""鲜花坊""衣心衣意"等就采用艺术字体,或在花样字体间添加一些艺术元素,增加传播符号的信息承载力。这些店名从文字本身看,传播的信息量并不大,但是艺术字体能够弥补一定的不足,彰显自身的审美特色与时代精神面貌,得到广大顾客的认同。

4. 有一定立体感与层次感的混合字体

所谓的立体感与层次感,是指一个店名用不同的文字字体、字号来表示,重点突出,层次分明,呈现出一种错落有致的立体感觉。比如"高第街56号餐厅"（如图3.2）,数字"56"更大一号也更突出。加上右下角的小字号"港式餐厅"和更小一字号的"午市 下午茶 宵夜"的标识符号,立体感强,

图3.2　2017年摄于临沂市平安路

时尚新颖，符合青年人的审美。儿童用品专卖店多采用具有动漫色彩的艺术字体以达到吸引顾客的目的。如"QQ千趣形象设计"。"QQ"既是"千趣"二字的声母，又是大家熟悉的腾讯社交网络平台名，采用较大字号来突出立体感和层次感，企鹅的可爱形象立即浮现在脑海，非常吸睛。

　　"撸啊撸烧烤"（如图3.3），采用特殊的火星字体，"烧烤"二字突出火的象形特点，给人一种生动、形象鲜明的火爆现场感，这种命名方法随着2017年网络传播符号"火星字"被推崇，而在新开业的店铺中普遍使用。如"鞑子烤羊腿""大连海鲜烧烤""紫微星理疗养生中心""阿里巴巴大串""炸鸡情侣"等就像一阵风出现，被模仿和复制着。

图3.3　2017年摄于临沂市解放路东段

　　总之，不同的字体所传递的信息是不同的，顾客对此也会有不同的认同感。店家选择店名时将字体的特色和顾客的需求进行概念压缩，形成新的意象图式。当然，随着审美时代的发展变化，各种字体被认同的程度也会不断更新。店家要根据这些要素的不同，在设计理念上与时俱进，以适应人们各种审美层次的需求。

三、店名文化传播的协同语境

　　协同语境是指语言之外、说者创造出来、由另一种符号系统构成的语境。它是说者创造出来的一种非语言符号，这种符号对于语言的表述有重要的协同作用。[15]

　　店名由于其话语结构局限，在表意方面受到一定的限制。因此，店家

15　李佐丰.屏幕语境——与口语体、书面语体并立的第三种语体[J].现代传播，2009年第3期.

为了帮助顾客更好地理解和解读店名，想方设法创造对店名的表述具有协同作用的符号，主要有橱窗设计、灯光照明、背景音乐、店铺装修风格四个方面。

（一）店名橱窗协同语境

曾经有人把商店比喻成一本书，把橱窗比喻成书的封面，可见橱窗设计在店铺陈列设计中的重要性。橱窗设计的主要作用是构成店名的协同语境，为店名的有效传播服务。橱窗设计的理论来源与时尚流行趋势主题和品牌产品的设计要素有关。橱窗在视觉营销中占有非常重要的位置，是店铺品牌给路人的第一印象。它作为一个商业与艺术的组合体，如果跟店名语言内涵和谐，会呈现出丰富的传播意义和理想的传播效果。成功的橱窗设计既能抓住过客的视线，又能表达店铺的品质和内涵。

漂亮的橱窗设计，往往能吸引路人的眼光，从而引起消费者的兴趣。所以，橱窗的作用不完全是为了展示商品，同时还是一种无声的广告，为店名文化传播提供丰富、直观、艺术的协同语境。橱窗在协同信息宣传上具有三大功能：

第一，引起消费者的注意。心理测验表明，即使是有明确购买目标的顾客漫步在繁华的商业街上时，目光也常常是游移不定的。在走向目标商店或无目标漫步时，顾客总是喜欢四处观望，店门、招牌、橱窗等都在他们视线范围之内。由于近距离观看，橱窗处于最佳视觉范围，所以最先引起注意。同时，橱窗内琳琅满目的商品，对视觉器官的直接刺激作用大于门面的其他部位。因此，橱窗具有引起顾客注意的重要功能。

第二，激发消费兴趣。橱窗展示商品的最大特点是在这一小范围内，以商品实物为主，配以特定的环境布置，创造某种适应顾客心理的意境，以达到宣传商品、引发顾客兴趣、促进销售的目的。橱窗展示商品就是为了迎合人们"耳听为虚，眼见为实"的消费心理，配以橱窗设计的艺术手法，既能使顾客联想到使用商品时的情景，又能激发购买兴趣。

第三，暗示消费心理。橱窗展示作为一种无声的暗示，也是一种无声的邀请，橱窗展示对顾客的诱导在于意境的遐想。也就是通过橱窗布置的小环境，使顾客看后能产生某种心理联想。所以，店铺经营者对橱窗的装扮十分用心。

商店橱窗不仅是一个店铺的窗口，更是一个城市的窗口。橱窗是缤纷多彩的时尚产物,城市商业街两旁的橱窗能在一刹那抓住你的目光。不同领域、不同文化背景下的橱窗,不仅在设计风格上有所不同,同时也映照出一个城市的经济实力和文化水准。一个设计巧妙的橱窗,可以在短短几秒钟内吸引行人的脚步,说服消费者进店光顾。由于橱窗的直观展示效果,使它比电视媒体和平面媒体具有更强的说服力和真实感。其静止无声的导购语言、含蓄有效的导购方式也是店铺中其他营销手段所无法代替的。

店铺橱窗的设计风格五花八门、多姿多彩,大致可以归纳为现代风格和传统风格两大类别。

1. 现代风格的橱窗协同语境

现代风格从外观上给人以清新活跃的时代气息和现代化的心理感受,能够体现与时俱进的现代社会生活气息和氛围,得到人们的普遍认同,尤其是在青年社区或者高档社区,居民普遍追求时尚潮流,喜欢现代气息浓郁的都市现代风格。

卖场橱窗设计形式多样,可以设计成完全敞开式的,也可以设计成半封闭式的,还可以进行全封闭设计。一般情况下,在规模较大、档次比较高的卖场里,大部分店面选择完全敞开式橱窗设计,这样可以全方位展示自家商品。这样的设计风格,橱窗的传播功能甚至超过店名的吸引力而最大可能地吸引顾客的浏览目光。在城市管理不是很规范、光线不是很充足的沿街店铺,多选择半封闭式橱窗设计,这样可以把部分商品搬到店面之外,吸引顾客驻足观看,这种橱窗设计的传播功能与店名的传播力度基本上是并驾齐驱的。在城市管理十分严格的主干街道,店家只能选择全封闭式橱窗设计,这种橱窗设计的辅助传播功能凸显,不会喧宾夺主。总之,橱窗设计类型的选择要因地制宜,根据店铺的性质和所在场所进行具体设计。

橱窗是作为城市一道特别的风景出现的,所以在设计时要根据需要多考虑生活气息和生活情趣的打造,在商业运作上追求信赖感、兴奋感、新鲜感、独自性等感觉诉求——这也是商家和品牌文化的一个根本立足点。比如汽车大卖场、房产售楼处、床上用品店这种空间足够大、所卖商品与人们的日常生活紧密关联的行业,橱窗和大厅的设计要力求具有鲜活的生活元素,体现家庭成员间在商品使用中的融洽关系和由此而获得的幸福与快乐感受。

有些别致新颖的橱窗设计在构思和表现手法上综合了社会学、市场学、心理学以及现代科学展示技术等各种因素，在搭配元素、空间距离、色彩等方面十分讲究。这种精神元素的加盟，使橱窗的产品或象征物展示效果越来越有味道。橱窗打造出的这种空灵、悠远的意境，可以把人的审美想象从世俗的烦琐、燥热拉伸到一个神秘而高雅的清静之地，十分符合当下人们的精神消费和情绪消费的高层次需求。这种设计风格会随着人们的需求不断升级，随着商品经济的发展而不断发展变化。

2. 传统风格的橱窗协同语境

传统风格的橱窗设计在外观上给人踏实稳健、历史丰厚的心理感受，尤其是百年老店，比如"北京同仁堂"（如图3.4）"临沂惟一斋酱菜园""老凤祥黄金老店"等都采用传统店牌和橱窗设计风格。这种具有中国精湛的传统建筑、雕刻工艺的橱窗，让人联想到其在产品生产上的匠心精神，给人一种厚重的历史沉淀感，在工业化大生产的现代市场经济浪潮中，这种沉稳、精湛和独具匠心具有强大吸引力和可信赖感。

图3.4　2017年摄于北京市宣武区大栅栏街

从经营的业务上看，传统的茶舍如"大青塍"和传统的餐饮店"天天过年"都采用富有中国传统文化风格的橱窗设计，与本店的文化色调协调一致。"天天过年"不仅在店铺牌匾上画有祥云图案，还在店铺内门上张贴年画、悬挂对鱼，店内墙壁上是丰富多彩的中国传统风俗彩画。这些协同传播符号都是对寓意吉祥如意、年年有余的中国传统节庆习俗文化的象征，丰富了店名的传播语境，在店名中的习俗文化传播中起到重要的协同作用。

（二）灯光照明协同语境

灯光照明是构成店名传播协同语境的重要因素，主要在晚间起作用，延伸了人的视觉功能。据说灯光照明源自五代的灯具招幌——栀子灯，现在的照明多采用不同色彩的闪灯等电子技术，比较大的写字楼还运用远红外探照灯，不仅起到标识提醒的作用，还能给城市带来神秘感和美的享受。当然，在传统文化回归的当下也不乏复古风格的灯笼设计（如图3.5），与现代照明技术相结合，呈现一种原生态的手工艺术，形成店名传播的协同语境，传播一种传统的现代美感。

图3.5 来自360网络图片

而商业空间照明则成为商店不可或缺的协同语境元素，它不仅涉及照明功能的问题，更多的是为一个特定的商业空间创造特定的效果。成功的照明可以是一个有力而又灵活的工具，可以更好地吸引顾客，创造出所需要的商店形象。照明风格及其效果是店铺环境设计的重要组成部分，不同的照明风格可以表现不同的情感环境和氛围。光不仅是室内照明的条件，而且是表达空间形态、营造环境气氛的基本元素。冈那·伯凯利兹说："没有光就不存在空间。"光照的作用，对人的视觉功能极为重要。如咖啡馆、茶社等场所灯光要柔和、温暖，有利于展现个人休闲放松和私密关系。一般来说，室内照明要注意色彩的搭配，要与店名传播的主体内涵相和谐，以更好地展现店名的协同语境。我们以服装店的灯光照明为例，服装店的灯光照明主要在色彩呼应和灯光造影两方面做文章。

1. 色彩呼应

色彩是远距离观赏的第一感觉。色彩传达信息的速度，胜过图形和文字。橱窗的色彩包括服装、展示道具、地板以及壁面色彩等，地面、壁面和道具的色彩搭配为的是突出服装。人的视觉生理告诉我们，人有自我保护的功能，色彩对比强烈的刺激，会使人的视觉马上进入防御状态，同时会产生厌烦情绪。因此世界很多著名企业和品牌的大公司，色彩选用非常简洁、精练、和谐，大多数选择单色代表公司形象，以便于人们记忆。

橱窗乃至整个店铺可以运用标准色来统一，这样可以使橱窗色彩调子明确、统一而浪漫，也可以达到雅致、和谐、自然的色彩效果，突出商业文化的艺术性，达到视觉舒适、吸引消费者的目的。不同类型的服装店对色彩设计要求各异，不同季节对专卖店色彩设计的要求也不一样，须考虑流行色的影响。橱窗内使用的色彩不仅要考虑自身店面的统一和整体效果，还要考虑与毗邻商铺用色的协调性，从整体上形成和谐、舒适的协同语境。

2. 灯光造影

橱窗设计中光的运用是非常重要的，在看似平常的空间里，灯光运用得好，自然提升服装的格调，使橱窗变得活跃、有气氛、有动感、有旋律。空间通过光得以体现，没有光则没有空间。光可以形成空间、改变空间或破坏空间，它直接影响到对服装形状、质地和色彩的感知。因此，橱窗内光照的使用，是橱窗造型艺术表现的重要手段，主要抓"形"和"色"的表现效果，光照产生的光和影既有形状又有色彩。

光照通过灯桶的形状射出相应形态的影子和反射板、剪影板等工具及灯具不同性质的光源和不同的照射位置，在橱窗内表现出来。店家充分利用束光的粗细，射光的照射面积、方圆、大小，点光的聚散，线光的曲直、长短以及被照物体的明暗、光照范围产生出来的各种各样光和影的形状，创作出光影的形态，在不同的空间层次、虚实和背景的装饰图案，充分烘托展品的主体，使产品的视觉更加美丽。

选择光彩的色相要根据展示产品的主调色彩来决定，包括光照颜色的纯度（艳度）、色彩的冷暖都可以控制，根据色彩美学、色彩搭配美的规律法则进行配比、应用。光照的强度、彩光的程度、纯度（艳度）要适度减弱，不能喧宾夺主、斑斓耀眼，特别是闪动频率高的灯光，会产生视觉污染。因此，光照色彩必须温柔、和谐、统一，才能使橱窗的情调和艺术表现达到更高的境界。

（三）背景音乐协同语境

一提到背景音乐就让我们想到电影、电视剧和动漫，其实广泛意义上的背景音乐是一种能创造轻松愉快环境气氛的音乐，经常用于酒店、商场、学校、广场、健身房等公共场合，用音乐来烘托气氛，或者酝酿情绪，或者指示行为，都可以起到良好的效果。背景音乐与主体的意识行为无直接关系，通过非音乐鉴赏环境这一媒介间接地作用于主体意识行为的音乐，主要作用是对电影、电视、商场、广场、宾馆、大厅、餐厅、小区等公众场所提供背景音乐或一些必要信息，掩盖噪声并创造一种轻松和谐的气氛。背景音乐可以调节人们的精神状态，创造舒适温馨的环境，通常不是立体声系统，多采用音箱分散式放音，故声音分布均匀，不良声环境对听音的影响小。

《法制晚报》与新浪网站《生活频道》曾联合推出了消费者关于商场背景音乐感受的调查，结果显示，有86％以上的消费者希望商场播放背景音乐，而且近96％的消费者认为商业背景音乐的质量对商场档次、形象有影响。由此看来，人们逛商店已经不单单是购买生活必需品这么单一的需要，更多的细节和氛围成为不可忽视的元素。背景音乐作为一个重要的环境因素，最终目的是让顾客感到舒服，愿意花更多的时间来享受购物所带来的快乐。其契合与否不仅会影响营业员的工作态度，还会影响消费者的购买情绪，进而会影响到卖场的销售。所以，背景音乐的效果不容忽视。

背景音乐跟橱窗的作用一样，是店名传播的协同语境，创造了一个更加具体的艺术环境，对传播店铺的经营内容、经营理念起到辅助性宣传作用。

1. 店铺经营内容影响背景音乐

不同行业或同一行业不同经营倾向的店铺中，背景音乐有很大差异。比如孕婴用品店、童装店，如"小太阳""巴拉巴拉童装""快乐鱼儿"等，迎合店铺的核心受众都配以儿歌或轻快的音乐，以吸引小朋友的光临。背景音乐与店名相互补充，对店名传播起到很好的强调、衬托和补充作用。少年用品店如"少年风暴""哎呀呀""阿依莲"等店铺则是十分热烈的流行音乐，有张韶涵的《日不落》，也有日韩美少女乐团，还有欧美摇滚音乐，这与少年们激情、热烈、火爆、蒸蒸日上的朝气十分切合。在中老年用品店则以《常回家看看》《前门情思大碗茶》《长城长》《走进新时代》等歌曲作背景音乐，与这个年龄段的情感、思维、回味等相和谐。

2. 店铺经营风格影响背景音乐

在餐饮行业，无论中、西餐厅播放的背景音乐大都以大众化的流行音乐为主，基本遵循"多俗少雅无美声"的原则。但是中、西餐饮的音乐风格不尽相同，在西餐厅以播放外国音乐为主，如萨克斯曲、克莱德曼的钢琴曲、雅尼的电子音乐和改编为流行形式的古典音乐，海顿、贝多芬等古典派的音乐较少，美声唱法的歌曲更是少见。在中餐厅，以民族音乐、民谣歌曲和流行音乐为主，基本上做到阳春白雪和下里巴人兼顾，为顾客的进餐制造一种和谐、温馨的气氛。

3. 背景音乐应该注意的问题

（1）一般来说，大部分消费者会对不含歌词的乐曲产生共鸣，加上曲子的旋律一般变化不大，不会过于影响人们的情绪波动；反之，富含歌词的音乐大多抒发个人情感，传递到消费者耳中会产生不同的效果，难以把控。当然，音乐服务并不是单一的，可以利用店铺的自有扩音设备，在其中加入温馨提示，比如新品到货提示、季节变化提示、活动宣传提示等，既让顾客感到温馨，也达到了促销的目的。

（2）在音乐播放过程中，音乐播放必须保持连贯性，让音乐与消费环境自然融入一体，内容时断时续、声音时大时小，都是犯了禁忌。但是插播内容不能过于频密，否则会让顾客产生厌烦情绪。音乐播放的声音不能太大，否则会让消费者感到聒噪，不能达到安抚情绪的效果，还会压住导购员与消费者的对话，成为影响销售的障碍。

（四）装修风格协同语境

店铺的装修风格跟店铺的经营内容、经营思想和经营理念密切相关，是店名语言文化传播的又一个重要的协同语境。在店铺装修中，选择哪种风格形式，成为人们较为关注的问题：现代风格还是古典风格？中国风格还是欧美风格？后现代还是巴洛克？装修风格的选择要与出售的商品风格一致，这是确定店铺装修风格的一个重要原则。下面我们以列举的方式介绍三种装修风格。

1. 高贵庄重的店面装修风格

一般来说，经营国际大品牌的店铺会选择高贵庄重的店面装修风格。国际大品牌的店面装修材料和展示道具进入中国市场，同时也把国外的品牌设计理念带进了中国市场，把各种象征豪华、高贵、庄重的设计理念嵌入店面装修之中，与该商品的品牌文化、品牌价值、店名传播理念相呼应、相融合、相协调。

2. 艺术休闲的店面装修风格

把大面积空间展示出来，再摆放着各种颜色的展示道具、展示柜、展示台，形成了一个充满现代风格的简约的室内空间，强调一种随意性和平淡性，亲近自然、返璞归真。

3. 独立个性的店面装修风格

人们通过各种形式来强调都市风格的观感，大量使用明快的色彩，人们会在店面装修中大量使用各种各样的色彩，有时候甚至在同一个空间中，使用三种或三种以上的色彩。

无论哪种风格的店铺装修，彰显的都是店铺的经营风格、消费档次和文化品位，形成店名传播的重要协同语境，在店名传播过程中起到无声的辅助性宣传作用。

四、店名文化传播者

20 世纪 80 年代，Poynton 提出，人自身的因素在语言传播中起到至关重要的作用，这就涉及传播者，为了充分挖掘店名符号的传播语境，我们有必要对店名的传播者做一番尝试性探讨。

传播者又称"传者""信源"等，是传播行为的引发者，即在传播过程中信息的主动发出者。传播者处于信息传播链条的第一个环节，是传播活动的发起人，也是传播内容的发出者。因此，传播者不仅决定着传播活动的存在与发展，而且决定着信息内容的质量与数量、流量与流向，还决定着社会信息对人类社会的作用与影响。

传播者也被称作"把关人"。德国柏林大学的社会心理学教授卢因最早提出"把关"概念，就是对信息进行过滤、加工的过程。"把关"概念后来被广泛应用于职业传播者个人或者媒介组织机构对新闻和信息的选择、加工、制作和传达过程的研究当中，"把关"理论成为揭示新闻或信息传播过程内在控制机制的一种重要理论。

店名符号传播者主要指店主，店主根据自己经营的商品种类、特点、市场条件以及自己的经营理念设计店铺装饰、进货、货品摆放，最终形成凝聚以上内涵的店名，挂牌经营。整个设计过程就是逐层把关过滤的过程，所以店名符号中蕴含着店家的价值观念、商业思想和文化品位，这些内涵会因店家性别、年龄和文化程度等社会因素的不同而表现出一定的差异性。

店主以商贸从业者的身份扮演了职业传播者的角色，跟职业传播者一样，都是社会分工的结果，是社会进步的标志。但是跟职业传播者不同，店主没有接受过专业训练，不具备专业传播者身份，不通晓专业传播知识和技能，缺乏传播权威性和责任感；对自己应该负有的职业责任、社会责任、法律责任和人类责任意识不强，对店铺商业信息的传播带有鲜明的主观随意性；而且不同的性别、年龄、文化层次、社会关系、社会文化规范对其传播理念产生较大影响。

（一）性别差异

自古以来，两性差异便存在。历史行进到跨世纪的今天，男女平等，同工同酬的职业观念已深入人心，但性别差异仍然影响着人们的思维、行为以及职业选择。据我们的不完全统计，总体上来说，商业店主女性多于男性，服务人员中女性更是占了绝对优势。但是也因行业而异，不同的行业中男女所占比例会有差别。比如在服装经营、化妆美容、金银玉器、宠物管理等行业，女性店主和服务人员占绝对优势；但是在理发、餐饮、影视娱乐、烟酒经营行业中男性店主多于女性。这一状况的形成可能与社会需求、性别不同所引发的兴趣爱好、行业选择以及心理状态有关。

第一，受中国传统思想"学而优则仕"和"女要嫁对郎，男要选对行"的影响，中国男性大多认为开店经商算不上正经八百的职业，社会地位不高，圈层关系不强，所以专职从事这个行业的男性总体上少于女性。在男性店主当中，还有一部分人拥有一份自己的稳定工作，开店经商是自己真正喜欢的第二职业选择。这样既拥有了传统的身份地位和圈层关系，又能发挥自己的才干，从事自己真正喜欢的事业，真是一箭双雕。

第二，男性天生好奇、好动以及较为理性的思维模式等特性，使他们大多数不能耐住性子开一家商店，重复做进货、卖货这样的生意；而女性则先天比较细致、温和，在处理人际关系、协调组织方面的能力较强，同时因感性思维占主流的缘故，对商业信息的感知与捕捉比较敏感，开家店经营不仅是自己的喜好，而且很能胜任。这也是女性店主较多的主要原因之一。

第三，据研究，女性的语言驾驭能力要高于男性，在语言沟通交际与察言观色方面，她们具有更好的天赋。商业店铺都是服务性的行业，需要店家能够非常耐心地与顾客进行信息的传播与交流，所以相比较来说，女性比男性更喜欢与顾客打交道，生意做成的比率更大。

当然，也不排除个别男性店主天然的店铺经营能力，即使是卖妇幼用品的，也能把顾客玩得团团转。在临沂市启阳路上就有这么一位小哥，大专学历，戴着眼镜，文质彬彬，附近的邻居都亲切地称他为"眼镜"。他和妻子一起经营一家妇幼用品商店，妻子需要照顾孩子，较少出现在店内，都是他与顾客打交道，以他特有的儒雅魅力和耐心细致吸引了不少顾客，把小店经营得红红火火。所以，尽管两性心理及思维的差异造就了他们在职业意向上的不同，但也会因人而异。尤其在当下中国家庭的独生子女已经成长起来，女性逐渐具有男性的阳刚气，男性也会具有女性的阴柔美，社会和时代的潮流深刻地影响着每一个人，从而也催生了两性职业选择的若干共性。

（二）年龄差别

除了真正杰出的人以外，每个人每个行业都要受到年龄的限制。尽管开店经商的人没有年龄限制，但是据我们的调查统计，30～50岁的店主占到90%以上。30岁以下的人，因为缺乏资金投入和管理经验，大多在为别人打工积累财富与经验；50岁以上的人，财富已经积累得差不多，即使有店铺，也会委托或雇佣别人经营，自己则开始享受悠闲的生活或者帮助儿女看护下一代。因为店家年龄的差别，其经营的具体内容、传播的商贸文化理念也呈现出一定的规律性差异。

比如时尚服装、童装、婴幼用品、小饰品、美容美发行业就是二三十岁年轻人的专利，他们在商品的选择、摆放、信息以及自身形象宣传引领时尚方面具有得天独厚的优势，与所起店名、传播的商业信息更加合拍，如"少年风暴""5D体验馆""京都薇薇""爱约定""你潇洒，我漂亮""非凡女廊""时尚佳人"等传播的信息都与青春、美丽、时尚有关，当然年轻漂亮的店主或服务人员与之更加搭调。

40岁对于理发师和美容师来说就是事业的终极巅峰，因为这些行业需要掌控行业前沿信息，不断探索创新才能引领时尚潮流，传播者自身示范更有说服力，才能达到最佳传播效果。比如，理发师的发型要潮，代表自己的审美和剪发风格；服装要潮、鞋子要有特点，标识自己的独特魅力。20～40岁的年轻人对时尚方面是十分热衷而且敢于尝试与创新的，加上青春的朝气，十足的行业代言人；而40岁以上的人更倾向于追求成熟、稳重、大方，与行业要求有些尴尬与背离，所以这个年龄段的店主会选择退出或者转为幕后投资人。

对于一些高级养生会馆、保健品店、中式家具、茶馆，40～50岁的店主正当时。因为这些行业需要稳重、文化积淀和传统的养生理论储备。这个年龄段的人事业上已经有所建树，而身体状况和精神状况都开始走下坡路，人们在拓展生命长度与宽度时往往追求一定的文化魅力和养生哲学观念，店主可以用自己的年龄、容貌、精神状态为自己的产品代言，彰显一种优雅、闲情与高层次的生活品位，宣扬一种积极而有意义的健康养生追求，引领人们进行一种更深层次的生命思考与精神追寻。当然，这不仅需要店主具有这种文化深度，还要有相对足够的资金投入，40～50岁的人相对来说能够满足这个条件。

60岁以上还在开店的人比较少，因为这个年龄的人忙忙碌碌大半辈子，身体条件相对较弱，更倾向于追求闲适的老年生活。即使有些老人开店，大多是一些综合超市，如小区内的"家家乐超市""新世纪商店""五金配件"等，经营日用百货，不需要突出特色和追赶时髦，对商业信息的传播需求相对较低，与顾客的交流也相对简单。

（三）文化层次影响

文化是有层次的，无论是精英文化还是世俗文化。在不同的社会中，人们总是因为不同层次的文化爱好而互相吸引或者互相排斥。我们发现，文化层次不仅会影响店家对自己经营范围的选择，也会影响他们的经营理念和对商贸文化的理解与传播。

总体上看，店主的文化层次平均水平较低，但是随着大学教育的普及，店主文化层次有逐渐提升的趋势。一些大学生毕业后选择自主创业，利用国家的帮扶政策，或开家投资不多但有特色和品位的化妆品店、服装店、咖啡冷饮店，或迎合市场需求做海外代购，或做手机、电脑维修等需要一定技术的小店生意等。他们的店铺及产品呈现出一种小清新的风格，注重格调与品味，体现一定的文化修养、生活理念、审美视野和审美情趣。如"Home Party"（轰趴馆）"三味书吧""金声艺术培训学校"以及各种化妆用品店、个性服装店、西式甜点、饮品等主要针对青年受众群体，所起的店名新颖独特有时代感。大学生店主的加盟，一方面扩大了店铺的服务范围，拓展了我国传统的商贸文化视野，增添了新鲜血液，具有了更加强烈的时代感和时尚感；另一方面从总体上提高了我国服务行业的文化层次，大大提升了店铺传播者的平均文化素养，在店名文化传播方面起到引领时尚和锦上添花的重要作用。

小学和初中文化水平的店主，他们多选择一些不需要太高文化需求，但是需要体力或一技之长的服务性行业，与市民生活息息相关。比如"小蚂蚁搬家公司""传志物流""迦南农场水果蔬菜""永胜汽车装饰用品""福大家超市""面对面面馆"等，通过简单的培训就能胜任工作。从店名看，其所蕴含的语言文化传统真诚，直抒胸臆，较少夸饰，诚信友善，给人一种亲和感。

高中文化水平的店主，多经营一些服装、汽车用品与维修、室内装饰、美容美发、理疗养生、鲜花礼品等行业，需要一定的审美素养和专业知识，但是难度不大，容易掌握。

我们调查发现，店主的文化层次呈现出年龄越小文化层次越高的规律。20年前开商店的大多是低学历甚至没有学历的人，主要原因有三：一是当时大学教育尚未普及，高学历人才缺乏；二是当时人们的思想观念不开放，讲究身份地位，认为有份稳定的工作最体面；三是社会经济的快速发展，人才需求量大，大学生就业竞争小，相对好找工作，凡是大专以上学历的都从事了相对稳定的企事业或行政工作，没有自己创业开店的压力。

21世纪以来，随着现代科学技术的发展，机器代替人工工作的范围扩大，对就业造成一定压力，一些大学生、研究生群体就业困难，在政府号召"万众创新，大众创业"的氛围下，他们中的一些人纷纷加入商业经营队伍。比如广告商、文化传媒公司、软件开发、电脑维修等需要一定知识和一定技术含量的行业，成为新兴行业的领军人物。他们在新兴商贸领域对科技、文化传播做出重要贡献。当然，社会的发展推进价值多元化，人们在职业选择与发展中表现出"人各有志""行行出状元"等新的价值理念，所以不乏北大学子开杀猪店、硕士博士回乡搞养殖、水果花卉种植等的案例。

（四）社会关系影响

社会关系是社会中人与人之间关系的总称。马克思指出：人的本质是一切社会关系的总和。自从有了人类，人与人之间便产生了各种复杂的关系，这些关系统称为社会关系。社会关系之间通过暗示、模仿、顺应、同化、交换、合作、竞争、冲突、强制等方式相互作用，相互影响。人是一种群体性动物，一个人的成长、性格的形成、文化教育、职业选择都与他的社会关系息息相关，作为店名传播者的店主也不例外。

据我们的调查走访发现，一定比例的店家是受家庭关系、朋友关系的影响而开店营业的，而且最初的经营内容、店面装饰甚至经营理念都接受了对方的建议。比如临沂有家"李守仁烧鸡肴肉店"，店主妹妹为其打工多年，逐渐掌握了菜品制作和经营要领，复制了一家"李守芝烧鸡肴肉店"。当然，随着店家商业经验的积累，经营思想逐渐成熟，会形成自己较为独特的经营风格。

在各种社会关系中，对店家影响最大的是家庭关系。父母是孩子的第一任老师，父母的言行、性格、处理问题的态度常常潜移默化地影响孩子。一般来说，有文化、有道德、有涵养的父母，带出的孩子素养比较好，对社会和他人倾向于有责任感(对此也不能绝对，因为一个人所受影响是多方面的)，表现在商业传播上就是更多诚信而不是欺诈。作为店主，一般会秉承父辈的经营思想，开创品牌，连锁经营，发展企业文化，培养企业精神，走企业文化引领发展的道路。如当年汪小菲继承了"俏江南"，把连锁店开到台湾，拓展了酒店的经营范围，扩大了影响力。当然也不乏逐渐走下坡路，企业萎缩倒闭的案例。

学校学习环境对店主的影响同样大。一所历史悠久、文化底蕴深厚、学风良好的学校对一个人产生的耳濡目染、潜移默化的影响会重塑他的社会观、价值观、人生观。著名高校如清华大学和北京大学等的校友们，以实际行动践行了中国传统的知恩图报、反哺学校的社会观和价值观，引领中国高端商贸文化和谐发展。

社会环境对店家的影响也非常大。商品垄断时期免不了不良商家的贪婪欺诈，而当下社会正处在一种大转变、大转轨时期，一方面市场经济的竞争使得商贸文化呈现百花齐放、百家争鸣的繁荣局面；另一方面利益的诱惑使得人们的思想受到不同程度的影响，利与义的关系受到严重考验。在网络信息公开化、国家调控和市场化自动调节杠杆的背后，使得店家的成本、利润逐渐潜出水面，倒逼经营者越来越理性地回归经营常态，较为公平地参与竞争。

第四章　店名文化传播策略

传播策略也就是说服技巧，即采取何种方法来感染和说服对方以取得最佳传播效果，达到传播目的。说服理论最早可以追溯到亚里士多德的《修辞学》，经卡特赖特至霍夫兰的心理实验方法。亚里士多德在《修辞学》中提到，说服成功的手段有非人为手段和人为手段两类。非人为手段是客观的外在条件，人为手段就是现代说服学研究者们所提到的"ETHOS""PATHOS""LOGOS"。"ETHOS"指传播者自身的品格和素质所产生的说服力，亚里士多德认为依靠劝说者的可信度和人格威信，能使受众觉得可信。人格威信是劝说者必备的劝说手段之一；"PATHOS"是指传播者调动听众的感情所产生的说服力，也就是说传播者要意识到受众对所传播信息的反应，强调自己代表的正是受众的立场和利益，使受众产生共鸣（empathy），以达到影响受众或说服受众的目的；"LOGOS"指传播者的逻辑论证产生的说服力，即恰当运用具有说服力的论证手段，以更好地说服对方。

心理学家多温·卡特赖特于 1949 年提出了针对受众进行劝服的一般原则，包括：①传播的信息要有一定的刺激度，这样的信息到达对方的感官方能引起人们的注意，这是劝服传播的第一步；②传播信息必须被接受，成为受众认知结构的一部分；③提出有效沟通的利益原则。霍夫兰提出的可信度、对宣传的免疫力、恐惧诉求、睡眠效果等概念，引导了后来的劝服研究。

我们借鉴以上学者的劝服效果理论，制定店名的传播策略。如何制定传播策略？传播所做的就是使商店商品与人建立关系，策略就是达成目标最快速有效的方法。其中沟通是一个十分精密的过程，传播者要有消费者导向的思维与表现方式，从而形成有针对性的传播策略。

基于以上认识，我们认为传播策略在店名传播过程中具有举足轻重的作用，它与传播效果直接相关，是能否刺激消费者进店消费、达到传播者预期传播目标的关键环节。由于店名话语本体限制,其传播策略不仅要从店名语言文字的斟酌上下功夫,还要注重挖掘相关的非语言符号,充分发挥非语言符号在传播过程中的辅助性传播功能。另外,借助现代电子传播技术,充分发挥网络、移动媒体的功能,让店名插上翅膀,打破局域限制,拓展店名传播空间,从而形成立体的多元化店名符号传播策略。

第一节 店名语言符号传播策略

在各种传播策略中,语言文字符号传播是传输信息的基本方式,它功能齐全、成本低、副作用小、效果好,符合传播的要求,所以往往被优先选择。因此,在店名文化传播中,店名用字的精挑细选、巧妙搭配及各种修辞方式的灵活使用等形成店名语言符号传播策略,对店名的传播效果起到非常重要的作用。

汉字是建立在图画基础上的,被称为"象形文字",汉字字体本身就是一个形体和意义完美结合的传播符号,在表情达意方面具有其他文字望尘莫及的优势。店家在给自己的店铺命名时,一方面注重语词的选择与锤炼以追求语义和语境的丰富完美;另一方面通过汉字字体的变化以达到店名外观的形式美与语言内蕴美的完美融合。

一、店名的字词选择

"炼字"是我国传统的修辞艺术。词语的锤炼要求从意义和形式两方面着手,表意确切,声音和谐,才能使词语具有深刻的含义、高远的意境,收到比较完满的表达效果。因此,对词语进行选择和锤炼是十分重要的店名符号传播策略。

孔子曰:"名不正则言不顺,言不顺则事不成。"[16] 其本意是指,人只有分清名分才能互相讲清道理,不然会不知所措。后世国人把这句话演绎为做任何事情都要打一个好的彩头,做到开门红。店名正如人的名字,是店铺

16 《论语·子路篇》第三章.

是否打响的一块招牌。所以，店家在给店铺起名时非常讲究，既追求语音的响亮上口，音节铿锵，落地有声，还在追求字词的美好内涵上苦下功夫。我们主要从以下两个视角来分析。

（一）从店名词语的来源看，基本词和一般词兼顾

1. 基本词的恰当选用

基本词是汉语词汇中产生较早，几千年来一直为人们所熟悉和使用并且意义基本未变的词，具有稳固性、全民常用性和能产性特征。基本词作店名，一般表达吉祥如意、四平八稳等传统思想和文化心理，如"富""源""发""美""好""胜""永""酒""家""天"等词使用频率较高。一直以来，以"天人合一"和"中庸思想"为主导的传统文化对中国人的思想和心理影响巨大，尤其对中老年人更是根深蒂固，甚至影响到他们的消费心理。而中老年人是一个较大的消费群体，有较强的消费能力，所以无论大小城市，迎合这类受众群的店铺命名策略始终占有一定的比例，如"喜家德""乡里乡亲""天天过年""全聚德""东来顺"等都是这类顾客群喜欢的店名形式。

2. 一般词的恰当选用

一般词是基本词以外的词，往往跟社会生活密切相关，记录并反映新事物和新现象，具有新颖、别致、灵活的特征，这正是店名所追求的效果。如一般词汇中的新词语，往往跟一个新行业、新产品、新的生活方式、新的经营思想与方法密切相关，因而会被商家选中作为店名的表达成分，以彰显店铺及其经营理念的时尚前卫。如"轰趴馆""酷乐网咖""派多格宠物""沸腾诱惑火锅"等对于追求流行、时尚、现代感的青年受众特别有吸引力。

图4.1　2017年1月摄于复旦大学沿街店铺

古语词、方言词、外来词以及一些熟语也都是店名经常利用的语词资源。古语词店名可以凸显店铺悠久的历史，追求一种古色古香、典雅宁静的氛围。如"轩""斋""堂"等古语词常被用作这类店名的通名。如复旦大学校园接待中心名为"卿云轩"（如图4.1），"卿"有四个含义，在这里是对人的敬称，既体现复旦的历史文化内涵，又折射复旦自由、平等、博爱和追求真理的人文精神，"云"意指多，而"轩"指有窗的长廊或小屋。"卿云轩"就是文人文化聚集的地方，具有较高的校园文化影响力和传播力，在文化交流、传播和形象展示等方面具有不可替代的作用。

外来词往往能反映异域情调，符合人们"远来的和尚会念经"这种求新求异的消费心理，在现代店名中有不俗的表现，如"费若拉""百世吉""芭布勒""梵高""麦当劳""汉堡王"等。

此外，方言词、符号、英文等也常常出现在现代店名中，促成了店名形式与结构的丰富性和多样性。第二章已有详细举例分析，在此不再赘述。

（二）从店名词语的组合形式看，现成词语和自创词语并存

1. 选用现成词语命名

现成词语是已经被人们广泛使用和约定俗成的词语，而不是由语素随意堆砌而成的临时词语。这些词语已经定型，是人们常见、常用的语词形式，长期以来为人们所熟悉和使用。现成词语用在店名中给人一种熟悉感、亲切感，容易博得受众的认同，引起共鸣，达到最佳传播效果。主要有：

（1）人名。以人名作店名，大多是该店的创始人的名字，如"李守仁烧鸡肴肉店""广军熏鸽""羽西""李宁服装专卖店"等。当然也不乏借名人之名来给店铺命名的，如"杨澜衣柜"（如图4.2）"杨丽萍芦荟""羲

图4.2　摄于临沂市银雀山路

之宾馆""鲁班大厦"等。笔者原以为杨澜也开发了品牌服装，进到"杨澜衣柜"咨询，结果店员告诉我，该店老板叫杨岚。原来是借杨澜的名气达到"他山之石，可以攻玉"的传播效果，吸引和招揽顾客光顾。

（2）地名。以地名作店名，可以突出店铺商品的地域特点。如"东北一家人水饺""沙县小吃""俏江南""鲁南炒鸡""老四川"等。

（3）小说、影视剧、歌曲中的名字。以这些名字命名，是受到当下传媒文化的巨大影响，以此夺人眼球，吸引顾客。这些店铺多以休闲、女性服装、美容美发、饰品等流行行业为主，如"飘2046""花样年华""八度空间""快乐老家"等。

（4）成语、俗语及其调整变形运用。店家别出心裁地打乱成语、俗语的常规结构模式进行变形调整，给人一种似曾相识的感觉。如"美好食光""衣生衣世""食全食美""拾光咖啡"等起到别具匠心甚至是一箭双雕的传播效果。

（5）其他词语。一些店名使用了普通词语，这些词语或与店家所售商品有关，或寄寓着店主的美好希望，传递的是人们普遍具有的传统文化心态。如"好孩子""漂亮美眉""天天过年""小太阳"等都是大家熟悉或约定俗成的词语，不仅能让人过目不忘，而且其蕴含的具有美好寓意的传统文化容易得到顾客的认同和好感。

总之，随着社会的发展、语言的丰富和世界多元文化的交流融合，人们选用的店名语词逐渐趋向丰富化，多样化。甚至现有词语已经不能满足店家充分表达其经营思想与理念，为了适应不同层次受众的消费需求，充分体现自家店铺的独特，有些店家采用自创词语命名。

2. 选用自创词语命名

自创词语与现成词语相对，是用一些语素临时拼凑而成的词语，从形式结构上往往能够突破现成词语的框框，内涵上可以表达一种新鲜、独特的意义，在店名中独树一帜，主要有以下三类。

（1）汉语自创词语。汉语自创词语是指用汉语语素临时拼凑而成的词语，是店名中使用最多的一种自创词语。因为我们身处汉语母语的土壤之中，面临的受众都具有汉语这一共通的意义符号空间，在传播交流中更容易达成和谐一致。如"川味福"，用"川""味""福"三个语素组成的词组命名，虽然名不见经传，但却巧妙地揭示了店家的经营特色及其所包含的人们追求幸福安康的美好愿望。类似的还有"渔家饺""客来思乐""瑷盟小镇""博雅轩""一泰商贸""彤德莱"（如图 4.3）等。"彤德莱"，用"彤""德""莱"三个互不相干的语素组成一个火锅店名。其中，"彤"象征事业红红火火；"德"寓意公司秉承以人为本、以德为先的经营理念；"莱"同音"来"，有来此品尝美味，分享快乐之意。"彤德莱"现在已经是全国十大品牌火锅之一，创出了自己的特色和品牌文化，是一种具有独特经营风格的餐饮品牌文化象征符号。

图4.3 摄于临沂市解放路东段

当然，自创的词语也有优劣之分，造得好能够体现商店特色，抓人眼球，造得不好则容易给人一种生搬硬套、风马牛不相及的拙劣之感。如图 4.5 中的店名——"布着屋"，"布"是名词，在语法上名词后面不能加动态助词"着"，而"布着屋"却违反了这一要求，后面还加带了宾语"屋"，就更加违反常规。作为一家服装店，如果店名着重突出衣服的面料也无可厚非，笔者带着疑问进店一看，衣服并非全为纯棉面料，不免有些失望。这种单纯从文字结构上猎奇的店名，有违语言文字使用规范，带给受众生拉硬扯之感，是我们所力求回避的。

（2）外来自创词语。主要指一些音译外来词或仿外来词，属音译外来词的有"杰瑞""凯撒""佐丹奴""梦特娇""家乐福""德克士""麦当劳""肯德基"等来自国外的品牌店名。休闲系列的时装、大型超市或世界知名的餐饮连锁店，店名多采用音译的方式，不乏洋味儿十足，能够吸引年轻顾客。当然也有不少商家仿照外来词的形式，取一些互不相干的语素任意组合，形成类似音译词语的名字，如"丹芭碧""米姆休闲屋""香舍丽榭""波利亚""黛媛丽"等，看似洋味儿十足，却没有什么具体含义，跟店铺的主要商品也没有直接联系，只是单纯为了迎合消费者追赶时髦和求新求洋的消费心理，这种店名是我们所不提倡的。

（3）汉字加外文的自创词语。汉字加外文的自创词语，即由汉字和外文夹杂而构成的词语，这是由于该店名与外来文化密切相关，用纯外文命名担心顾客不容易解读，而纯汉字的店名又不适合语境，不能够清晰地反映店铺的来源和历史文化，所以采用了汉字与外文相杂糅的命名结构。如图4.4所示，店名"马迭尔1906 MODERN"，是笔者于2017年7月26日摄于北京南锣鼓巷的一家具有浓郁俄罗斯风格的甜品店。这家店是哈尔滨马迭尔集团股份有限公司依托百年老字号"马迭尔宾馆"发展起来的现代企业集团（现已形成旅游宾馆服务业、食品加工业及旅游景区服务业等产业）旗下的一家小分店，从店名就可以看出该店铺承传了该集团所打造的久远浓厚的食品制作历史，有一种稳重、成熟、沧桑的厚重感，也有一种不言的感召力和吸引力，在国内外享有较好的信誉和社会知名度。

图4.4　摄于北京市南锣鼓巷

其他自创汉字加外文的店名有"星光大道KTV""DQ冰淇淋""A派季语""E获""M&G晨光文具"等，是汉字与英文的缩写或一般字母组合而成，含有外来文化的影响因子，是改革开放后新词语和外来词语的相互碰撞与融合的产物。

有的店家受到网络文化用语的影响和启发，采用字母加汉字组成网址结构形式的店名，如"www.童装.com"等，给人一种逛网店的新奇独特之感，反映了网络文化环境下一些网络用语对店名的影响和冲击。

此外，以数字命名的店名也不少，如"九九鸭脖""1216茶馆""T400""747火锅城""178时尚宾馆""0539彩妆行""3515强人"等。从店名看很难判断店主为何选择这几个数字，数字与汉字之间没有内在的必然联系，都是店家命名时的任意组合。但是，传统上不同的数字对店家和某些受众有着特别的意义内涵（在第二章已有论述），想必各取所需，给受众留下了更多的联想与想象空间。

总之，店名在词语选择形式上可谓多种多样，千姿百态，不一而足，彰显了语言、文字符号在文化传承中的丰富形态与强大的传播力。

二、店名符号字体设计

字体指文字的性格，是文字表意功能之上的美学体现。运用恰当的字体远在读者理解句意之前就通过字形与笔画风格将情感传达给读者了，所谓"未成曲调先有情"，辅助传情达意正是字体设计的意义所在。

蔡邕在《笔论》中讲道："若虫食木叶，若利剑长戈，若强弓硬矢，若水火，若云雾，若日月。"描绘了字体性格的多种多样和变幻无方。如何根据字体的历史或文化背景恰当地选择字体来辅助传播信息、表情达意是店家非常重视和努力追求的一种传播策略。

不同的字体风格在传播信息、表情达意方面的效果有所不同。店名字体的风格设计要服从表述主题的要求，要与其店铺内容吻合一致，不能相互脱离，更不能相互冲突，否则就破坏了文字的诉求效果。任何一个店名、字体标志、商品品牌都具有其自身的内涵，并力求将它正确无误地传达给消费者是字体风格设计的最终目的，否则就失去了它的功能。我们语料库中的店名字体风格可以归纳为以下四种。

（一）采用活泼有趣的字体风格

这种字体造型生动活泼，笔画划出的曲线像翩翩起舞的丝带，也像魔棒划出的痕迹，使人充满想象；每个文字的折角并没有刻意地将大小或角度保持标准一致，这样的非规律性做法也增加了字体的趣味感和鲜明的节奏韵律感；字体色彩跟店牌背景形成鲜明的对比，给人一种丰富明快、生机盎然之感（如图 4.5）。这种感受极易激发顾客受众积极向上的情绪和审美情感，容易产生"晕轮效应"，促使顾客进一步参与到店名语言传播情景中，进而进店消费。儿童用品、运动休闲、时尚产品等主题的店铺多采用这种风趣活泼、具有一定个性的字体风格。

图4.5　摄于临沂市启阳路

（二）采用秀丽柔美的字体风格

这种风格的字体优美清新，线条流畅，通常字体纤细、秀美，字形有粗细等细节变化或通过装饰性元素（如图 4.6 中可爱的小狗和小脚丫）和字体结合，显得有韵律，给人以华丽柔美的舒适之感。这种舒适感一定程度上赋予了受众一定的权利、身份和社会地位，满足顾客被尊重和被喜欢的情感需求，极易拉近店家与受众的距离。难怪有些顾客（尤其是女性）说，消费是一种心灵的放松和享受。女性化妆品、饰品、日常生活用品、美容美发和其他服务业等主题店铺多采用这种秀丽柔美的字体风格。

图4.6　2017年7月摄于北京市南锣鼓巷

（三）采用苍劲古朴的字体风格

这种风格的字体朴素无华，色彩淡雅，往往与店牌背景融为一色，饱含古时之风韵，具有浓厚的历史文化气息和复古特色。该风格使用了毛笔书法的笔触书写方式，将墨这种元素融入到了字体当中，这种东方文化中特有的东西，使得该风格显得非常鲜明。或采用衬线字体，具有较强的装饰性，笔画转角处线条柔和，更具流线型，更生动有趣，一股浓浓的复古风扑面而来，能带给人们一种怀旧感觉。人很容易怀旧，尤其在当下快节奏的生活中，人们更加渴望让自己的身体、心灵和思想慢下来，有个安放皈依的地方，艺术是个不错的选择。经营传统产品、民间艺术品等主题的店铺多采用苍劲古朴风格的字体。

（四）采用稳重挺拔的字体风格

这种风格的字体造型规整，富于力度，字体色彩与店铺背景形成一定反差，多为无衬线字体，即字体除本身文字的笔画之外缺少装饰性的元素，风格比较简约，去除了一些连接的笔画，使字形显得更加抽象和神秘，科技感十足，给人以简洁爽朗的现代感，具有较强的视觉冲击力。这种字体风格普遍比较硬朗和锐利，通常有过渡比较直接的折角，极易激发受众的热情和参与激情，对青年受众具有较强的吸引力。汽车、机械、科技等主题的店铺多采用稳重挺拔风格的字体，如图4.7所示。

图4.7 摄于临沂市北城新区天津路北段

总之，不同风格的字体对顾客的审美活动产生不同的视觉冲击和情绪感染，在传递信息时产生不同的影响和作用。因此，店家选择店名时会将字体的特色和顾客的需求进行对接研究，形成新的意象图式，以适应新时期各种层次受众群体的审美需求。

第二节　店名语用修辞策略

汉语中的"修辞"一词最早出现在《易·乾卦·文言》："君子进德修业。忠信，所以进德也；修辞立其诚，所以居业也。"这里的"修辞"是修饰文辞的意思。修辞是为了达到更好的语言交流效果而进行的加强言辞或文句锤炼的艺术手法。自从语言作为人类最重要的交际工具出现以来，人类就有了修辞的需要，以修饰自己的语言，吸引别人的注意力、加深别人的印象和抒情效果，从而更好地进行交流。

在中国古代的先秦就已经有了关于修辞的零星言论。例如，庄子很重视寓言的效果，惠施则十分重视比喻手法，两汉时期的学者曾激烈地讨论《诗经》的基本修辞手法：赋、比、兴。

魏晋之后，不少文学批评作品，如各式各样的诗话、词话都有谈论修辞。如刘勰的《文心雕龙》是首部"修辞"二字的意思和现代理解相同的作品，在这本书内作者也谈了不少修辞手法。而宋朝陈骙的《文则》则可视为第一部修辞学专著。五四运动以后，修辞学摆脱了文学批评的范围，成为一门独立的学科。

一个好的店名可以给商家带来良好的导购效应，并进一步产生经济效益和社会效益。随着人们审美水平的不断提高，店铺命名越来越讲究，与社会文化学、修辞学紧密联系，甚至综合运用多种修辞手段。店铺名称的修辞方法，反映了商家在说服消费者，推销自己产品的时候多用间接的方式，委婉含蓄，曲折有余地，这表现出店主对消费者更多的尊重。

一、常用的修辞格

（一）双关

双关就是利用语音或语义条件，有意识地使语句同时关照表面和内里两种意思，从而使语句具有双重内涵，言在此而意在彼的一种修辞方法。双关辞格的运用可以使语言表达得含蓄、幽默、风趣、生动活泼，能加深语意，给人留下深刻的印象，最大限度地增添语言的表现力。店名中的双关修辞手法主要有谐音双关和语义双关两种。

1. 谐音双关

谐音双关就是利用语词音同或音近的联系而达到一语二意的表达效果。如"泰芒啦"（如图4.8）谐音"太忙啦"，既突出了经营对象和泰国芒果有关，又双关生意火爆；"粥道客"谐音"周到客"，意为服务周全、周到；"食全食美"谐音"十全十美"，意在表明店里的各种饭菜餐饮应有尽有，服务周到，让顾客开心满意；"第一烤场"店铺开在中国传媒大学西门附近，首先让人联想到每年来此参加艺考的考生们和火爆的场面，然后才对应要吃的烤肠、烤串，一语双关；"顺鑫火锅居"谐音"顺心"；"醉好饺子馆"既可以理解为此店水饺味道鲜美，吃后让人如痴如醉，又谐音"最好"，似乎与同行业作了一个对比，是对顾客作出的承诺，让顾客吃好、顺心、满意；另有"食话食说""放牛斑""怡朦酒店""媚力丝射""壳遇可求""好孕妈咪"等店名都利用语词音同或音近的联系，达到一语双关的表达效果。因此，谐音双关能起到含蓄典雅、招徕顾客、委婉表情达意的作用，从而达到从更多角度打动顾客的目的。

图4.8　摄于北京市南锣鼓巷

2. 语义双关

语义双关是利用词语的多义性在特定语境中形成双关。比起谐音双关来，语义双关更为常用，但是解读起来需要结合具体语境仔细体味。如店名"风度咖啡屋"，既可以理解为店家经营得有风度，也可以表达来此消费的顾客有风度；"味道"，既说明本店的服装有较高的审美品位，又暗含来此购物的顾客有味道、品位很高；"衣品"，借助"衣品如人品"的说法彰显衣服值得信赖，同时双关穿此衣服的人会显得更有品位；"永胜批发部"，既可以理解为店家的永胜，也可以理解为到此购物的消费者是永胜的；"兴隆喜铺""红双喜新娘装""老年乐""完美女人""唯你时尚""热点"等既有对顾客的美好祝愿，又有店家对自己生意兴隆的无限期待。

总之，双关具有曲折含蓄、言在此而意在彼的特点。店主常常用这种方法来表达弦外之音、言外之意，或借题发挥，借物抒怀，把自己的思想与顾客曲折相联系，表达委婉含蓄，既拉近主顾之间的思想感情，又使店名的意境更加深远。

（二）引用

引用前人的警句名言，是中国人撰文作诗的传统习尚，它对于点明主题、加强论证、概括结论以及渲染气氛、加深意境均有很好的效果。[17]引用前人诗文中的语词、名言也被用于商店命名中，以彰显店铺的文化内涵。店名中的引用即指店名直接或间接引自古代典籍、诗词歌赋、现代文学作品或影视歌词中的词语或名言。

1. 引用的方式

（1）直接取用原话。在临沂有一家综合休闲场所取名"在水一方"，引自《诗经·蒹葭》中"蒹葭苍苍，白露为霜。所谓伊人，在水一方"。水给人一种恬适、悠远、静谧的美感，以此命名，不仅从实际环境上打造轻松惬意的休闲氛围，还在意念审美层面给顾客一种朦胧美好的意境之美。在一天的忙碌操劳之后，来此放松、休憩，平静心情，积蓄活力，让顾客从心理上获得一种满足感。

（2）进行简缩后提取。服装店名"蝶恋花"取自词牌名，出自唐教坊曲梁简文帝的"翻阶蛱蝶恋花情"，一般用来填写多愁善感和缠绵悱恻的内

---

17 吕叔湘.汉语语法分析问题[M].上海：商务印书馆，1979:68.

容。服装店以此为名，一方面彰显了该店的历史文化内涵，另一方面又描绘了爱美女性对服装的痴痴迷恋之情。餐馆名"杏花村"，取自杜牧的《清明》中"借问酒家何处有，牧童遥指杏花村"的诗句，不仅使餐馆具有了历史文化依据，还可以借助杏花村的品牌提升本店的知名度和美誉度，可谓一箭双雕。玉石店取名"石头记"是借助《红楼梦》的别称，玉石的爱情象征意义得到彰显，使店名具有了浪漫的神秘之感，对以此定情的青年人具有较大的吸引力。"快活林酒家"，让人联想到《水浒传》中武松大闹快活林的故事，让酒店渲染了一种侠肝义胆的豪气内涵。"又一村酒家"则让人想起陆游"山重水复疑无路，柳暗花明又一村"的诗句。看到"巷子深"这样的店名，人们就会想起"酒香不怕巷子深"的名言。

总之，这类店名既可以借名言名句成名，又能借助于其中的意境，增加店铺名称的文化意蕴。

2. 引用的内容

（1）引自古代典籍、诗词歌赋。用古代诗词歌赋起名不仅内涵丰富，语言灵活生动，还可以给人广阔的联想空间，提高人们的审美素质。古人特别喜欢引用古代典籍和诗词歌赋中的词语给自己或孩子命名。如唐代诗人孟浩然的名字出自《孟子·公孙丑》中的"吾善养吾浩然之气"，浩然之气指纯正、博大而又刚强的气质。清代著名画家、诗人、书法家郑板桥的名字出自唐代刘禹锡的《杨柳枝》："春江一曲杨柳枝，二十年前旧板桥。曾与美人桥上别，恨无消息到今朝。"借"板桥"二字来讽刺世态炎凉，名字与其画风一致，耐人寻味。

很多店家也运用古代典籍、诗词歌赋给店铺命名，以彰显店名的韵味。如服装店名"风雅颂"，引自中国历史上第一部诗歌总集《诗经》，所卖服装古色古香，彰显了本店的古朴雅致，具有很高的文化档次和深厚的文化内蕴。"三人行"则借孔子名言"三人行则必有我师焉"的一部分，笔者推测这样一个文化含量极高的名字应该是一个书店，进去一看，原来是卖骨头汤的，不禁捧腹。"桃源大世界""桃源美食娱乐城""桃源超市"则借用陶渊明的名篇《桃花源记》作店名，意在表明来此消费休闲可以免除尘世的喧嚣，无忧无虑，如世外桃源一样。

（2）引自名人名言。名人名言具有经典、警示和很强的说服力，无论

89

在论证观点还是说服人方面具有强大的力量。店家引用名人名言给店铺命名，可以提高店铺的文化含量和知名度。如店名"糊涂粥府"（如图4.9），引自清人郑板桥的"聪明难，糊涂难，由糊涂到聪明难，由聪明到糊涂更难"[18]的名言。从这句名言中提取"糊涂"二字，加上"粥府"二字做饭庄名，具有一种特别的幽默感，因为民间有些地方把"粥"叫作"糊涂"，店名理解起来就有"糊涂糊涂府"的意思。人在任何时候都保持清醒会很累，"难得糊涂"一下不仅放松心情，也是一种生活境界。同时店名中烘托出的浓郁的民族文化特色，其中所蕴含的幽雅情致、高洁情感、幽默情调，令人回味无穷。

图4.9 摄于临沂市天津路北段

（3）引自电影、电视、歌曲、文学作品名称。在物质文化极大丰富的当下，文化娱乐成为人们生活中不可缺少的一部分。影视歌等大众文艺作品深深影响着人们的生活和行为。采用人们熟悉的影视歌和文学作品名称为店铺命名是一种投其所好的策略。如服装店名"花样年华"引自同名电影《花样年华》；"橘子红了"引自同名电视剧《橘子红了》；酒店名"激情岁月酒楼"引自电视剧《激情燃烧的岁月》；餐馆"快乐老家"引自陈明的同名歌曲；"在水一方""花好月圆"也都引自同名歌曲；女装店名"甜蜜蜜"引自电影《花样年华》的主题曲；杂货店名"林家铺子"引自茅盾的小说《林家铺子》……这些店名深受传媒文化的影响，借助传媒文化的传播力、巨大张力获得顾客的熟悉感和认同感。

（4）引自电影电视剧中的典型人物名。不仅影视等文艺作品的名字为人们所熟悉，其所塑造的典型人物更是人们精神关照和津津乐道的对象，尤

18　郑板桥.郑板桥集[M].南京：江苏出版社，1996:3.

其在性格和命运轨迹上引起人们共鸣的人物形象更能给受众留下深刻的印象。店家引用电影或电视剧中的典型形象为店铺命名，会引发受众的无限联想和艺术回味，营造在现实生活中与主人公亲密接触的环境空间，收到很好的传播效果。如天津的"三毛餐厅"，引自《三毛流浪记》里生动鲜明的旧上海流浪儿形象，由天津市妇联在 1985 年创办，那个时候麦当劳和肯德基还没有进驻津门，其新颖的经营模式、优质的服务以及幽雅的环境，为小朋友准备的各种主题生日宴十分火爆。其他如"孔乙己酒店"，引自鲁迅小说《孔乙己》里一个迂腐潦倒的旧社会知识分子形象。

"阿里巴巴大串"（如图 4.10）与"阿里巴巴碳烤店"，引自童话故事《阿里巴巴与四十大盗》里的人物；"大长今"引自韩国青春励志电视剧《大长今》里的主人公；"笨笨熊饮食店"与"喜洋洋乡村菜馆"分别引用动画片《笨笨熊》和《喜洋洋与灰太狼》里的卡通人物形象名……这些店名借助顾客对这些人物形象的熟悉而博得对方好感，从而达到营销的目的。

图4.10　摄于临沂市解放路东段

（5）用典。用典不像引用影视歌那么大众化，首先需要受众熟悉这个典故才能意会店家的良苦用心。当然，店家在命名时也会考虑到顾客的平均文化水平和文化底蕴，故事尽量选用大众熟悉并且具有较好内涵的，不然会曲高和寡，达不到广告宣传的目的。如"火烧连营大排档""桃李园餐厅"分别引自《三国演义》里"火烧连营七百里"和"桃园三结义"的故事；"花车日本料理"引自日本京都每年举行的欢度日，"花车"在日本是幸福、吉祥、美好的象征。

（三）夸张

夸张是为了表达强烈的思想感情，突出某种事物的本质特征，运用丰富的想象力，对事物的某些方面着意夸大或缩小，作艺术上的渲染，故意言过其实地渲染某个事物，强调某种情形的修辞方法。从严格意义上讲，商家在宣传上是不能用夸张手法的，因为夸张会使客观事实变形，歪曲实际情况，从而使顾客感觉不真实，有一种被欺骗的感觉。但在商店命名中可以适当使用夸张修辞手法以加强表达效果。例如，"绝味鸭脖"，一个"绝"字极尽夸张之能事，凸显出食物的极品美味；"千里香串店""顶尖发廊""百景旅行社""神剪发廊""天工缝纫""孤独求剪""百饺园"等均使用了夸张手法来突出本店的特色。

在店名中的夸张，有扩大夸张和缩小夸张两种类别，总体上看，往大里夸张的店名占绝大多数，往小里夸张的店名很少。

1. 扩大夸张

故意把客观事物说得大、多、高、强、深的夸张形式。商店名称的夸大，主要是商家在强调经营规模或某些特色时，在范围和程度上做了夸大，目的是为了给顾客留下更加广阔的想象空间。例如，从经营规模上夸大的"睡衣世界""童装大世界""手机大卖场""包天下""三千里烧烤"等。图4.11中我们可以看到，明明仅有一间很小的店面，却取名"睡衣世界"，似乎无所不有，夸大了经营规模。

图4.11　摄于临沂市启阳路

另外，有从经营特色上夸大的店名，如"临沂第一辣""天下第一涮"；从时间上夸大的"天天坐席""天天过年""久久鸭脖王"；从高贵感觉上夸大的"裤王""胜过皇家太子妃""皇家烤肉""玉面伯爵""人中王"；从效果上夸大的"唯你时尚""完美女人""永亮眼镜""永正裁缝店""为女疯狂""长生居""终疾斋"等，不一而足。

2. 缩小夸张

故意把客观事物说得小、少、低、弱、浅的夸张形式。商店名称的缩小，是商家在强调商店特色时，突出当下普遍浮夸的重围，故意往小处说，目的是为了突出专而精，这样还能刺激顾客的逆反心理，让顾客感觉店家很谦虚、实在，从而给顾客留下鲜明深刻的印象。例如，表明经营规模小的店名，有"世界最小餐馆""集集小镇"；表明经营能力小的店名，有"笨笨网吧""笨小孩""愚公愚婆餐馆"；表明获得利润小的店名，有"一分利店""一点利"（如图4.12）"平价超市"等；还有其他故意往小里说，产生可亲、可爱效果的店名，有"小零嘴""小小米饭屋""小资范""清粥小菜""小草瘦身"等；另有一些有点异类的店名，如"劝君上当，上当一回""丑小鸭理发店"等都能刺激顾客的逆反心理，也迎合了现实中深受后现代思想影响的一部分以丑为美的另类审美群体。

图4.12 摄于临沂市启阳路

（四）比喻

比喻又叫譬喻、打比方，是利用相似的事物打比方去描绘事物或说明道理的一种修辞方法。这种修辞方法能够把抽象的事物形象化、具体化，给人一种生动的联想。在店铺命名中使用比喻辞格能够抓住消费者的心理产生联想。例如，"天上人间音乐主题餐厅"，符合中国古代"天人合一"的哲学思想内涵，在犹如天籁般的美妙音乐中就餐有种穿越时光的神秘感，让你瞬间联想到"此曲只应天上有"的美妙意境，得到精神和物质双层面的满足。

运用比喻手法命名的店名很多，据笔者统计，这种店名占全部店名的52%，尤其在服装类店名中占到61%，特别是在服装批发城，由于每户店面只有一间，店牌面积有限，采用比喻手法只用属名命名的店铺更多。

1. 用动物名作喻体命名

不同的动物具有不同的性情，用之可以比喻不同的商品和店铺风格。用动物名比喻命名的店铺较多，如"吉祥鸟""七匹狼""鳄鱼""袋鼠""雅鹿""红蜻蜓""维尼熊""咪咪熊""老汉黑山羊""蚯蚓""森马""唐狮"等，形象生动，好读好记。

2. 用植物名作喻体命名

植物更加贴近自然，在工业化和后工业化时代主导的当下，人们渴望回归自然，拥抱自然。用植物比喻命名的店名首先从感官上满足了人们的这一心理需求，具有较大的吸引力。如"一树梨花"（如图4.13）"红豆树""向日葵""常青藤""七色花""麦田坊""梅子熟了""火树林""优思麦"等，给人一种天然的亲切感。

图4.13　摄于上海市南京路

3. 用其他事物名称命名

"老爷车""千仞岗""雪龙人""花雨伞""红跑车""红太阳""靓月""旗之星"等，这些名称有的是店家所卖商品的品牌，有的是店家有意采取的有意味的表达形式。一个共同的特点是：这些店名都采用了借喻的比喻形式，即本体、喻词都不出现，直接用喻体代替本体来给店铺命名。因为店铺牌匾范围有限，店名字数不能过多，直接用借喻的形式来命名，可以起到生动、形象、具体、简洁的修辞效果。

（五）借代

借代也叫换名，具体地讲，就是不直接说出要表达的人或事物的名称，而是借用一个和它有密切关系的东西（或名称）来代替它本身的一种修辞方法。[19] 借代具有以少胜多、化凡为奇的表达功能，所以很受商家的青睐，使店名形象突出、特点鲜明。主要类型有：

1. 以各省简称替代全称

如，"川渝酒家"中的"川渝"分别是四川和重庆的简称，这两个省市的菜品具有共同的特色——麻辣，代指具有"川""渝"地方特色的以麻辣口味为主的酒店；"湘菜馆"中的"湘"是湖南的简称，湘菜是中国八大菜系之一，口味偏辣，代指具有湖南地方特色的餐馆；"粤菜馆"指广东菜馆，中国八大菜系之一，味道清淡，海鲜较多；"鲁菜馆"指山东菜馆，中国八大菜系之一，味道偏咸，口味较重；"蜀味居"中的"蜀"乃三国时期蜀国的简称，指以成都为中心的四川地区。另外，还有"蜀乡情""东蜀食府""蜀国布衣""川外川""川味福""丰宁海鲜"等都是以各省简称替代全称的命名方法，既突出了地方特色，又突出了不同的口味。

2. 专名代泛称

用标志性的区域名或景观替代具体的地点。如"潇湘菜馆"——"潇""湘"都是湘江中的一段，位于湖南境内，"潇湘"代指湖南；"湘溪小镇"——湘溪村位于浙江富阳新登镇，由石岭、仙源、崔家、石佛四村合并而成，曾被杭州市命名为社会主义新农村建设标兵村，代指先进农村；"沂蒙百货大楼"——"沂蒙"指沂河、蒙山，是临沂的代称。

3. 借穿戴对象代指商品

如"魅力女人""美贵女人""女人秀""童鞋童装""少年风暴""老

19　黄伯荣,廖序东.现代汉语下册[M].北京:高等教育出版社,2002:253.

年乐""都市恋人""伊人红妆""男人族""男主角""男人帮"等。这些店名从性别或年龄视角给店铺进行了归类,顾客可以从这些店名中找到自己要光顾的店铺类别。

4. 以商品质料代商品

如"三色之麻""老布衣""采棉人""皮草行""丝绸老店""文翠竹行""牛仔服""红木家具""塑料炸弹""五金机电""石头记""翡翠阁"等。店名突出了商品质料,一定程度上给店铺进行了归类,有助于顾客较快地识别店铺的经营内容,减少店名符号的解读空间。

5. 用商品品牌指代商品

在我国古代,尤其是唐代,曾经明文规定不同社会身份的人只能穿适合他身份地位的服装颜色,越级等于违法。当下尽管已经没有了这种等级制度,但是人们的品牌意识在逐渐增强,某种程度上,品牌成了身份和地位的象征。因此,以品牌命名店铺,犹如给店铺也给顾客的身份定位,让顾客很快找到消费对象。如"杉杉""雅戈尔""报喜鸟""米兰""玖姿""小熊维尼""同仁堂""天马""惟一斋""迪士尼""波司登""渔""凯撒""梦特娇"等国际国内大小品牌店铺林立,一定程度上体现了社会人群的分层发展。

6. 产地代指所卖商品

用产地代指所卖商品主要是为了突出产品的地方特色。如"苏杭专卖""临沂特产""韩国进口""加拿大海鲜""老北京""上岛咖啡"等,这些店名凸显了地方的独特魅力及其产品的无可替代性,彰显的是一种地方自信。

7. 其他的借代形式

如"季候风"借换季速度之快代指店内商品的流行、时尚;"四宝堂"用"四宝"代指所卖商品是笔、墨、纸、砚文房四宝;"聚宝斋"彰显店家商品的宝贵品质;"梨园阁",用"梨园"说明所经营的商品与曲艺界唱戏表演所用的行头有关。

(六)比拟

比拟就是根据想象把物当人写或把人当物写,或把甲事物当作乙事物来写的一种修辞格。比拟分拟人和拟物两种形式。

1. 拟人

拟人 (Personification) 是指把物(包括物体、动物、思想或抽象概念)拟作人，使其具有人的外表、个性或情感的修辞手段。拟人可以通过形容词、动词或名词表现出来，把事物人格化，让事物具有人的感情、语言、动作，赋予事物以人类的行为特点。

店家在给店铺命名时采用拟人辞格，生动形象地表达出传播者的情感，让受众感到更加活泼、亲近，达到较好的传播效果。具体手段有以下两种：

（1）把用于人的动作行为转嫁于物。例如，"丁丁洋回转自助火锅"，"回转"多指人的一个转身动作，在这里把火锅描绘成"回转"，把用于人的动作行为转嫁于火锅，生动形象地描绘了火锅店的特色；"醉月楼酒家"，"醉"本是人的一种状态，在这里转嫁于"月"，以月衬人；"农家乐"，把人的乐转嫁于农家；"回味鸡快餐店"，指顾客回味鸡的味道，转嫁于鸡回味等。

（2）把事物赋予人的情感状态、精神面貌。如"小粥仙"，在这里称"粥"为仙，赋予食物以生命和人的形象，是拟人的手法；"羊大爷"，赋予"羊"以人的称呼，给人亲切感；"麻辣战士"，"战士"是人的一种职业，把所卖食物（麻辣烫）称为战士，有与麻辣决战到底的意思；"车之侣"，把汽车与饰品之间的关系比拟为情侣之间的关系；"渔贵妃"，把一种鱼称为贵妃，有此鱼比较肥美的夸赞，又让人联想到以肥为美的杨贵妃，既有拟人的情态美，又让人联想到美人可餐的隐含意义，自然会刺激顾客的食欲。店家的创意简直无与伦比。

2. 拟物

在店名中主要指把用于此事物的词用于彼事物，如，"老黑猫"是一家男款童装店，每一件上衣的背面都有一只可爱的小黑猫，店家采用比拟的手法把店名取为"老黑猫"，鲜明生动；"驴打滚"本是指驴子撒欢儿的时候在地上滚来滚去的样子，在这里是一家麻辣烫的店名，非常形象地描绘了各种食物在一口大锅里混煮的情形；"东北虎风味食巢"，意在表明本店的菜品是野生的，自然的，名贵的。

（七）仿词

仿词是根据表达的需要，更换现成词语的某个语素或词，临时仿造出新的词语，改变原来特定的词义，创造出新意的修辞手法。常见的仿词类型有谐音仿、相类仿、反义仿等几种。仿词能产生新鲜活泼、生动明快的效果，具有强烈的熟悉感和幽默感。

仿词是店家命名的修辞策略之一，谐音仿的店名如"留香百世"谐音"流芳百世"，"风声水喜"谐音"风生水起"等。反义仿的有"粗茶香饭"仿成语"粗茶淡饭"。相类仿的店名如"蜀国演义"仿古典名著《三国演义》，"君临天下"仿成语的"凰临天下"。另外还有"杨（林）家铺子""乌（鸟）巢""鲜湘记"仿著名元杂曲"西厢记"等，给人耳目一新的熟悉感。

（八）反语

反语是故意使用与本来意思相反的词语或句子来表达本意的一种修辞方法。这种辞格故意违反表义的一般规律，使实际表达的意义与词句字面意义正好相反，以达到讽刺或幽默的效果。

店家使用反语修辞格为店铺命名，目的是为了刺激人们的逆反心理，吸引顾客光顾。如店名"草包铺子"，"草包"通常为贬义词，指没有能力、低智商的人。用在店名中有两种理解，一种是指草编的包包（实指，没有反语）；一种指卖包的人憨厚、不精明（反语）。"丑小鸭理发馆"在这个千里寻美的社会里，用"丑小鸭"作店名看似有些违背常理，其实店家别有用意：首先，尽管"丑小鸭"不漂亮，但却是一个人人皆知的可爱卡通形象，容易记住；其次，社会不仅仅需要美，更需要善，"我很丑，但是我很温柔"更容易打动对方。其他店名如"笨小孩""笨笨网吧"，似乎"笨"在这里成了可爱的代名词；"陈傻子海鲜"，店家自称傻子，显然是反语，店主自损形象是刺激顾客的逆反心理致其光顾的一种策略或手段。

在我们收集的店名中，还发现了"乐和和乐""劝君上当，上当一回"两例使用回环辞格的店名。

二、店名的语用偏离策略

"偏离"概念是 1966 年法国新修辞学派和比利时列日学派提出的重要概念，它与零度理论互为依存、互为参照。王希杰在《修辞学通论》中对这两个概念进行了界定："所谓零度是正常的、规范的话语修辞状态；偏离则是对这种状态的违反。"一般来说，人们通常会遵循着语用规则进行店铺的命名与解读，但是，有时店家也会因为猎奇和特殊表达的需要，有目的地违背某些语用规则，以达到吸引顾客的目的，这种现象便是店名中的"语用偏离"。具体说经常使用以下四种手段。

（一）设歧

设歧是指店家在给店铺命名时故意保留关键信息，使店名本身看上去会产生歧义或疑义，再用店牌背景或者橱窗装饰把关键信息摆出，从而收到曲折、幽默、引人入胜的效果。如"斟炉""科盟""快鱼""高梵"，如果不参考它们的店牌背景或橱窗设置，根本想不到它们是经营什么的。你有可能会猜想它们分别是卖火炉、体育用品、鱼馆、画纸的，事实上它们经营的分别是油烟机、电子产品、童装、女装。

（二）偏语

"偏语"指店家故意用偏离客观事实或事理逻辑的词语来表情达意，以不合理但合情的话语方式取得滑稽诙谐的表达效果。如店名"万年青健身"，万年，只是人类的美好理想，永远达不到的目标，但又是人们一直追求的境界；"长生居"，从感情上讲，长生不老是人们的美好理想，但是从人类的生理特性上讲是永远做不到的；"终疾斋"，只能说治好本次的病痛，但是不可能做到一生不再得病；"25 小时电玩城"，每天只有 24 小时，25 小时是不可能存在的，类似的还有"星期八""361 度"等，都采用偏语的传播策略，以奇制胜。

（三）拟误设陷

拟误是指有意识地利用语言或逻辑的错误来提高表达效果的一种手段。故意设置一个误区或陷阱使人产生错误的判断，从而达到调侃逗乐的交际意图。如，店名"劝君上当，上当一回"，就是利用人们不想吃亏上当的心理故意设陷，反而能刺激人们的好奇心和逆反心理，能拉拢不少顾客光顾；"胖太太"，在今天普遍以瘦为美的审美标准下，人并不想把自己看成其中的一员，但是店铺服装品质尚好，外观款式设计时尚，穿起来舒适大方，胖似乎又有了生活滋润、微胖富态为美的意味，吸引了一部分顾客光顾。拟误设陷成为店家提高表达效果的一种手段。

（四）语用模糊

最早的店名都是用最直白的语言来指称。随着社会竞争日益增强，店家取店名时开始讲究语用传播策略，委婉含蓄，曲折有余地，在说服消费者，推销自己产品的时候多用间接的方式。如"麻·元素""玫约""剪爱""后宫洗浴"等店名，商家故意选用含有模糊意味的语词或短语给店铺命名，给顾客留下足够的符号解读空间。

总之，修辞向来是人们委婉地表情达意的主要手段，店牌名称中所运用的这些修辞方式，曲折婉转，容易刺激人们的审美情感和审美积极性，不同修辞手法的使用，可以满足不同审美层次和审美期待视野的受众需求，使顾客在品味店名过程中深化认识，以达到最佳传播效果，这充分表现了商家在命名时的良苦用心。

第三节　店名非语言符号传播策略

非语言符号就是指在人类传播过程中除语言、文字之外，能够传递信息、沟通思想的其他所有交际的方式和行为。表情、手势、服装、品牌形象、标志符号、图片、音乐、照明、装饰品等都是非语言传播符号。对店名来讲，主要指店牌背景、橱窗装饰、背景音乐、灯光照明、物品摆放等，给店名语言传播创造了丰富的语境（第三章已详细论述）。

非语言符号在店名语言文化传播中具有不可忽视的功能，主要有两种。

第一，有助于顾客了解店名及店家所传信息的真实性。店名只是一个由几个文字组成的语言符号，超过十个字符的店名极少，具有很大的抽象性。如果店家所选店名指示性不强，表意比较模糊，那么顾客仅仅通过店名是解读不出什么信息的。但是如果参考店牌图片展示、店铺的橱窗装饰、背景音乐以及店家招徕顾客的手势、表情等非语言符号，就能够比较清晰地辨别信息真伪。比如店名"三味居"，我们可以认为是一个酒店名称，也可以解读为是一个书画社，还可以认为是一个特殊人生体验馆。到底是什么，需要借助于背景图片和橱窗装饰等非语言传播符号来帮助判断。如果背景是一张大嘴吐着舌头，那它肯定是一家饭店；如果背景是笔墨纸砚，那么它就是一个书画店；如果背景是各色人群，那么它就有可能是一个休闲体验馆。所以，非语言符号在确定信息真实性方面起着非常重要的辅助性作用，有时候甚至是决定性作用。

第二，有助于增强文字媒介的表达效果。文字是抽象的、简约的，但是图片、装饰、实物摆放是具体客观、生动形象的，从传达效果上看，生动形象的信息更具有吸引性，其招徕性、宣传性、传达效果更好。常言道："一幅画胜过千言万语。"这也说明通过视觉表现的非语言符号有时候比有声语言更能传神。尤其是晚间的照明设备，扩大了人们的视域范围，延长了人们的视觉功能，具有很好的辅助性传播效果。

因此，店家十分注重非语言符号的使用来作为重要的传播策略，以提高店名语言传播效果。除了前面提到的店牌背景、橱窗装饰、背景音乐、灯光照明的恰当使用外，还应用了以下策略。

一、产品实物包装

受众往往是通过商品的外包、商标介绍等媒介来认识商品，这些媒介包含有该商品较为详尽的相关信息，能充当信息传递的载体，是一种典型的实物媒介。包括产品的品牌、商标、包装、外表形态、内在品质等，它们是经过国家质检部门检验过的，是最可信赖的宣传媒介，所以其所传递的信息具有一定的客观性和真实性。

在产品包装上，商家会联合厂家使用一定的策略来吸引顾客。一是商品外包尽量华美，给顾客一定的视觉冲击力；二是在价格标注上往往会高出实际价值 3 ~ 10 倍，然后以不同的折扣价格售卖，给顾客一种不可错过捡便宜的心理，吸引顾客的购买欲望。

二、赠品

赠品的交际价值大于其使用价值，它能传递商家的情感和新信息。比如，店家通过赠送自己的名特产品小样、新产品的试用装来传递店铺的产品信息，或赠送自己设计的有本店铺特征的纪念品、购物袋等都能传递商店的形象信息以及对顾客的关爱。不管什么样的传播礼品，最重要的是它能联络感情、表达礼仪、协调关系，是产品实物媒介中有着特殊意义和特殊功能的一部分。善于从情感方面拉拢顾客的店家总忘不了给顾客"施舍"这些小恩小惠，用这种赠品的方式加大店铺的传播效果。

三、象征物的设计

象征物就是能够用来表现某种概念、思想、精神、品德等的物体。如，以"梅花"象征高洁、清秀、淡雅、朴素；以"菊花"象征高洁与傲霜斗雪的坚强；以"莲花"象征出淤泥而不染的高尚品格；以"牡丹"象征人的雍容华贵。这里的"梅花""菊花""莲花""牡丹"就是象征物。

但是象征物具有文化意义上的不确定性，表现在一种实物在不同的语境中具有不同的象征意义，如"海燕"，既是"革命者"的象征，也是"春的使者"的象征；象征物还具有文化意义上的民族性特征，不同的民族由于文化信仰与传统的不同，对同一实物赋予不同的象征意义，如"红色"在中国象征着革命、热烈、喜庆，而在西方则象征血腥、暴力。因此，在象征物的选择设计上要注意这些差异，否则会产生不同的意义空间和"鸡跟鸭的对话"这种传播效果。可口可乐公司就做得很好，在不同国家推销时选择不同颜色的外包和象征物。如在中国选择红色罐身、朋友聚会的语境，象征中国喜庆、祥和、团聚的民族情怀。

商家非常注重象征物的使用来传情达意、吸引顾客，不同的店铺、不同的销售时段会选择不同的象征物来表达店家的经营思想或理念。比如春节前的对联、元宵节的花灯和汤圆、情人节的鲜花和巧克力、中秋节的月饼、平安夜的苹果、圣诞节的圣诞老人与圣诞树等都会以象征物的身份，在适当的时候成为店铺搞活动的主要传播符号。

第四节 店名技术传播策略

随着电子和网络时代的到来，店名充分利用先进的传播技术，从广播、电视到互联网等媒体都成了店名传播的场域之一，极大地拓宽了店名传播的渠道，提高了店名传播效果。

一、广播媒介的利用

广播媒介拥有电子媒介的优势，能够突破时间、空间上的限制，把信息即时地传到四面八方，其速度之快、覆盖面之广为其他大众媒介所望尘莫及。广播属于声音媒体，主持人的音质、语气、谈吐以及播音风格经常会形成自己独特的气质，对受众会产生独特的吸引力，并使之在一定程度上产生参与感，因而更接近于面对面的人际交流，具有较强的亲和力。接受广播不需要识字能力，适应各种文化程度的受众。

我们在街头常见的最原始的广播媒介是具有原始叫卖风格的电子录音设备，这种电子叫卖尽管突破了人的生理限制，但是传播范围比较小，不是真正意义上的广播媒介。现在最流行的是交通广播。现代人生活节奏快，几乎每天有两个小时在车上度过，交通广播成了大家车轮上的伴侣。这个受众市场十分庞大，交通广播不仅播报路况交通信息，同时也做商业广告、寻找美食等大众栏目，拥有大量的听众。鉴于此，诸多商家选择在交通广播做广告，包括"汽车""餐饮""家具""电器大卖场"等，他们利用交通广播平台或二者联手做一些促销活动，交通广播就成了店名语言传播的一种延伸媒介。广播媒体以其特有的"无处不在""如影随形"的优势使它在电子传播媒介中始终占有一席之地。

二、电视媒介的利用

电视媒体就是指以电视为宣传载体进行店铺信息传播。与其他媒介相比，电视媒体具有以下优势：传播画面直观易懂，形象生动，具有极强的现场感和真实感；传播覆盖面广，受众不受文化层次限制，在家庭小群体中影响十分巨大。电视媒体的不足之处是线性传播，转瞬即逝，保存性差。但是这种声画合一的传播特点可以对受众"动之以情，晓之以理"，产生独特的潜移默化的传播效果。

店家借助电视媒体进行广告宣传的方式主要有两种：一是选择在电视栏目中插播广告进行宣传，由于广告时间有限，这种宣传方式比较简单、概括；二是通过具体的电视栏目进行详细传播。比如我国的《舌尖上的中国》、日本的《寿司之神》等纪录片中就记录了不少商家及其产品；当下特别火的电视栏目《寻找美食》对餐饮店铺进行全方位宣传，收到很好的传播效果。

图4.14 2017年7月摄于北京市南锣鼓巷

图 4.14 中的"阿文·蟹黄蒸包"则把电视媒体与网络直播技术结合起来，在店铺牌匾下方安装一台数字电视，反复播放央视 CCTV-1 对他们的产品蟹黄包的制作工艺、流程及营养价值的介绍。并且直播厨房，这种强烈的视听觉冲击力使广告宣传具体化、生动化、形象化而且具有真实的现场目击感，以其广受欢迎的直播形式增强了广告的可接受性，使得游客不得不停下脚步排队等待品尝。

三、网络媒介的利用

电脑作为网络媒介，一问世即倍受青睐，发展迅速。其集声音、图画、文字、影像等各种符号于一体，又融半导体技术、电子技术、视频技术、通信技术、软件技术等各种高科技于一身，几乎无所不包。其高度的综合性、充分的交互性、方便性和快捷性特征使买卖双方可以在通信线路上进行自由选择和自由传送，不分地区、不论国界，随传随至，打破了实体店名符号的时间和局域传播限制，无限地扩大了店名传播范围，既方便快捷，又省钱省力。

淘宝、京东等电商看到了网络商店的无线商机，纷纷搭建网络店铺平台。首先对网店进行推广，有计划地进行网络传播广告活动，让客户"知道我们"；其次是网店的营销，利用有效的促销手段促使交易成功，达到让顾客"选择我们"的目的。这种网络店铺一定程度上打破了传统店铺的地域局限，催生了青年一代创新创业的意识，开发独特创意的店铺，活跃了商贸市场，丰富了商贸文化。倒逼很多商家以自己的实体店铺为基础，同时开网店经营，借助网络媒介对自己的店名、店铺进行宣传。这种线上线下的有效对接，收到很好的传播效果。

美团、糯米、饿了么是我国较大的团购网站。饿了么是中国最大的餐饮O2O平台之一，创立于2009年4月，以"Make Everything 30min"为使命，致力于用创新科技打造全球领先的本地生活平台，推动了中国餐饮行业的数字化进程，将外卖培养成中国人继做饭、堂食后的第三种常规就餐方式。截至2015年7月，饿了么已进入超过260个城市，累计用户近4000万，加盟餐厅近30万家，日交易额超过6000万元，超过98%的交易额来自移动端，为餐饮店名传播开拓了移动网络平台。糯米网主要在美食、电影、酒店团购方面提供优惠服务。美团网打着"吃喝玩乐全都有"的宣传口号，遵循的是"消费者第一，商家第二"的商业价值观，为消费者发现最值得信赖的商家，让消费者享受超低折扣的优质服务；同时为商家找到最合适的消费者，给商家提供最大收益的互联网推广。以上二者为各种店铺业务的拓展提供了更多、更快、更好的发展空间。

四、移动互联网及社交平台的挖掘利用

移动互联网采用国际先进移动信息技术，整合了互联网与移动通信技术，将各类网站和企业的大量信息及各种各样的业务引入移动互联网之中，为企业搭建了一个适合业务和管理需要的移动信息化应用平台，提供全方位、标准化、一站式的企业移动商务服务和电子商务解决方案。

移动互联网的优势特点有"小巧轻便"及"通讯便捷"两个特点，决定了移动互联网必将超越PC互联网而成为互联网发展的趋势。具体如下。

高便携性：除了睡眠时间，移动设备一般都以远高于PC的使用时间伴随在其主人身边。这个特点决定了使用移动设备上网，可以带来PC上网无可比拟的优越性，即沟通与资讯的获取远比PC设备方便。

隐私性：移动设备用户的隐私性远高于PC端用户的要求。不需要考虑通讯运营商与设备商在技术上如何实现它，高隐私性决定了移动互联网终端应用的特点——数据共享时既保障认证客户的有效性，也要保证信息的安全性。这就不同于互联网公开透明开放的特点。互联网下，PC端系统的用户信息是可以被搜集的，而移动通讯用户上网显然是不需要自己设备上的信息给他人知道甚至共享。

应用轻便：除了长篇大论，休闲沟通外，能够用语音通话的就用语音通

话解决。移动设备通讯的基本功能代表了移动设备方便、快捷的特点。

庞大的用户规模、超高的用户使用黏性、用户活跃度以及精准传播的特性，使移动互联网搭建的微博、微信平台成为移动营销的新阵地。企业和店家纷纷开通自己的微博、微信账号，加入微博、微信营销的移动网络营销时代。

（一）微博传播平台

微博是在网络博客基础上研发出的新的传播方式，是一个基于用户关系的信息分享、传播以及获取平台，用户可以通过 Web、Wap 以及各种客户端组建个人社区，并实现即时分享。微博实现了网民从被动的互联网信息接收者向内容生产者和发布者的身份转变，及时表达自己的观点和看法。

微博最初起源于美国的 Abvious 公司于 2006 年年底在 Twitter 网站推出的，用户无须输入自己的手机号就可以接收和发送信息服务。我国在 2007 年先后出现了饭否、腾讯滔滔、叽歪等微博产品和社交网站，但由于小众化的运营路线，最终没能形成气候，相继关闭退场。2009 年 8 月，中国门户网站新浪网推出了"新浪微博"内测版，成为国内门户网站中第一家提供微博服务的网站。至 2010 年，中国新浪、搜狐、网易、腾讯均开设微博服务。

微博的传播优势如下。

1. 即时信息发布

微博的发布和接收不受时间、地点的限制，只要有网络覆盖的地方，用户登录个人微博账号写作完成即可实现一键发送，方便快捷。

2. 实时的信息搜索

与传统的搜索引擎相比，微博搜索到的信息更加实时、相关性更强。

3. 传播的互动体验

微博信息发布者可以获得接收者的评论、转发或点赞的反馈，这种反馈机制是能够激发传播者、接收者和传播行为的有效机制。

4. 开放的社交平台、互相关注的便利

微博向所有网民开放，任何人都可以发布自己的立场观点，都可以看到所关注的微博内容并进行反馈。这吸引众多网民加入活跃的微博世界，有各个行业、各个领域的精英、知名人士、各路明星都对平台用户开放。

5. 粉丝经济效应

微博的经营主要看博主的受关注度、粉丝数量、博文的转发数量等，因此，主要靠"吸粉"赢得关注和盈利。

一些商业主充分利用名人的"吸粉效应"，加关注、积极发言评论、转发，也不失时机地发广告宣传自家店铺及所经营的产品，利用微博这个碎片化自媒体的便利操作及其粉丝经济效应达到广告宣传的目的。

微博广告营销实现多元化，传播互动性强。微博不仅在文字信息处理上具有很强的优势，而且作为一个营销传播平台，可以实现文字、声音、图像、视频等多种手段进行产品的展示与品牌的推广。丰富的信息表达方式和手段，使得广告信息容易博得用户的喜爱，产生良好的广告效应。

（二）微信传播平台

微信的设计理念来源于滑铁卢大学的 Kik Interactive 学生组合，2010 年10 月正式登陆苹果商城和安卓市场，Kik 应用程序是我国微信的雏形和最初的启蒙。[20] 从 2011 年 1 月发布的能免费发送照片的第一个版本，到 2011 年5 月的语音聊天第二个版本的研发，再到 2011 年 10 月的摇一摇、2012 年 4月第四版的朋友圈登场、2013 年 8 月第五版的微信支付与游戏功能上市、2014 年 1 月的微信红包功能，微信作为即时通信工具、社交工具、新闻资讯获取工具、移动金融工具，提供各种公共与娱乐服务，"微信，是一种生活方式"已经成为现实。

微信的传播优势如下。

1. 实现精准的广告营销

微信之所以能够实现精准营销，主要来自三个方面。首先是微信用户的真实性，尤其是微信用户朋友圈，是基于用户生活工作中真实关系而建立的，通过绑定手机号的方式，为营销者提供了一个直接与用户对话的渠道；其次，微信公众号是用户自愿主动选择关注的，这些公众号发布的信息，应该是用户感兴趣的、想要了解的，阅读的可能性就会提高；再次，微信的 LBS 定位为精准信息推送创造了前提，在现实中，根据用户所在的地理位置推送相关信息，具有良好的广告效果，用户参与购买消费的可能性最大。

2. 广告营销，随时随地，不受时间空间的限制

移动互联网时代，碎片化成为新的市场特点，消费者时间的碎片化，场景变换的快速性，快餐式消费，快餐式阅读成为新的时代特征。精准地投放广告，让朋友在刷朋友圈时发现一两个图文并茂富有创意与内涵的广告，在

20　杨中举,公衍梅,路双.微传播研究[M].西安：西安交通大学出版社,2016:139.

自己关注的微信公众号推送自己关注的一条信息，真正实现"广告，也可以是生活的一部分"。

（三）微博与微信的媒体差异性

从传播范围上来说，微博的传播范围要比微信大，因为博友之间的关注不需要熟悉，只要是网友都可以加关注；而微信好友之间的关注是基于熟人之间的，范围相对比较狭小。从传播效果上看，微信的传播效果要好于微博。因为博友之间的关系相对松散，他们之间的信息传播更像是借助微博平台的大众传播，相互之间的关系比较脆弱，信息的可信度会受到一定程度的质疑；而微信好友之间的关系比较熟悉、紧密，他们之间的信息传播更像是借助手机媒介的人际传播，相互之间的信任感比较强，有一定的忠诚度、黏性和高关注度。从电子商贸类型来说，微博上的店名宣传属于粉丝经济，借助粉丝的庞大数量赚取关注度；而微信上的店名宣传属于社群经济，基于一种平等友好的社群关系。

总之，微博与微信营销之所以备受关注，就在于其拥有比其他媒体更高的广告营销价值。传统的"以生产为中心"的营销观念，已经向"以客户为中心"的营销观念转变。而微博、微信上巨大的用户规模、极高的使用黏性，使微博、微信拥有庞大的广告营销群体。据调查显示，微博、微信用户与我国网购用户的重合度较高。他们的购买欲望旺盛，属于社会的中坚消费群体。

未来，网络空间传播或将成为店名传播的主要传播趋势。

第五章　店名文化传播类型

美国语言学家萨丕尔认为："语言的背后是有东西的。语言与文化是紧密联系的。"[21] 我国著名语言学家罗常培在《语言与文化》一书中也说："语言文字是一个民族文化的结晶。这个民族的过去文化靠着它来流传，未来文化也仗着它来推进。"[22] 可见，语言与文化的关系十分密切，语言是文化的表现形式，文化是语言所传播的内容。

我们把店名看作一个系统，这个系统内部包括专名和区别名，这个系统的外部同文化、历史、社会、生活等有着广泛而深刻的联系。前者的关系网络表现为店名文化的显性的、表层的形态，后者则积淀成店名的隐性的、深层的内涵。把表层形态和深层内涵之间的对应关系揭示出来，正是店名传播研究的一个重要目的。

店名从形式上看是一组词，词语是店名的主要表达载体，店名的内容就是词语所蕴含的社会文化。词语是语言诸要素中最为敏感、内涵丰富、能反映民族文化特征的部分。某些义项来源于传说、典故、诗文语句，在日常对话中并不常见，但是却反映了我国悠久的历史和文化。我们在解读词语背后的社会文化时要结合民族语言特有的意义空间，否则可能会出现鸡与鸭对话的尴尬。

比如《警世通言》第三回："天上乌飞兔走，人间古往今来。昔年歌管变荒台，转眼是非兴败。"乌鸦自然是在空中飞的，可是兔子怎么会在天上"走"呢？"乌飞兔走"又与"人间古往今来"有什么关系？这源自中国古代的一个传说，讲到太阳中有"金乌"，月亮里有"玉兔"，因此后人以"金乌""玉兔"分别指代日、月，"乌飞兔走"形容时光流逝。再如《金凤钗》第一折："今日才得文章济，我如今脱白换绿，挂紫穿绯。"脱去白衣，换

21　萨丕尔【美】.语言论[M].商务印书馆，1985:87～196.

22　罗常培.语言与文化[M].北京大学出版社，1950:69.

上绿袍，究竟是什么意思呢？这与我国古代的服饰制度有关：古代人们的身份、地位、官职大小与所穿衣服的颜色款式是一一对应的关系。等级严格的服饰制度始于唐代初年，规定白衣为庶民之服，"三品以上服紫，五品以下服绯，六品、七品服绿。"（《旧唐书·舆服志》）唐代考中进士并通过吏部筛选，一般即可出任六品、七品的县令，因此后世称应举登科为"脱白换绿"。而紫、绯两种颜色则是五品以上的大员所穿，故后面一句"挂紫穿绯"也是以服饰之色，来表示官位的高升。以上两例中的"乌""兔""白""绿"等词语都包含着丰富而独特的民族文化，这些文化内涵已成为这些词语的一种相对固定的意义，人们对其倘若仅仅停留在字面意义的理解上，是无法达到交际的目的的。

当然，店名的主要传播目的是说服对方，得到受众的认同，太过高深和晦涩难懂的店名比较少见，从我们的语料来看，店名文化主要是一种通俗文化、大众文化，更多地表现为雅俗共赏、城乡结合、中外融合。因此，按照一个标准彻底地对店名文化进行分类并不容易。我们力求本着多样化的原则，以店名呈现的主要文化特色为准，将店名进行泛泛地分类，其中难免有交叉和主观意愿色彩。我们尝试从中国传统文化、当代流行文化、民族和地域文化和网络电商文化四个方面进行分析。

第一节　店名与传统文化传播

中国传统文化 (traditional culture of China) 是中华文明演化而汇集成的一种反映民族特质和风貌的民族文化，是民族历史上各种思想文化、观念形态的总体表征，是指居住在中国地域内的中华民族及其祖先所创造的、为中华民族世世代代所继承发展的、具有鲜明民族特色的、历史悠久、内涵博大精深、传统优良的文化。中国传统文化体现在语言文字、文学作品、影视艺术、建筑、民情民俗、生活习惯、商业往来等方方面面。从文学、艺术、民俗的视角研究传统文化是研究者常用的方法，成果丰硕。但是店名因为其载体话语本身的局限，从店名传播符号的视角研究中国传统文化的可谓凤毛麟角。

我们根据店名语料的分类整理，尝试从以下几个方面来进行探讨。

一、店名中的"家文化"

在中国人的传统观念里，"家"既是中国社会结构的基本单元，也是整个社会价值体系的基础。中国传统文化强调"修身、齐家、治国、平天下"，讲究"厚人而同厚家，厚家而同厚国"。这种"东方式"思维理念逐渐渗透到社会的各个领域和层面，逐渐演变成一种"家文化"。

古时候，我们更多地强调"家长""家规""家训"，无论从家庭教育还是社会行为上建立一种规范，约束人们的思想和行为。现代社会，人们更注重用亲情的理念搭建家人间的沟通，通过"家文化"的熏陶和感染，让成员有一种强烈的归属感，激发自身积极性和创造性，从而形成强大的向心力和凝聚力。

店名中就有一部分体现了这种"家文化"，如"一家人美食城""外婆家石锅香""如家水饺馄饨""妈妈味道家常菜""家味道水饺馆"等，营造出温馨和谐、以诚相待、互相关爱的家庭氛围。这种"家文化"，店名是从以下几个方面来体现的。

（一）营造家庭氛围

家庭给人一种温暖、温馨、和谐之感，无论是谁，无论工作有多忙，最终都想回家。尤其在当下快节奏的生活中，人们对家的渴望越发浓烈。有些商家打着"家"的亲情招牌来吸引顾客，给顾客一种家的感觉。如"王记东北幸福人家""金牌家常菜""我家肉蟹煲""亲子之家""福临万家超市""一家人快餐""家乐快餐""家味道水饺馆""如家水饺馄饨""尚俺家炒鸡"等店名都预设着"到家"的含义，拉近了与顾客的心理距离和情感距离，是"家文化"的充分利用和体现。

（二）利用家庭成员称呼

借用亲人间的家庭称呼语命名店铺，是店家亲近顾客，营造"家文化"的一种策略，这种店名打破了人与人之间的情感和心理隔阂，具有浓厚的亲情味道，顾客容易受到感染。如"晋妈妈手擀面""爸爸奶吧""巧嘴妈妈中式餐厅""妈妈味道家常菜""好孕妈咪""宝贝衣柜""姐妹麻辣烫""好媳妇超市""老妈馄饨""漂亮妈妈产后恢复中心"等店名，营造出一种浓厚的亲情氛围，极易打动顾客，尤其以"妈妈""宝贝"等词语命名店铺，真的是戳到了人类情感最柔软的部位，是"家文化"的极致应用。

（三）家具家居

中国人"家"的观念强，"家文化"浓厚，就少不了装饰、打扮家的用品和用具，如家具、家居用品等，这类商品的专卖店日益增多。尽管我们主要从城市人民广场商圈采集语料，但也发现了不少此类店铺，如"怡景丽家""乐淘家具""米兰家居""嘉年华国际家居广场""红豆家具""梦之家家纺""如家小筑家居馆""宜家家居""国美家具广场"等。此类店名的店铺增多，一方面反映了人们对家庭温馨气氛的渴望和对家人的热爱，另一方面也反映了人们家庭生活水平的提高和生活层次的提升。

（四）家政服务

随着城市人们生活水平的提高和生活节奏的加快，部分人家的家务成为一个现实问题。家政市场逐渐开放和活跃，不仅解决了部分人"工作挣钱忙"和"无暇顾及家务"的现实矛盾，也解决了部分人员的就业问题，尤其是更多的女性选择走上了工作岗位。从店名看，家政主要表现在两个方面：一是家务劳动，如"姐妹家政""靠得住家政"；二是家庭护理，如"漂亮妈妈产后恢复中心""亲子之家""爱宝贝母婴生活馆"等。

总之，体现"家文化"的店名在语料中占有一定的席位，说明了我国悠久的"家文化"传统对现当代人们生活的深刻影响。尽管从社会的角度看经过了些许变化，但是人们对"家"的渴望、眷恋、依赖之情依然没有改变。

二、社会性别文化

社会性别是美国人类学家盖尔·卢宾最早提出的带有心理学和文化意义的概念。社会性别主要是指自身所处生存环境对其性别认定，包括家人、朋友和周围的群体、社会机构、法律机关的认定等，是生物的基本社会属性之一，也是一种文化构成物，一种特定的社会构成。

社会性别文化是社会基于男女两性生理差异而赋予他（她）们不同的期望、要求和限制，是由社会文化形成的有关男女角色分工、社会期望和行为规范等综合体现，是通过社会学习得到的与男女两性生物性别相关的一套规范的群体特征和行为方式。[23]

23　方刚.性别心理学[M].合肥：安徽教育出版社，2010.

不同的社会政治、经济和文化制度下，社会性别文化呈现不同的特点。过去，中国有着长期的"男尊女卑"传统，无论从财产上还是家庭地位和社会地位上，女性都处于从属地位。自古帝王多男性，唐代出了个武则天，被视为"逆天之举"，女性被想当然地赋予"家庭妇女"的称号。近代以来，女性的地位有所回升，有学者称是革命战争形势的需要，涌现出江姐、刘胡兰、"双枪老太婆"等英雄女性形象。但遗憾的是，并没有形成真正男女平等的社会环境。即使在国际化、信息化的今天，处于社会政治、经济和文化主导地位的仍然是男性，尽管女性有适当参与，也是鉴于一些法律和规范的要求。

这种社会性别文化的不平衡在店名中有所体现，从语料看主要表现在以下两个方面。

（一）针对女性的店铺多于男性

店名语料中明确标识卖男性用品的店铺只有寥寥几家，而从不同角度强调女性用品或女性服务的则很多，包括上面"家文化"中以称呼语命名的店铺也以"妈妈""姐妹""媳妇"居多（服装店只有一家"哥弟"，奶吧有一家"爸爸奶吧"）。标识女性用品的店铺很多，如"贵夫人""靓夫人""漂亮美媚""美丽夫人""女人花""女人秀""品味女人""女人世界""丽人衣柜""木兰女装""欧姿女装""蓝梦女子护肤瘦身"等。这虽然可以看作是当下社会女性生活地位提高的表现，从吃、穿、用、休闲等方面都关照了女性的需要，但不可否认的是，这也是自古以来女性作为"被观赏"的对象所赋予的特殊权利。"女为悦己者容"，说明女性穿着打扮好像更多的是为了取悦男性、博得认可和获得一定社会地位的手段和途径，女性会花大量的时间逛街、购物、管理家务，而少参与社会政治、经济和文化事务的管理。相反，男性则不用过于关注自身形象和家庭琐事，有更多精力投身于工作和相关的社会事务，这也是男性更容易在事业上取得成功的主要原因。事实上，这是一种性别偏见。女性负责家庭琐事一部分的购物，被看作是最易受影响的消费者，容易被说服和接受。"典型消费者"也往往被理解为"女性的"或"女性化的"。

（二）店名中的姓氏名号更多的是男性

采用姓氏名号命名店铺是我国传统的店铺命名方式，有着悠久的历史。从这类店名语料看，男性姓名远远多于女性。如"章健风干鸡""冯记全羊老店""宋三老汤鸡肴肉总店""豪大大鸡排""刘锦记龙虾大王""徐掌柜鞋底火烧""刘一锅""杨国福麻辣烫""潘记牛肉板面""明达油饼母鸡汤"等几十家。而以女性姓名命名的店铺则只有"李守娟烧鸡肴肉""杨澜衣柜""沈老太烧肴老店""青兰饺子楼"和"朱老大饺子村"五家。这与我国长期以来形成的妻随夫姓的男权社会密切相关。在女性店名中,"杨澜衣柜"是借用文化名人命名,有巧取"名人效应"之目的;而"朱老大饺子村"店主朱呈镕则取了一个极其男性气质的名字,在与男性叫板争做老大的背后,映射的是男女性别不同所体现出来的实际上的社会文化不平等。

当然,在全球化和信息化背景下,这种不平等有被冲淡的趋势,主要在网店名称上有所反应。如"莹莹的店""钱夫人雪梨私人定制""素文美丽小铺""沈太太 925 银饰店""妞妞食品专营店"等,倾向于走阴柔可爱之风;另有一些网店名走卡通风,如"猪猪美食""三只猫零食屋""灰老猫精品韩版女装店""小妖精"等带有自嘲意味的店名。这既受到国际社会性别文化的熏陶和影响,也与中国女性逐渐觉醒,主动走出家庭自主创业、参与社会管理事务的内在需求有关。中国女性具有和男性一样的智慧、阳刚之气和强健的体魄,在毅力和责任担当方面也毫不逊色,有的甚至超过男性,希望未来在店名中有更多的体现。

三、店名中祈福求祥的传统文化

中国人所认同的吉祥寓意中,无不蕴藏着深刻的中国传统哲学思想和

图5.1 摄于临沂市北城新区天津路北段

人生理想，有着深厚的文化底蕴。从中国传统文化中，可以深刻体会到思想传承的文化内涵。吉祥是中国人对万事万物希冀祝福的心理意愿和生活追求，它从一个方面反映了店铺命名者追求至善至美的本质。吉祥店名与吉祥符号的出现源于吉祥意识的产生，吉祥意识的产生来源于古人对生活的不安定感。原始人最初将图腾当作祖先崇拜，然后将图腾认作保护神，继而有了图腾符号、图形、文字、名称等。现代企业形象识别系统包括吉祥物、象征图形等在某种程度上也是源于这种图腾，店名也不例外。

几千年来，传统吉祥的图形、图案、名称具有鲜活的生命力，和我们民族的文化心理结构、文化渊源、情感表达方式有着密不可分的关系。它蕴涵着中华民族永恒的精神内涵，表达了人们驱恶除害、求吉祈福、希望健康长寿与兴旺发达等美好的愿望，是其他文化艺术的开端。人们通过以动物、植物、山水、人物、神话、传说及其组合图案，通过谐音、嫁接、比喻、象征等艺术手法来表情达意。这些吉祥寓意表现了人们对美好事物的愿望、追求、寄托和向往。不论古人还是现代人，对美好事物都一样地心存向往。

在中国人的传统心理中，好名字寓意着好的开端，借此祈祷上天赐予好运和福气。因此，商家会竭尽全力为店铺取一个吉祥寓意的名称，希望能刺激顾客，带来好的经济效益，当然这也十分契合受众的审美情感和消费心理。如图5.2中，店名"天赐福"是一家老北京布鞋店，采用祥云图案作衬托，寓意吉祥，又有几分写真的味道；"天赐"依偎在祥云之上，用大字号突出"福"字，透射出穿上天赐福老北京布鞋可以平步青云的深层内涵以及人们接天赐福的传统文化心理。图5.3中童装店名"爱儿健"，从语义上包含了"爱"与"健康"两个主题，迎合了父母祈求幸福吉祥的最原始真

图5.2 摄于临沂市启阳路

图5.3 摄于临沂市启阳路

115

切的养儿预期。店牌背景选取蓝天白云、孩子快乐幸福的表情动作、草坪鲜花等层次感鲜明的广阔画面和大眼鱼的可爱形象，为孩子描画了一个充满爱与幸福快乐的成长环境，从视觉和情感上产生强烈的吸引力。

在中国传统的文化背景和共通的意义符号空间下，迎合受众选取幸福吉祥的店名是店铺命名的主流。这些店名构成了城市街头特有的中国传统文化。如"东来顺""大赢家""亨达利""金利来""老凤祥""天丽""天天过年""家和万事兴""百世吉""福大家超市""家家福超市""香港福娃""丽源""靓脚丫童鞋店""丽人行""阳光贝贝""好孩子""亲亲宝贝""好妈妈""漂亮美媚""旺万家""永胜批发部"等，都从不同角度表现了店家对万事万物祈求顺利、兴旺、吉祥、幸福、美好的愿望，是中国幸福吉祥的传统文化在店名领域的具体展现。

四、店名中逐金尊贵的传统文化

尽管我国古代社会重农抑商、重义轻利，商人的社会地位不高，但是金钱仍然是人们借以跨越身份到达富贵地位的重要基础，甚至是衡量一个人的社会地位的重要标尺。现代市场经济环境下，不断取得和积累更多的财富成为商业活动的重要目的，富足、达贵是大多数人追求的生活目标。

受此影响，店家往往在店名中直接表达出对金钱财富的追求。如"银基典当""万发大酒店""聚源酒家""银座商厦""鑫源酒店""鑫鑫""艺鑫""金盛源""隆盛典当行""昌源""旺万家"等，反映了店主追求兴旺发达、赚取更多财富的美好心愿。

"小王子酒店""大富豪足浴""贵妃化妆品""人中王"（如图5.4）"罗马皇宫洗浴航母""英皇娱乐宫""御香园肥牛""皇朝家具""杨家宫廷膳食"等店名，则体现了一种身份认同和对华贵生活的追求。这些店名的

图5.4　摄于临沂市羲之路

预设含义是彰显消费者的显耀身份和荣华富贵的生活方式和生活习惯，反映了当下随着人们物质生活水平的不断提高，一部分消费者的价值观、生活观发生了一定的偏离，多以物质财富作为衡量自己和周围人是否成功的主要标准，缺少精神层面的社会关怀，在价值追求上偏向于对富贵奢华生活的向往和对宫廷文化的迷恋追求，以此获得身份认同。

这些店家的存在与兴盛，反映出在一些人的内心深处，仍然存在着互相攀比以及对封建帝王富贵豪奢生活的向往，是中国几千年的封建帝制对人们产生的根深蒂固的影响。

五、店名中的数字文化

借助数字可以表达深刻的哲学思想和人生理想，也是店家表达传统文化的又一种叙述方式。数字在中国文化中具有约定俗成的寓意，从老子的"道生一，一生二，二生三，三生万物"，到后世人们赋予不同的数字以特殊的含义，逐渐形成特定的数字文化。店家借用数字词来命名店铺、表达其经营理念，迎合了人们传统的"道法自然""天人合一"思想。图5.5中的店名可读作"哆来咪"，也可以看成"123"，是临沂市区启阳路上一家孕婴店，选择简单的数字、音乐符号，无论对孕妇还是儿童，都能够产生强烈的共鸣，起到很好的传播效果。在语料中还有很多以数字命名的店名，在此不再一一赘述。

图5.5 摄于临沂市启阳路

六、店名中的市井俚俗文化

市廛是指商肆集中的地方，古代也称作"市井"。《管子·小匡》曰："处商必就市井。"尹知章作注对"市井"解释曰："立市必四方，若造井之制，故曰市井。"市井含有"街市、市场"以及"粗俗鄙陋"之意。市井文化是中国文化发展历史的特殊类型，具有广泛性、通俗性和时尚型，并且有人文性特点。

市井文化是某地区街巷中低层百姓的文化，是具有生活气息的、传统的和经久不衰的特色文化，是一种不登大雅之堂的通俗甚至粗俗的文化现象。但在城市化加快进程中，市井文化成为人们追寻过去那种原始、质朴和纯真的生活方式而认同的一种文化现象。比如，沿街叫卖的小贩操着各种腔调和韵律的呼唤声；街头各具特色的小吃店；路灯下被围观的牌局和棋局；夏日晚间街头躺在摇椅上摇扇聊天喝茶的市民；吹糖人、捏面人的传统手工艺人；简易廉价的理发店……这些都属于"市井文化"的范畴，具有独特的审美价值与美感。

"俚俗"指世俗、民间，也指粗俗、不高雅。言及"俚俗"，即会让人产生"粗鄙庸俗""不文雅"之类的联想，但并不尽然。其实我们还应该想到"民俗""土俗"之类的含义，甚至专指通俗浅近的"俚语""俚歌"和方言俗语，是我们所说的通俗文化、大众文化。无论古今，被称为"阳春白雪"的高雅文化与被称作"下里巴人"的通俗大众文化是不可分割、并存不悖的两大文化体系，二者缺一不可。俚俗文化是贴近大众的、流行的文化，对人们的日常生活影响巨大。

在民间有起贱名的习俗，人们认为越是俚俗的名称越能兴旺发达。其实是命名者打破了人们求吉求福的传统表达方式，顺应了人们的逆反心理，反其意而用之，店家以一种违背常规常理的表达手法给店铺命名，对激起人们的好奇心，博得顾客挺身一试具有一定的诱导作用。或许还与互联网时代人们喜欢调侃、不好好说话有关，尤其是互联网环境下成长起来的青年一代，不调侃无以表意。追求俚俗的店名有"山妞土特产""王小二炒鸡""陈傻子海鲜""丑小鸭理发""笨笨网吧""胖姐烧烤""标榜""布闲胖""劝君上当，上当一回""等疯来""食肉獸小馆"等。

"食肉獸小馆"（如图5.6），是北京后海附近街角的一家火锅店，采

图5.6 摄于北京后海街道

用比喻的修辞方式，店名旁边配有一个骷髅头像，大张着嘴巴，与店名遥相呼应；店牌背景以黑色调为主，晚间彩色灯光一打，投射出一股神秘和诡异之感，与后海整个街区休闲歌吧、酒馆、喧闹的夜生活氛围十分契合。同时，把顾客比喻成食肉兽，既带有后现代主义的写实，也不乏互联网时代的调侃。

"付小姐在成都""比家好旅馆""如意小吃""惠民餐厅""大家食府""大众水饺店""小雨点盒饭""温情发艺""好再来餐厅""一点利商店""就这儿"等朴实、亲切的店名，传播一种普适的大众文化，给人一种亲切感，是市井文化的温馨体现。

而"沂蒙百货大楼""沂州水饺""蒙山炒鸡店""重庆火锅""沙县小吃""青岛内衣精品""韩妆""麦当劳""汉堡王"等反映平等杂居的店名，既保持了地区的传统优势，又借入了外地的特色文化，还有来自国外的商贸文化。反映了各地经济文化的交流与融合，表现了店主们对本地特色文化的充分自信，为增进各地经济文化的交流有积极的影响，为城市经济文化的发展注入了新的活力。

七、店名中的复古、怀旧与思乡文化

传统元素中的高古、优雅的意味一直以来是古人追求的参与自然、融入自然的人文情怀，两者可以搭配出优美、典雅的古风遗韵。现代社会工业化的发展，生活节奏越来越快，人们的生活压力越来越大，更多的人都希望回归自然，释放压力。当下雅典复古风格的店名盛行，是商家迎合了消费者的这一心理，追求沉稳有韵味，秉承传统风格的典雅和华贵。如"上海故事"

119

图5.7 摄于临沂市羲之路

（如图5.7），是临沂市羲之路一家旗袍店，以一种叙事的视角，让我们不禁联想起20世纪30年代旧上海的古风遗韵，以及电影《花样年华》里女主角张曼玉的种种旗袍造型，心生无限的感慨与怀念。这种怀念无疑可以激起诸多女性的怀旧情思和极大的消费冲动。

还有些店家在传统元素中加入了现代元素，呈现着时尚的特征。如店名"麻布语"（如图5.8），棉、麻是人类早期穿衣的主要面料，这种衣品含有朴素、古典、雅致的元素，商家采用拟人的创作手法，似乎在跟古人对话、跟历史对话、跟传统对话，引发顾客诸多遐想，沉浸在典雅复古的遐思中。另外，店牌背景采用简单的灰色横条纹，店名下面用每个汉字拼音的首字母大写，具有中英文结合的时尚感。更多的商家不仅把店名环境装饰得幽静高雅、古色古香，而且选用古语词或具有文化意蕴、雅情意趣的词语作为店名与之相配，极力营造高雅、温馨、幽静的环境。如"风雅颂""帆影阁""归元寺素菜馆""黄鹤楼书画社""琅琊大酒店""太平洋海鲜城""毕升楼大酒店""蒙山沂水大酒店""九州美食园""扬子江酒

图5.8 摄于临沂市启阳路

店""富冈拉面""百老汇"等，选用自然或历史文化元素展现了人们亲近自然、回归传统的强烈心愿。

怀旧思乡首先是一种心理现象，表现为美化"故乡"、夸大"过往"的人和事的优点而忽略其不足的心理历程，并呈现出"想象胜于实际"的特征。从更深的心理学层面分析，怀旧隐含着人的一种心理防御机制。人之所以怀旧，是因为冲突，这种冲突可以是内心的，也可以是外界的。有冲突就会寻求安全保护，这是人的本能反应。而怀旧通过退行到"过去""家乡"，替代性地满足了人的本能欲求。它所造成的时空错觉，正好能以一种象征的方式带给人以安全和爱的感受。

怀旧也是一种文化现象，表现在古往今来人类文明的诸多方面。西方社会曾屡屡刮起"怀旧风"，在绘画、音乐、文学中屡见不鲜。尽管称法不同，怀旧其实也是中国传统社会的常见现象。有西方学者认为至少从公元前6世纪孔子时代开始中国就有了怀旧（乡愁）文学，《诗经》《楚辞》中一些脍炙人口的诗句，也都传达了类似的主题。

对中国社会而言，曾经一缕缕的"怀旧风"在20世纪90年代以来最终化为一股汹涌的"怀旧潮"，体现在人们的衣、食、住、行等日常生活消费领域，体现在电影、电视剧、广告、流行歌曲、店名等视听文化领域，以及体现在以"老照片""老城市"等畅销书为代表的图文出版领域。都市日常生活消费中的怀旧，表达了现代人追求多元生活方式的心理需求和返璞归真的情感选择，是生产者与商家为追求商业利润合谋的结果。

图5.9 摄于临沂市新华路

　　根据珍尼斯·多恩的看法，怀旧不仅是一种感伤情绪，还是一种修辞实践。怀旧消费不是简单的复旧，而是以现代视角主动挖掘产品中潜在的怀旧元素，对怀旧元素重新策划、设计和开发，增加文化内涵和时尚感。比如商家打造的一些怀旧餐厅，古典味十足，墙上是黑白老照片、老城市市井图、老式挂钟，桌上的老唱机里转动的是民国老唱片，书架上陈列着主题多样、风格各异的老瓷器、老相机和画册等；怀旧展品则从煤油灯到搪瓷缸，从小推车到鞋垫、布鞋、布票粮票等，简直是最鲜活的历史课堂。

　　现代都市里的人们行色匆匆，看惯了高楼大厦、听够了汽笛的喧嚣、吃惯了酒肉鱼虾，充满了对田园生活的渴望，喜欢穿布衣布鞋、吃农家饭、呼吸田野的清新空气。"青花的记忆"（如图5.10）"老布衣""塞外全羊""沂蒙咱家""粗粮炖菜馆""清新小菜"等店名，即反映了人们的怀旧情绪。"青花的记忆"是北京南锣鼓巷一家以旗袍为主的女装店，外加一些青花瓷器点缀，带有象征和隐喻的味道，是对中国经典传统文化的美好怀想，该店名容易勾起人们对时光、传统、美好的记忆情思和无限怀念。

图5.10　2017年7月摄于北京市南锣鼓巷

　　而"老北京疙瘩汤"（如图5.11），从店名看并没有明显地体现这种怀旧文化，但是在辅助的店牌宣传标语中却大做文章——"难忘妈妈做的那香喷喷的疙瘩汤，是我永不磨灭的记忆；老北京，家的感觉。"言外之意是，该店的疙瘩汤等饭菜就像是自家妈妈做的，来此吃饭等于回家品尝妈妈的手艺。这对人们的怀旧、恋家情思具有很大的煽动和诱惑力。另有"诸葛黑猪肉——三十年前吃肉的感觉"，在当今物质极大丰富下，人们的味

图5.11　摄于临沂市南坊新区广州路

蕾似乎被打了麻醉剂，无论吃什么都找不到当年那种香喷喷的感觉，这样的宣传语极易打动中老年顾客。

八、其他文化

　　动物词被赋予具有民族特色的特殊含义，在汉语中，除了"狗""鼠""驴"等几个动物词以外，大都含有褒义色彩，如"龙""马""牛"分别含有中国精神图腾和吃苦耐劳的优良品质。店家利用动物词命名，借助动物的特有属性，激发人类最原始的本能情感，体现了人与自然和谐共处与天人合一的传统文化思想。如"鹤喜利""万象酒家""海贝儿""鸡祥鱼意""躲猫猫""一尊黄牛""鹭鼎记餐厅""啄木鸟服饰""七群羊餐馆""森马""唐狮服装""河间驴肉火烧""丑小鸭理发店""八骏布艺""富贵鸟""杰米熊"等。图5.12中的店名"杰米熊"，是临沂市启阳路一家童装店，黄色店牌背景，

图5.12　摄于临沂市启阳路

汉字和英文的组合，外加两个活泼可爱的卡通杰米熊的造型，摆出欢迎光临的手势和欢呼雀跃的姿势，形成强烈的互动感，拉进了与顾客的距离。

植物给人一种自然纯粹的祥和之感，店家利用植物词命名店铺，有亲近自然，回归传统的意愿。"梅香鲜花""麦田坊""丛林商店""竹园斋""紫罗兰""火树林""莲花粥食府""麦子熟了""清梅居食府""柳泉啤"等店名，传递出一种亲近自然、绿色环保、原生态的文化追寻与情感寄托。

图5.13中的"鸢尾图书馆"，用鸢尾这种古老的植物命名，店牌图案是少数民族的文化图腾符号，后面是半遮着的太阳，下面用射灯打出的光照在店牌下前方的常青藤上，十分有韵味，契合云南植物王国的地理特征和民族文化图腾。名字看上去像是一家怀旧风格的图书馆，其实十分新潮，店面很大，图书很多，有咖啡、有鲜花饼，是一个充满浪漫气息的休闲读书场所。

图5.13 摄于云南丽江古镇

在店名传播中，我们看到丰富而多元的饮食文化。"民以食为天"，中国的饮食文化源远流长，对吃十分讲究。从食材看，既有鸡、鸭、鱼、羊、牛、海鲜、蔬菜等荤素菜品，也有水饺、面条、馄饨、包子、饼、馓子、西点烘焙等主食，还有糁、粥、茶、咖啡等副食和饮品；从制作方式看，煎、炸、炒、煮、炖、烤、涮等烹饪方式齐全。如"河烤酒吧""康都炸肉""三汁焖锅""孟良崮炒鸡""元一火锅""煮满签""平衡粥店""玖玖茶饮""康康粥府""香辣大肉面""开元蛋糕"等，体现了酸、甜、苦、辣、咸、香、清淡或浓烈等多元味道，隐含的是丰富多彩的饮食文化和民俗文化。

在店名语料中，占比最多的是餐饮店，其次是服装店。服装是人们主要的消费对象之一，服装隐含着丰富的服饰文化。"童装""少年风暴""中老年人服装"等体现的是服装的年龄差异；"男装""女装"体现的是服装的性别差异；"婚纱""西装""运动休闲""比基尼"体现的是服装的语境差异；"棉""麻""丝绸""化纤"等体现的是服装的面料与质感；"玖姿""凯撒""耐克"等体现的是服装的品牌和相对应的服装档次。我国唐代曾明文规定：老百姓只能穿布衣，六、七品官员穿绿色官袍，四、五品官员穿红色官袍，三品以上大员服紫色，而黄色系列则是皇帝的专享。由此可见，服装与人的身份地位有着千丝万缕的联系。今天人们注重服装品牌，追逐品牌文化，也是身份认同的一种重要方式，其背后彰显的是中国深厚的服饰文化传统。

由以上店名中体现的中国传统文化可以看出，尽管新时期新事物不断出现，但是传统文化影响下的传统心理模式却无法在短时间内改变。这种传统的心理模式仍然是影响人们生活的主要内在原因。

第二节　店名与当代流行文化传播

20世纪90年代开始的中国社会转型，从根本上改变了中国的基本生存空间和日常生活方式，也冲击着中国传统文化的表达方式，当代流行文化逐渐占据了文化发展的主流。

当代流行文化最主要的两大元素：一是时尚，二是个性。时尚文化与人们的关系愈来愈密切，时尚构筑了都市现代化的一道亮丽风景，成为现代人和都市的标志性符号。时尚折射着政治、经济、文化的发展和时代变迁的痕迹，时尚文化与商品经济、传媒经济密不可分，推行享乐的非精神原则；而个性强调与物质特性相对立的精神特征。但是现代审美文化中，时尚与个性被混为一体，艺术个性往往融于时尚文化和日常生活中，个性在时尚文化语境中处于逐渐被消解的危机。时尚与所处的时代相一致，个性却可以是反时代的创造性存在，它是时代的反叛精神和对大众审美同质化的批判。时尚与大众心态紧密联系，在工业文明时代更显示了人们欲望的膨胀。个性以发掘自身潜能而显出独立的审美观念，时尚却以大众化整合审美观念。[24]

以时尚与个性为主基调的当代流行文化在店名中有诸多表现。部分经营者为了迎合时代发展潮流，打破传统文化的种种规范和束缚，创造有新意、有个性的店名，增加时尚色彩和诱惑力，以招徕顾客，提高经济效益，突出表现在对传媒文化、外来文化、浪漫个性文化、健康休闲文化、品牌文化、民间培训教育和消费文化的传播利用上。

一、店名中的传媒文化

传媒文化是一种有别于传统的书籍文化单一性的文化形态，包括音乐、电视、电影、电台、报纸报刊、博客、SUNTV、网络直播等，在当代社会中以其不可抗拒的强大力量影响着人们的生活，几乎是人们生活方式的风向标。城市街头的店名作为一种广告和宣传语，深受传媒文化影响。

店家借助传媒文化的强大引领力和宣传张力，模拟某个有较大影响力的传媒产品命名，以吸引顾客光顾。如中国传媒大学西门附近有一家茶水店叫"董小姐の贡茶"（如图5.14），就是借助歌手宋冬野的原创歌名《董小姐》

图5.14　摄于中国传媒大学西门

24　翟凯威,刘红伟.现代审美文化中的时尚与个性[J].美与时代，2004(12).

而命名，这首歌曲描写了作者偶遇心爱的姑娘，二人热烈地相爱，却因为作者家境条件有限，达不到姑娘父母的期望而备受挫折却永不放弃的经历与感受，十分契合当下年轻人所面临的婚恋现实主题而引起共鸣。这家茶水店因此而受到传媒大学学子的热捧。

在信息社会里，传媒文化即是流行文化、时尚文化，这种文化对人们的引领力、影响力和冲击力十分巨大。借助传媒文化样态命名的店名越来越多，如服装店"W.A.7＋2"模仿央视曾经的电视栏目"非常6＋1"；美发店"2046飘一族"借用巩俐、章子怡主演的电影《2046》。当然，流行文化传播有热度也有速度，这些流行的影视元素很快就会被更加新颖的元素所代替，尤其在大众文化泛滥的当下，其更新的速度惊人。据笔者的持续观察，上面这两个店铺存在了不足两年。

当然，有一些流行元素带有人类共同的朴素的共鸣情感，即使已经过去多年，仍然可以唤起人们的关注。如歌曲"快乐老家""雾里看花""七里香""生如夏花"等被用来充当店铺的名称，有一种缠绵的怀想和恋旧情绪，这不仅有助于树立店铺的艺术氛围，更以艺术的经典传承陪伴顾客，取得很好的传播效果。

二、店名中的外来文化

随着改革开放的深入，我国各地文化均受到外来文化的冲击，表现在人们的衣、食、住、行各个方面，甚至影响到人们的审美观、社会观和价值观。很多商店的命名开始趋向洋化，营造一种陌生化环境，以迎合人们对外来文化的好奇、喜欢甚至是崇尚，以招徕更多顾客。

有些用外文或异域文化命名的店铺，含有深厚的文化底蕴，别致新颖，有耳目一新之感，如"曼哈顿咖啡语座""诺曼底KTV""柏拉图1·2·3"等。曼哈顿(Manhattan)是美国纽约市人口最稠密的一个行政区，是联合国总部和纽约市中央商务区所在地，汇集了世界500强中绝大部分公司的总部，是美国的经济和文化中心。店家借助曼哈顿这个世界级大城市的商业影响力给咖啡馆命名，暗含着这里是洽谈生意的理想去处之意，该店在临沂市区中心干道已经经营了20多年，仍然生意兴隆、屹立不倒。诺曼底是法国的一个省，地处法国巴黎与海滨之间，交通极为便利。在第二次世界大战中，盟军在诺曼底战役中登陆成功。店家以此命名KTV，既有一定的历史人文元素，还有在此欢庆成功的言外之意，收到很好的传播效果。而柏拉图是古希腊伟大的哲学家，也是全部西方哲学乃至整个西方文化最伟大的哲学家和思想家之一，比较注重人的灵魂研究。店家以其作为服装店名，意在表明服装的品质和思想，注重人的气质和精神内涵的塑造。

外文店名从内容看存在良莠不齐的情况，除了上述具有一定文化内涵的店名外，许多外文店名纯粹是盲目跟风，并无实际含义，只是外语词的语音描摹或者生硬的翻译。如图5.15，店名并未说清楚该店是干什么的，进店一看才知是女装店。大概女装多追求流行、时尚、洋气，崇尚新颖多变和熟悉的陌生化感觉。如"雅梵娜""德菲蒂奥"，一看店名容易跟洋货产生联系，满足人们的崇洋心理，勾起购买欲望。此外还有"依加米""安朗童话""亚孜·特""香榭丽舍""歌莉娅""Puella""Sefit色非"等，尽管经营的产品都是正宗的国货，但还是要起一个洋味十足的店名，不得不说这种店名有标新立异、哗众取宠之嫌。但这些正是目前最大的消费群体——新时期成长起来的追求时尚个性的青年一代所追求的。

图5.15　摄于临沂市启阳路

三、店名中的浪漫个性文化

浪漫、理想是人类精神的不懈追求，是人类超越物质层面的高级享受，尤其在物质极大丰富的当下，每个人的消费里都有着浪漫美好的理想与精神追求，人们更注重精神和情绪消费。店家迎合这种需求，在店铺命名及其装饰上添加了许多温馨的元素，搭建一个浪漫的情感交流空间，洋溢着时代的风采、青春的梦幻。店名"小象同学的泰式水果茶"（如图5.16）"我的小巴黎""付小姐在成都"等以故事讲述的方式命名店铺，带有强烈的交流感，在匆匆忙忙的人流中显得浪漫而温馨。"舌尖上的童年"是一家儿童综合食品店，各式糖果、巧克力、饼干、膨化零食应有尽有，店名仿拟大型纪录片《舌尖上的中国》命名，借势传媒文化，唤起人们美好的童年幻想。"阳光吉他学校""雨轩谷""嘉年华""上岛咖啡语座""秀丝家园发型设计中心""秀水坊""绿色奇迹（艳服）"等店名也映射出浪漫温馨的理想文化。

图5.16 摄于北京市南锣鼓巷

当下的时代是一个打破中规中矩、追求个性、张扬个性的时代，个性意味着独特、发展和希望。作为张扬个性文化的广告语之一，店名是个性思想的直接表达。当然，店名作为城市街头公共领域里的社会用语，个性的张扬是以主流文化价值为引领，以社会道德为基线的。有的店名直接表现个性，如"朕的茶"（如图 5.17）"个性形象设计中心"。尽管"朕"在很长的一段历史时期是皇帝的自称，但是从词源上讲，其本义是第一人称"我"。所以"朕的茶"既可以理解为"我的茶"，又可以让更多的人联想到"皇帝的茶"。在个性张扬的时代以皇帝自居，颇有一种唯我为王、唯我独尊、唯我独享的霸气感，符合个性青年的欣赏口味。

图5.17　摄于北京市南锣鼓巷

有的店名打破了我们的日常思维模式，追求不合常理的个性，如"星期八""361 度"。我们的星期制度只有七天，空间圆周只有 360 度，这是一般常识。可店家偏偏打破了这个常规，反而能够引起人们的无线遐想，凸显个性、别有韵味。

有的店名为了追求个性，甚至以牺牲文雅、体面为代价，如"等疯来"（如图 5.18）"无饿不坐""醉大饿极酒店""挺乃儿美容美体""塑料炸弹""为女疯狂"等。尽管这些店名有意采用谐音手法，原本是为了吸引眼球，极力彰显个性，给人留下深刻印象，但是作为一种社会用语，有损城市文明形象。现代生活进入了工业品消费时代，现代审美文化中审美的生活化使得个性被极度滥用，个性与时尚常常混为一体。人们以张扬个性来展示时尚，以时尚标榜个性。尽管我们的社会文化要雅俗共赏，多元化共存，但是这种不文雅的店名还是不用为妙。

荣格指出，个性化是一种自律的、固有的过程，在个性的探寻过程中，原创性的艺术作品无疑具有一种个性的表露。随着这种原创性的艺术作品被

图5.18 摄于北京市南锣鼓巷

大众认同，逐渐地时尚大众化。正如临沂市的两家店铺，以黑色或灰色的普通店牌，在左下角和右下角用很小的字体书写店名——"明洞""初秋"（如图5.19），在这个喧嚣张扬的时代，在绚丽多姿的店名群里，这个店名极不起眼，是对自己衣品的过于自信，还是个性的另类探索？在个性泛滥的当下，最简单的或许成为最张扬的解释，映射出当下人们精神评判的二律背反。

可见，时尚、流行、个性与传统有时候能够达到和谐统一，更多的时候是一对难以协调的矛盾。一方面，对现代文明厌倦的人们寻求原始的与工业文明隔绝的"世外桃源"，解脱

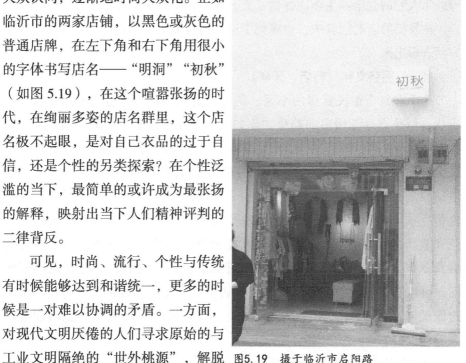

图5.19 摄于临沂市启阳路

身心的疲惫，以求心灵创伤的慰藉和暂时的自我回归；另一方面，人们又向往高度的物质满足。这种内心的矛盾正是现代人们的痛楚。荣格所指的个性化的自律性，在消费时代已经被人们对时尚元素不断膨胀的欲望所破坏，我们很难做到古代圣贤的超脱境界。现代传媒控制着人们的思维，时尚文化构筑了人们被迫接受的现状。人们在被时尚抛弃的危机境遇中筋疲力尽地追赶

时尚。当代审美文化普遍存在着以追求新景象、新风格为目标的现象。但是，所谓的"新"与创新、个性的真正含义相背离。因为"新"成为目标后，在无限的新旧替换中，并不能真正实现自我个性和个人风格。[25]

四、健康休闲文化

随着社会的发展，国家倡导的"全民健身"健康养生理念逐渐深入人心，人们的健康意识、休闲文化意识越来越浓烈。社会公众对健康的关注度不断提升，健康文化传播价值得到较为充分的发挥，健康休闲文化传播形式与内容也越来越多样化。比如利用报纸、杂志、电视、广播、互联网等媒介渠道进行传播分享；也有许多休闲、养生的场所，比如温泉、音乐咖啡厅、茶舍等，为人们的健康养生休闲提供了充分的空间和理论参与。

在我们的店名语料中，也窥到了这一流行文化的情影，主要从以下几个方面表现出来。

（一）医药文化（药店、牙科）

几乎在每个市民聚居的小区、街道或沿街店铺中都有几家药店和牙科诊所，似乎有逐渐增多的趋势。比如，"慧萍大药房""国仁药店""康源大药房""同仁医药""名居大药房""北京同仁堂""光华大药房""康惠大药房""博泰药店""达辉参茸药房""老百姓大药房""佳洁牙科""袁堂霞口腔诊所"等。这一方面反映了我国医药研制生产的进步和医药文化的发展与繁荣，另一方面也反映了药品和部分医疗技术在摆脱医院系统和垄断之后被推上了社会，形成社会市场的竞争。另外，在信息化社会背景下，人们获取健康信息的渠道更加多元与便利，一些常见的健康问题可以自行解决或到药店（现代药店都配有专业的药剂师）咨询解决。这既缓解了医院的就医压力，又反映了我国市民健康意识的觉醒和健康素养的提升。

（二）户外装备与健身场所

随着人们健康休闲意识的觉醒和具备能够满足此种需求的条件，户外装备和健身场所逐渐成为人们的休闲消费空间。如"庆华健身""王刚健身""乐天堂美标健身中心""汇祥健身""逸园高温瑜伽会馆""运动一族""无所畏惧户外活动""名仕台球""新发现户外活动""户外主题咖啡馆"等

---

25 肖鹰.体验与历史——走进艺术之境[M].北京：作家出版社，2003.

都体现了健康运动的主题。这些场馆的出现，说明我国体育和健康文化的普及与实践发展，也反映了我国民众在基本实现小康生活后更加注重身心放松、协调全面发展，是社会进步的标志之一。

（三）美容美发与足道

美容美发行业体现的是人们在健康体魄基础上对美的进一步探索与追求，可以看作是健康休闲文化的升华与发展。现在美容美发不仅仅是女性的专利（尽管主要针对女性受众），男性也是其中的重要成员（尽管数量比较少）。相比较而言，男性休闲更多选择足疗足道和洗浴场所，比如"良步轩足浴""良子足道""华夏足道""三奇会馆""大众浴池"等；而"青丝坊美发会所""魅力典雅美发造型""美丽妆行""馨馨然彩妆""阿斌烫染坊""美格美发"等则主要是女性受众经常光顾的地方。

（四）茶馆、咖啡、影院、娱乐城

人们的健康养生讲究动静结合，既需要户外与运动健身，也需要静下来交流思想和感情，茶馆、咖啡馆、影院和KTV等娱乐场所为人们搭建了不同的心灵交流空间，或私密或开放，或安静或嘈杂，或碰撞智慧的火花或疏导情感的交流，为协调人们的身心健康营造浓厚的文化氛围。此类店名如"和逸茶楼""上岛咖啡""曼哈顿咖啡语座""星美国际影城""橙果KTV""音乐之声"等。

五、品牌文化传播

品牌文化就是体现出品牌人格化的一种文化现象，是由抽象的品牌所创造的，产品只是具体的载体。这种现象在服饰、汽车和日用品等行业尤为明显。比如安踏提出的文化理念是"安踏，不走寻常路"，李宁品牌则提出"把精彩留给自己"的个性主张，而美容护肤产品品牌美宝莲提出"美来自内心"的文化理念。一旦某种品牌文化在消费者心智上建立起来，选用该品牌已成为消费者理解、接受、接近该文化的一种途径。

在经济社会进步，人们物质生活水准不断提高的今天，大众对品牌文化的需求也日益强烈。消费者作为一个社会人，文化正深刻地影响着他们的购买行为，通过具体的购买行为，消费者可以得到文化上的一定满足。因为在商业化社会里，追求文化满足的一个重要途径就是消费，通过消费，来试图找到某种归属感和名誉、自尊、地位等方面的认同感，乃至与自我价值联系起来。

由以上分析可知，消费者的品牌意识越来越强，那么作为商家就会尽可能地满足这种需求。许多店铺以品牌命名，如"凯撒""报喜鸟""意尔康""海澜之家""长春藤""吴裕泰""小天鹅火锅""杨澜衣柜""王羲之宾馆""鲁班大厦"等，体现了浓郁的品牌意识和丰富的品牌文化。

六、民间培训教育

尽管古时候我国流行私塾，但是现代民间培训教育是随着我国提倡素质教育政策而出现的结果，表现在三个方面。

（一）艺术素质教育

如"小天使音乐舞蹈学校""晓辉钢琴学校""建华吉他学校""巴洛克钢琴学校""毕加索绘画培训""国华美术学校""临沂蓝藝艺术学校""金雨舞蹈""现代打击乐学校"等，以培养学生音乐、舞蹈、绘画等艺术素养为主，在提高国民综合素质方面做出较大贡献。这一方面是国家倡导的结果，另一方面彰显了中国家庭的经济实力和对孩子艺术特长教育的重视。

（二）英语培训

英语作为我国的第二语言，是我们打开世界大门与世界对话交流的一把钥匙，也是争得国际参与权和发言权的重要工具。公办英语学习在 20 世纪 80 年代从初中开始，到 90 年代已经提前到小学三年级，现在更是出现了"双语幼儿园"，提前到学前教育阶段。在"不能让孩子输在起跑线上"教育理念的影响下，催生了民间英语培训市场的诞生和持续繁荣。如"临沂欧宜英语培训学校""新概念英语""新东方英语""考研英语培训营""少儿英语""托福英语""雅思培训"等，囊括了从少儿到中小学、大学、研究生以及出国培训各个层面的英语学习需求，形成一股浓厚的英语学习和民间培训市场文化。

（三）课业培训

随着人们生活节奏的加快，素质教育的推行把学生文化课的辅导也推向了民间，推向了市场。尤其是小学一、二年级的学生放学早，家长无暇或无力顾及孩子的作业情况，就把孩子送到了民间教育机构。这些机构最早以"学屋"的形式出现，放学后负责把孩子接到"学屋"，监督做作业、吃饭。后来发展到聘请专业的教师为孩子补习功课，形成补习教育机构，如"超强教育""启航教育""神墨教育""新时代百育教育""龙韵教育"等。尽管政府层面不支持商业补习教育活动，但是课业培训却像雨后春笋般蓬勃生长，形成一种特殊的民间培训教育文化。这是我国正统教育文化的补充，还是一种变异现象？这已经超出了我们的研究能力和范围，但是笔者认为这个问题值得进一步探究和考察论证。

七、网络文化传播

网络文化是以网络信息技术为基础，在网络空间形成的文化活动、文化方式、文化产品和文化观念的集合。网络文化是观察社会文化的延伸和多样化创作的集合展现，同时也形成了其自身独特的文化行为特征、文化产品特色和价值观念及思维方式。

在我们收集的实体店名语料中，出现了"百川网吧""笨笨网吧""地球村网吧""洋洋网吧""一点通网吧""摇滚网吧""好朋友网吧""酷乐网咖""花之都青苹果网吧"等九家网吧，和"极乐岛电玩城""爱尚电玩城""轩天阁电玩城"等几家电玩城，以及"e时代""动漫园""漫游世界"等动漫产品生产与娱乐场所。就店名语料显示的比例看，尽管相对于传统文化消费来讲，网络文化消费场所还寥若晨星，但是我们应该看到更多的网络文化消费是在商场内部的综合休闲区内，当然更多的消费是在移动网络端。这些网吧、电玩城和动漫园的出现，一方面反映了当下网络文化的繁荣发展，另一方面也映射了网络文化已成为人们（尤其是年轻人）娱乐和消费的重要对象。

八、店名中的消费文化

罗兰·巴特说："符号学研究的目的是使语言以外的意指系统重新建立和运作起来。"[26] 店名作为高度浓缩的语言文字符号的统一体，负载着更深层次的意义，店名作为一种语言文化现象，是人们认知活动的反映。可以说，店名表现出了人们真实的语用心理和不同的社会文化语境，折射出了人们的价值取向和世界观。在现代消费社会中，人们的消费意识开始注重所谓的"自我实现"，获取物品不再是最终目的，而是通过消费达到个性的实现，于是消费产品本身也成了一种符号。店名也迎合了消费者的消费需求，体现了一

26　罗兰·巴特.符号学原理[M].北京：三联书店，1999.

种消费文化。

当下，随着我国经济的快速发展，市场经济越来越成熟，消费不仅仅是一种行为，更是一种理念，一种文化传承，中国开始逐渐步入"消费社会"，消费文化也就应运而生。即人们在物质生产、精神生产和社会生活以及消费活动中所表现出来的消费观念、消费方式、消费行为和消费环境的综合。

（一）店名体现符号消费

社会经济的持续快速增长，生产技术的不断提高，商品的生产不仅可以满足人们的日常生活需求，而且出现大量的产品过剩的情况。人们在满足了基本的日常生活需要之后，商品的使用价值便不再是人们消费的唯一选择，而商品背后的符号象征意义成了人们主要关注的对象。人们通过消费某种商品来彰显身份、地位和气质，表现自己独特的消费品位。如明星大腕的名牌、别墅豪宅、名车、保镖等，引领着身份文化符号的消费方向。普通人在消费社会中也受到这一倾向的影响，追求一定符号意义带来的满足感，使商品的象征意义超过其本身的使用价值。

自然，商品经营者为了寻求经济利益最大化，必然将文化符号附加在商品和后续服务中。所以，在店名中加入文化符号是符号化消费文化的产物。如图5.20中的店名"炸鸡"，如果该店名只采用普通字体，便会被淹没在街道中。但是这家店名采用夸张的艺术字体，像是一对情侣相互追逐嬉戏；左边是英文解释，右边是两只可爱的逗趣鸡的动漫形象，与右下角的炸鸡情

图5.20　摄于临沂市解放路东段

侣相映衬，这种极具趣味性的符号象征意义对年轻情侣们具有很大的吸引力。再如"阿里巴巴大串"，本是一家普通的烧烤店，但是借用阿拉伯民间故事集《一千零一夜》里的主人公——樵夫阿里巴巴的名字，也与马云创立的中国第一大网络公司阿里巴巴重名，借助大家熟悉而有意味的符号彰显本店的文化气息，迎合了当下大众的符号消费品位，具有一定的吸引力。另外"AY 韩范小妖精""灰姑娘的另一只鞋"等店名也体现了消费文化符号化的一面。

（二）店名体现感染性消费

消费文化强调通过对物质的占有或是消费来达到心理层面的满足，而物质消费本身就是一种外显的行为，很容易被模仿。当下信息的发送和获取极其快速与简单，消费信息以一种前所未有的速度、力度和影响力走在时尚、休闲前沿，这与消费文化以满足大众的娱乐需求为目的相契合，采用大规模复制的方式制造出海量的满足人们感官需求的产品。一些名人的消费内容、消费倾向、消费品位等被轻易地暴露在大众面前，被大众追随模仿。店名体现了这种消费文化的感染性。

如习近平主席曾经到庆丰包子铺吃包子，大家争相去品尝，带动庆丰包子铺大火，在全国各地都出现了庆丰包子铺的分店。各种品牌大卖后，在各地开旗舰店、直营店、分店都是这种消费文化感染力的充分体现。春晚某明星的服装被网友狂搜，导致大量复制品大卖。一家销售男装的网店店名为"全民疯抢潮流男装 满 200 元包邮 陈冠希 CLOT 林弯弯包邮"，其中"陈冠希"就是流行时尚潮流的指向标，极具感染力。"杨丽萍芦荟""艺谋文化传媒公司""李宁服装""吴昕家泰国菜"等店名都具有借助名人的名气达到感染消费者进店消费的力量，也是消费文化在店名领域的极好诠释与表现。

（三）店名体现快餐化消费

现代社会发展变化的速度非常快，一是人们生活节奏在加快，时间越来越宝贵，对消费者而言，消费的便利性显得越来越重要；二是产品更新换代的速度加快，新的产品不断涌现，消费就像一股股风潮一波接一波，变化速度之快导致消费文化不能稳定、越来越快餐化，总处在不断地更新变化之中。就像民间流行的一句话——"计划不如变化快"，今天还计划买某产品的二代，但是被告知马上推出三代新品，尤其是电子产品更新换代的速度更是快到跟不上节奏。服装也是不断推陈出新，刚下定决心要买"tuki bunny 毛小兔私服店"，时尚又个性，扭头发现"Cissyma 原创设计女装品牌"也不错，更有"顽物所原创自制店 女装""希以 轻时尚 轻熟魅力 原创设计"等与之竞争。

生活节奏的加快，人们往往没有太多时间来进行比较，所以大多采用穿几家衣服比较合适，就固定下来，不再多逛增加负担。但是这种社会快品的生产，使得人们的消费理念受到严重冲击，处在不断游移变化中，较难固定，导致消费文化越来越快餐化、多元化、碎片化，形成流行消费与现实消费的二律背反现象。

（四）店名体现主动性消费

随着时代的发展，人们的独立自主性越来越强，消费的主动性需求也随之增强。现代消费者越来越注重时尚，偏爱能够展现个性的商品，人们对产品和服务的要求越来越多，标准也越来越高。从产品的包装、外观设计、用料品质、使用到售后服务，不同的消费者有不同的要求，生产方和销售方越来越尊重和重视消费者的各种需求，消费者的地位由传统的"被动接受"华丽转身变为现在的"主动参与"。消费者的主动性、参与性映射到店名中，尤其是网店店名中。

如服装店"YUBUER 渔不二定制""CARIEDO STUDIOS 定制女装""Santa Rita 老妮定制""GAGA 极简定制""喵吉 MeowJi 独家定制""凡舒的店 WEIFANSHU 独家定制""K SPACE STUDIO 可可曾定制""钱夫人家雪梨定制"等，这些网店经营者提供个性化定制服务，按照消费者的需求生产产品，消费者成了设计的参与者，买方市场积极主动地参与，可能会成为未来电子商贸发展的一个重要方向。

九、其他文化传播

社会文化是纷繁复杂和多元并存的，我们不能做到一一列举，仅从语料中窥测现实生活中比较鲜明活跃和有特色的文化样态。近年来，中国房地产业蓬勃发展，不仅产生了恒大、万科、万达等房产大亨企业，还催生了中国二手房交易市场和房产中介。如"天勤不动产""鲁房置换""天元不动产""鲁原房产""新天地房产""红嫂房产"等是临沂市有代表性的房产中介，反映了临沂市房地产产业和房产文化的繁荣兴盛。

而一些汽车专卖店、汽车用品店、洗车店和汽车美容店则映射了我国汽车已走进千家万户，成为人们不可或缺的消费品。总之，一种新事物或新技术的出现，就会带动一个行业及其相关业务的开展，与之相关的店铺就会产生，相应的文化也会传播与传承下去。

第三节 店名与民族文化和地域文化传播

透过店名所折射的人类特有的社会文化要素在不断传递、扩散中进行传承。文化作为人类创造的物质财富和精神财富的总和，凝聚着各民族、各地域人们不同历史时期的聪明智慧和价值追求。店名体现了鲜明的民族性和地域性特征。

一、店名与民族文化传播

民族文化是各民族在其历史发展过程中创造和发展起来的具有本民族特点的文化，民族文化反映该民族历史发展的水平，也是本民族赖以生存发展的文化根基所在。中国是一个多民族国家，各民族由于所处的社会历史发展阶段不同，居住的地区不同，衣、食、住、行各方面的生活习惯有明显差别。这种差别不仅表现在人们的现实生活行为中，还表现在商贸、对外交往等各个方面。在不同民族经营的店铺中我们可以发现不同的文化和习俗。下面我们就所搜集的餐饮酒店和服装日化两个具有代表性的店名领域来进行分析。

（一）餐饮店名与民族饮食文化

汉族的饮食文化最为丰富和大众化，其他民族特色饮食文化受该民族的自然环境、饮食原料、生活习俗和宗教信仰所制约。如信仰伊斯兰教的回、维吾尔、哈萨克、塔吉克等民族，他们有着共同的饮食习惯和饮食禁忌，因而产生了"清真菜系"，[27]在餐厅牌匾上都有统一的清真标志符号。而苗族人嗜酸，他们将时令蔬菜和肉类腌制起来做成的著名美食"鲜美酸汤鱼"，传到侗、仫佬、毛南、水族等生活区。商家以"正宗苗家酸菜鱼馆"做招牌，凸显民族特色，使得民族的、传统的特色美食变成大众的、共享的饮食文化。更多的民族特色餐厅采用业名命名的方式直指经营对象，如新疆维吾尔民族

27 博巴.中国少数民族银饰[M].北京：中国画报出版社，2004:序2.

的"烤羊肉串""烤馕"、回族的"清真全羊汤"、蒙古族的"烤全羊"、傣族的"竹筒饭"、土家族的"掉渣饼"等，不仅缩小了顾客的符号解读空间，还迎合了当下人们快节奏的生活旋律，传承了民族特色饮食。

"阿瓦山寨"（如图5.21）是一家原生态山寨主题餐厅，集苗族、土家族、布依族等各族人民的古朴民风，秉承"溯源·践道"的企业精神，具有湘、黔、滇等地方原生色彩，以"山寨鱼头王"为主打菜品，以土菜米面为主要风格。服务人员的装束采用具有西南少数民族特色的蓝色系，布衣、布鞋、布头巾。其创业初衷是，做一个原生态的、体现人与人之间至真至善且友爱和谐的餐饮企业，符合当下人们越来越简单质朴、回归自然的生活理念。店名中带着浓浓的西南少数民族风情，此店从中国西部古老的城市咸阳走出来，一路稳扎稳打，如今已经拥有直营及加盟店200余家。

图5.21　摄于临沂市北城新区沭河路

酒店名称在云南、贵州少数民族聚居的地方均突出或蕴含着民族特色文化。如贵州的"千户古寨""56朵花精品客栈""净居人家""黔里客栈"，云南丽江古镇的"彝家食湾"等。"彝家食湾"从名称上突出了彝族的民族特征，以灰砖为主的建筑、背对背的牛角图腾和自由飞翔的大鸟等符号无不彰显着彝族这个中国第六大少数民族的神秘与古老。如今，以一种民族旅游酒店的形式、开放的情怀，把彝族的民族传统、民俗与文化向全世界开放交流，这对于各族文化间的交融发展具有积极的意义。

（二）服装店名与民族文化

服饰是人类特有的劳动成果，它既是物质文明的结晶又具精神文明的内涵。中国服饰如同中国文化，是各民族互相渗透及影响而生成的。汉唐以来，尤其是近代，大量吸纳与融合了世界各民族外来文化的优秀元素，演化成以汉族为主体的服饰文化。

服装具有鲜明的民族性，即使在全球文化融合背景下，服装更能凸显其民族文化特性。旗袍、唐装、丝绸系列服装就是中国服饰文化的重要代表，其他少数民族的服装更是他们民族文化、民俗文化的象征，这体现在服装店名中。如服饰店名"摩梭女"（如图5.22），摩梭是宁蒗古老的民族之一，母系家族是摩梭母系社会的基本社会单位，摩梭人以母为尊，以女为贵，母亲是摩梭人生活的轴心和靠山。摩梭人一直保留着独特而神奇的婚俗——走婚。

图5.22 摄于云南丽江古城

店名"摩梭女"突出了民族特点，强调了女性作为一家之主的独特地位。店名下面的一行小字——"源自：泸沽湖《女儿国》"，进一步阐明独特性。

"青绮衣""铃锦""繁锦""鸳锦""民族轩""瑶古""族艺""彩艺""民风尚""阑贝儿""民族汇精品阁""云印南风""彩云之南""雅昂诗""墨瑶族饰""云绣阁""苗吉乐民族作坊""秋锦唐""浣溪莎""红袖阁"等也是具有民族特色的服装店名。

另有店名"东巴纸坊"（如图5.23）突出了纳西族的民族特点，用一个"坊"

图5.23 摄于云南丽江古城

字突出这种纸是由传统工艺和手工制作而成，是中国古代造纸术在当代的传播与传承，与现代化的造纸有明显不同。该店免费给顾客用东巴语写祝福性话语，其"醉翁之意不在酒"，用古老的带有一定神秘感的象形文字来吸引顾客借以推销东巴纸。东巴纸是纳西族东巴祭祀用来记录东巴经和绘制东巴画的一种专用纸，这种纸厚实、耐磨、防虫蛀、较光滑、呈象牙色，由于长时间在烧火的房间里而变成古铜色，采用纳西族地区特有的高山野生稀有植物丽江花制作而成，有千年不腐之说，是一种十分珍稀的少数民族手工纸。

外族文化在代购店名中也有体现，"东洙爱丽小屋代购店"，店名中的"洙"具有朝鲜民族特色，在朝鲜族人名中"哲""镐""洙""日"等字的使用非常广泛。这些店铺充分利用民族特色元素，不仅可以凸显本店的独特气质，而且向人们传播了独特的民族文化。

二、店名与地域文化传播

在我国，地域文化一般是指特定区域源远流长、独具特色、传承至今仍发挥作用的文化传统，是特定区域的生态、民俗、传统、习惯等文明的表现。它在一定的地域范围内与环境相融合，因而打上了地域的烙印，具有独特性。

一个地区的历史渊源、经济基础、文化习惯、乡风民俗等构成商业活动的社会心理环境。特别是一些历史文化名城的道德精神环境、思想制度环境、文化艺术环境和社会风俗环境，对于经商者具有不可估量的同化力、渗透力和约束力。[28]商人们对待文化的不同态度，便在一定意义上决定着各地店铺的经营理念与兴衰发展。

店名中的地域文化体现在店名用字及其所蕴含的地域特色中。如，"臺灣人在北京"中的繁体字表现出地域特色，因为大陆的汉字多采用简化字体，台湾仍在使用繁体字；"夜郎驿站"，突出历史悠久的黔文化；"三月三客栈"，"三月三"取自当地少数民族重要的节日，突出地方特色和风土人情；"小王府酒店""朕的茶"则带有浓浓的京味特点；"洪湖鱼米乡化妆品店"，洪湖是湖北省最大的淡水湖，坐落于风景优美的江汉平原，南面是奔腾不息的长江。这些店铺充分彰显了地域特色和优势。

"红嫂房产""沂蒙红嫂特产超市""红嫂煎饼""六姐妹煎饼""红嫂婚介所"等店名，突出显示了临沂作为红色革命根据地所特有的沂蒙精神

28　陈光新.从"老字号"看"楼外楼"[J].中国烹饪研究.1998(2):3.

和沂蒙文化，使店铺不仅具有了史实依据，表达对革命先烈的崇敬与缅怀之情，还把沂蒙精神的精髓融入现代商贸文化中，不断继承与弘扬，以此招徕更多的顾客。有的店还另外打出横幅"沂蒙小调酒——胜利的酒"，以提醒人们对这种带有革命传统教育意义的酒品的认识，加强宣传力度，收到良好的传播效果。

　　"那一年，我们在丽江"（如图5.24）这个店名让人联想起遥远的茶马古道以及古道上所发生的震撼人心的故事。店名模拟电影名《那些年，我们一起追的女孩》，给人一种熟悉感和时尚感，又不乏怀念的情绪。这既是受到现代传媒文化的影响，又与丽江作为一座古城的特殊地理和历史相关。另外，据说丽江古镇还是偶遇知音的婚外恋高发地，加上店铺定位为"故事音乐酒吧"，极易激发人的浪漫情绪和奋身一试的冲动。

图5.24　摄于云南丽江古城

　　"老北平食府"（如图 5.25）不仅在店名上突出"老北平"地方特色，还专门另树匾额反复吟咏——"京味特色餐厅，地道北京风味"，反复强调店名的地方特色。类似的还有"西安腊汁肉夹馍""老四川火锅""重庆小天鹅火锅""沙县小吃""兰州牛肉拉面""武汉精武鸭脖"等。与其说这些店名在传播地域特色文化，不如说店名借助地域特色文化彰显店铺的特色，二者互为身份，相互传播。

图5.25　摄于临沂市北城新区天津路

第四节　网店与电商文化传播

　　互联网时代的到来与社交化媒体的兴起，改变了原有的媒体格局与营销模式，传统营销受到新媒体营销的挑战。中国互联网信息中心发布的第 38 次《中国互联网发展状况统计报告》显示，截至 2016 年 6 月，中国的网民规模达到 7.1 亿，网络购物用户规模达到 4.48 亿。这个数字说明，有 65％左右的网民在通过网店购物。网络购物大大改变了人们以往的购物习惯，促使电商平台营销方式多元化升级，从购物消费模式向服务消费模式延伸拓展。网络购物的流行，促使网店进一步繁荣。

店名研究中，我们不能忽视互联网背景下传统实体店名以及店名文化的网络延伸与发展。关注网店名及其特点，探讨网店名称所映射的电商文化是店名符号传播研究的重要组成部分。

一、网店名称的特点

以淘宝、京东为代表的电商，为网店营业者搭建了广阔的店铺平台，数以千万计的网络店铺如雨后春笋般与日俱增。网店店名作为一种重要的传播符号，承载着丰富的商贸信息。从词源上看，相比传统店名，网络店名的词语来源更为宽泛，在网络词、方言词和新造词运用方面都有创新性表现。从结构模式上看，既有传统店名模式的保留，又有变异模式的创新。具体表现在以下几个方面。

（一）网店名从形式上深受传统店名影响，但多音节店名占比更大

从我们搜集的语料看，网络店名用语的音节数从单音节到 15 个音节不等。从音节形式上看，网店名受到传统店名的深刻影响，一二个音节的店名较少，"耕""渔""初芒""宜喜"等仅占比 5.6%。三四个音节的店名仍然占有绝对比例，"默默爱""半刻馆""夏星河店""西台美妆""定春日代""阿盼盼家""肌肤乐园""迷失麋鹿"等达 45.8%，而五六七个音节的店名也占到了 37%，二者总共占比 82.8%。反映了网店作为一种虚拟的店铺，不像实体店铺那样具有现场感，因此需要依靠店名文字和图片打造丰富的传播语境，增加虚拟现实感。三个以下的字节所负载的信息量太少，不能满足消费者的信息需求，文字太多又违反了人们的视觉记忆规律。

值得注意的是，九到十几个音节的网店名也不在少数，如"都市丽人百搭时尚女装店""萨瓦迪卡数码配件天猫旗舰店""向口红恶势力低头的八国联军代购"等。这是由网络语言环境的特殊性决定的，一定程度上反映了网店名冲破了传统店名的规范限制，在网络虚拟空间中随意搭配词语，极尽彰显个性独特，体现描述性、交流感，给解读者营造足够的想象空间。

另外，英汉结合的网店名数量较多，所占比例达到 21%，如 "TOPAIS 户外用品店""Ourstorybegins 旗舰店""VIVIGAO の二姐带你逛世界""clubclio 海外旗舰店""MARANT 独立设计""cremona 乐器""小鹿家欧美外贸原

单 Studio" "tuki bunny 毛小兔私服店"等。全球化语境下，店名作为首要的交流媒介符号，应该具有共通的意义空间，才能保证传播效果的有效实现，所以英汉兼备的店名在对外宣传上具有一定的优势。另外，这种汉英杂糅的店名中外结合，活泼有趣，能满足国内外顾客求新、求洋的消费心理。

（二）词语异常搭配的网店名较为普遍

在语法和逻辑体系中我们讲求日常表达的规范、词语搭配的正确性，以保证对象能够顺畅地获得所传达的信息。这种规范在传统店铺中较为普遍地遵守，但是在网店名称中却有较多的异于语法逻辑规范的超常搭配形式，如"Santa Rita 老妮定制" "AY 韩范小妖精" "喜儿珠宝首饰"等。相较于"夫人" "太太"，"老妮"的称呼有些违背传统的典雅、美称等日常规范；"小妖精"也有狐媚的贬义色彩；"喜儿"更是文艺作品《白毛女》里的穷家女儿，用她的名字做珠宝首饰店名有些不合常理。另外，网店名如"猪哼少" "偷吃熊" "sabava 沙巴哇" "云端贝壳"等都以自嘲、调侃的方式，却更加醒目、独特，尽管违背了我们的常规思维逻辑，影响人们的常规审美经验，但却制造出一种适合网络环境的新奇传播效果。

（三）彰显个性与创意的网店名突出网络经济和文化

在物质极大丰富和互联网环境下，人们迎来了文化消费时代，店家充分发挥审美想象空间，给店铺命名时突出个性、原创理念，以迎合人们的猎奇心理和对"原创" "个性" "定制"产品的钟爱之情。如"饭粒个性家饰" "吴小姐的店手工布艺" "MoLisii 茉莉丝暖居屋 原创设计店" "凡舒的店 WEIFANSHU 独家定制"等，个性化较强，不是特别强调品牌，而是更加突出创意，店名走文艺雅致风格，具有生活情趣。

部分店名用网络代言网红的名字命名，如"你优哥的店" "兔家公子美妆店" "STM 谢婷婷美妆间" "种草囤货尤马马"等。在海量的网店中，如何才能被发现，利用网红的名气吸引眼球不失为一个好方法，利用网红的人气圈粉、被关注、浏览、吸引消费是当下网红经济的直接体现。

（四）品牌网店名称存在明显的雷同现象

部分网店名与线下店名联系紧密，尤其是知名品牌的淘宝专卖，为保证产品的品牌和质量，并且证明是正品而不是假货，淘宝店名通常会在后缀加上"官方" "旗舰店"等字样。如"mac 魅可官方旗舰店" "悦诗风吟官方旗舰店""兰芝官方旗舰店""兰蔻旗舰店""欧莱雅旗舰店""水密码旗舰店""御泥坊旗舰店"等。

正因如此，网店名称存在重复率高的问题，某种品牌专营店，很可能会出现"×××品牌旗舰店""××品牌官方店""××品牌官方旗舰店""××品牌专营店"等雷同店名，这是诸多店家共同做一个品牌导致的结果。实体店铺在各地开分店可以用不同的地域进行区别，如"全聚德临沂店""全聚德济南店""全聚德上海店""全聚德杭州店""全聚德南京店""全聚德总店""全聚德青岛店"等，而网络是一个公共的虚拟空间，很难做到地域的差别，因此难免出现以上雷同状况。

二、网店名中的网络文化及其表达特点

网络文化是"以网络技术为支撑的基于信息传递所衍生的所有文化活动及其内涵的文化观念和文化活动形式的综合"。[29] 网络文化已经日益深入我们的生活，成为一种新型文化样态并对人们的精神世界产生重要影响。其中，网络文化的主要传播载体——语言的表达方式与传统语言表达有着鲜明的不同，网店名称作为一种网络公共用语，被深深地打上了网络文化的烙印。主要表现在以下几个方面。

（一）网店名体现网络文化表达的解构性特征

解构是后现代主义哲学中的一个概念，一直反对形而上学和逻辑中心主义，反对一切封闭僵硬的体系，宣扬主体的消散、意义的变异和能指的自由等。简言之，解构代表了一种打破现有秩序、反对传统的精神。网店名称中一些恶搞的用语正反映了这种解构性：挑战传统，挑战主流价值观。这些网店名迎合了青年一代网民叛逆、追求新意、刺激的审美文化心理，易引起轰动效应，引来关注，产生更加显明的传播效果。

如销售钟表类商品的网店名为"两条腿走路的猪"，这个店名在一堆正统的表店名中显得十分突兀，但是又足够吸引消费者的眼球而引发关注，是对人们传统审美期待的一种违反，也是后现代思想影响下的解构性表达，易达到预期的传播效果。类似的网店名称还有"向口红恶势力低头的八国联军代购""不爱穿丝的女银。Sorry 你没前途 ♀宝儿工作团队竭诚服务""灰

29　冯永泰.网络文化释义[J].西华大学学报，2005（2）.

老猫精品韩版女装店""sabava 沙巴哇""阿凡大叔狗屁店微利饰品，狗屁的狗屁都狗屁点儿。SBB 柠檬绿茶喜客多""到动物园散步才是正经事 周一至周五下午 14：00 上新""you 妖气美妆店""灰老猫精品韩版女装店""糯米糯米你不开花""吃土小姐日本代购""灰姑娘的另一只鞋""小狗香橙专卖店"等。

由以上例证分析可以看出，网络空间中的思想表达是一种非线性的排列，与传统的表达思路不同，这种表达方式最大的特点就是非连续性或者说非线性。"人们在进行超文本写作或阅读时，不必按照某个既定的顺序进行，是可以跟随链接实现文本间的跳跃。"[30] 各种不同的书写、思想表达可以同时呈现在屏幕上，使得网络空间成为一个非线性的话语空间。传统意义的书写是按照人们的精神顺序把握思想，培育了人们线性的思维与表达习惯。而超文本打乱了这种传统的线性逻辑，在某种程度上实现了人们思维上的跳跃，出现反逻辑、调侃、无厘头等新的思维模式。

（二）网店名体现网络文化开放兼容性特征

随着全球经济的一体化，必然会带来不同文化之间的交流、碰撞乃至冲突。但是文化是内化于人们内心深处的价值观念和精神信仰，并不必然随着经济或技术的改变而改变。全球经济的一体化并不意味着全球文化也成一体，只可能是多种文化的交汇、竞争与融合。网络本身就是一个开放性的空间，为各种文化的交流、共存提供了充足的共享平台，包容能力极强，更是具备了吸收外来文化的条件。外来文化的涌入一定程度上影响了人们的生活观念，在网店名称中突出表现在以下两点：

一是英汉文结合的店名比例增多。如"COSTCO 海外旗舰店""My Girl""you 妖气美妆店""SISI 家的美妆店""VARVAR 凡花""Kitayama 北山制包所""觅卡 mikka 纸品 明信片"等。

二是代购网店的异军突起。可以看出，地球人普遍存在着求新求异的好奇心理，都希望体验超越本民族文化的新奇感受，电商平台给人们提供了相互交流的便利，满足了人们崇尚外来品牌、追求外国货的猎奇心理，这也催生了代购行业的兴起并逐渐走向繁荣。如"小 KEEN 海外购""大 C 香港站""魔女日本速购""香港站专柜正品代购""小鹿家欧美外贸原单 Studio""容

30　黄少华,王慧.网络空间超文本的话语——权力逻辑[J].兰州交通大学学报,2004（2）.

太太代购""SEASON 海外代购""娜小妞 瑞士代购"等。

（三）网店名体现网络文化推崇个性、追求新奇的特性

当今时代是一个张扬自我、标榜个性的时代，但是在现实生活中这种张扬仍存在一些限制与束缚，人们无法无拘无束地展现个性。而在虚拟自由的网络空间里，个性可以尽情挥洒，自然受到网民的推崇。年轻的网民厌倦了大众的普通，喜欢标新立异、独一无二、追求新奇。整个网络文化都渗透着个性化的色彩。为了迎合受众的消费心理，店家在给网店命名时极力张扬个性、突出新奇独特。如"一家又酷又嗲的店""有漂亮脸蛋的人""猫默""重返大气""白日梦长原创手工包店""宇宙士多""孩儿巷106张家卿的店""非妮不可美妆店"等，对一些"猎奇怪兽"来讲有较强的吸引力。

三、网店名与电商文化

电子商务文化是企业适应网络经济发展，逐步形成与企业相关的基本信念、价值观念、道德规范，以及由此产生的思维方式、行为方式、品牌效应的综合体现，是企业文化在网络影响下的文化表现。通过对目前电子商务市场的观察，业绩良好的网店在其经营方式与服务宗旨上已经展现出借鉴企业文化为网店发展服务的迹象。我们认为，网店电商文化是网店在运营过程中所形成的经营思想、经营作风、价值观、行为准则、服务宗旨等精神文化和其所经营产品的品质、信用度等物质文化的总和。网店电商文化在网店未来的发展过程中将呈现出其核心性与灵魂性的内容与意蕴。网店电商文化的约束力作用于精神范畴，体现于商品的服务和物质层面，目的在于优化虚拟的网络市场，帮助企业打开良好的发展前景，从而更长远地实现可持续性发展。

从作用对象来看，网店电商文化面向的是网店经营者、网店在线客服、网店所经营的商品和服务的消费者；从作用的环境来看，网店电商文化依赖网络，依赖第三方商务交易平台而存在，它的作用限制在网络环境中；从传播方式来看，网店电商文化主要借助网络广告进行宣传，在网店页面中展示文化符号和标语、设置宣传网店文化的模块，讲述网店故事。

基于电子商务环境下的网店文化特征是与电子商务本身的特性紧密相连的。由于交易双方不是面对面的现实对话，而是在网络虚拟空间中进行，这对双方的价值观、商贸观提出了更高的要求。

（一）网店名与电商信用文化

电子商务自产生以来，信用问题就成为制约其发展的一个重要瓶颈。电子商务作为一种商业活动，信用是其存在和发展的基础。而且，电子商务所具有的远程性、记录的可更改性、主题的复杂性等特征，就决定其信用问题更加突出。为了克服这一瓶颈，单是制定相应的交易规则或政策法规还远远不够，为此必须树立一种信用文化，并用其来营造一种信用环境引导店家采用适合自己的信用模式。这反映在网店名称中，有强调突出的作用。"家""香港站专柜正品代购""保真美妆名品店""鞋应良品生活馆""良品铺子旗舰店""小米官方旗舰店"等，或从商品品质视角，或从商品流通视角强调了店家的信用保证。

（二）网店副语言环境打造与店铺形象文化

网店通过自己的主页网展示自己的商务平台，它不仅能通过向客户提供网店信息、展示最新的产品或服务来推销自己，而且更重要的是它在无形之中向客户传递着网店的形象。其核心是尊重客户，遵守互联网上公众默认的规则，努力做到使客户在网上看到的网店形象与现实中一致。现在有很多网店网页做得十分精美，但是现实中却不注重形象的树立，使客户有一种上当受骗的感觉，从而失去对店家的信任。所以，在电子商务环境下，店家都把形象文化作为网店文化建设的重要一环来抓。

（三）网店客服互动与合作文化

尽管从理论上来说，网络营销为顾客的个性需求提供了巨大的想象空间，为顾客占据主动、赢得优势创造了有利条件，它要求商家必须真正思考如何以顾客为中心，这也是对长期以来市场营销"买家没有卖家精"的一次革命。然而我们必须看到，技术需要服从于人性，技术的真正价值在于为人服务、以人文本。显然，网络营销无法满足顾客的另外一些需求，其中最重要的便是现实体验的精神文化需求。中国很多消费者常常将购物和休闲融为一体，网络营销无法为他们创造在特定场合——试穿、——试戴等获得的心理体验。所以，店家与顾客的互动交流十分重要，很多网店采用直播手法，让模特代为试穿、试戴，全方位展示产品及其功能，部分地满足了顾客对产品的立体认知，但是这种虚拟的代办仍无法完全代替现实体验，无法满足人们精神层面的消费需求。所以，尽管网购的人群在逐渐增多，但是实体店铺是不可能完全被替代的。

另外我们看到，由于网店的开发成本极低，任何人都可以较为轻松自由地开店进行交易活动，经营者没有进行必要的相关管理知识、管理技能与管理素质的培训，导致网店的兴盛很容易从流行走入流俗的误区。在这个门槛很低的市场中，若只关注对利益的追逐，最终无论是网店还是消费者都将深受其害。网店若要更持久、更有优势地立足市场，就必须寻找更能激发其持久力、更能彰显其特色的不竭的动力之源，网店电商文化是这种动力的最佳选择。

四、微商与微店

由于手机的随身便携性特征，移动互联网成为互联网发展的主要方向，现在的手机用户数量紧逼宽带互联网用户，手机淘宝、微信、支付宝等软件的开发利用，促使网络购物的进一步风行。微信以即时通信功能受到广大用户的青睐，用户规模不断扩大，极高的用户使用黏性和活跃度，让微信成为移动终端颇具人气的超级 App。随着微信功能的不断强化，通过增加公众平台、购物、微信支付以及开发接口等众多产品功能，努力创建一些简单的规则和网络层面的链接，让每个合作者都能在微信上找到自己的用户群并实现创新的商业模式。[31]

（一）微商

微商大都以所经营的产品代理命名，基本上以经营某团队自主研发的商品为主，往往借助于某名人的名气，进行内部网上微商授权，根据投资数额的多少决定你在团队中的位置，类似于线下传销模式，曾因此而受诟病。营销团队的培养类似于传销模式，分级别层层管理，上一级别的微商为下一级别的代为批货、发货，每天在微信朋友圈发表产品宣传图片和具有励志性质的言说。某护发产品以明星名字命名，搭建微商授权平台，打着姜汁原液制造、无添加、纯天然洗护用品的旗号，利用微信平台进行宣传销售。其由最初的洗发产品已经扩展到肥皂、洗衣片等领域，并利用明星投资参与来提升人气，定期搞一些文娱庆祝活动来激发微商的积极性。

由于受到微信朋友圈的范围限制，上下线之间的朋友圈有交叉、重合的

31　赵越.微信平台商业模式研究[D].北京：北京印刷学院，2014:11.

情况,使得产品的营销范围受到一定的局限,为产品的销售带来一定的困难。所以,该品牌开始走下网络神坛,落地旗舰店,给顾客增加了对产品的现实感受,部分微商也在自己的店铺中代卖该产品,让自己经营的微商产品与实体店铺的经营结合起来,互相传播,逐渐走出困境,扩大了销售范围,或许这代表着部分微商的发展方向。

(二)微店

微店作为一个类淘宝模式出现,有人曾言微店成为继淘宝之后个人小资本创业的又一个机会。淘宝模式的出现,不但解决了一部分人的就业问题,而且让他们富了起来,成为依靠电子商务成功致富的代表。微店的出现,有不少人将其类比为淘宝,甚至在推广、宣传、吸引更多商家加盟微店时,打出"当年错过淘宝,不能一错再错"的口号。目前微店整体分为三大阵营:第一阵营是基于平台构建的微店,比如"微信小店""京东拍拍微店""淘宝微店""口袋购物微店"等,凭借其背后强大的资金和技术支持,这几大微店无疑是微店行业的领军者;第二阵营主打服务,如微盟、京拍档、各大电商平台自己推出的微店(主要服务于开放平台:一方面立足自身的购物 App,主打中心化移动电商;一方面借助微店形成去中心化移动电商的布局);[32] 位于第三阵营的则是一些个人推出的提供构建微商城的工具,在前两个阵营面前,不论是在其资金和技术上,都显得微不足道。

微店的模式主要有两种:一种是 B2C 模式,企业商家对接卖家;另一种是 C2C 模式,个人商家对接卖家。2014 年 5 月,微信公众平台推出的微信小店,是微信平台 B2C 电子商务模式的重要探索。企业通过企业服务号认证,开通微信支付后,即可开设微信小店。为了方便商家,微信团队还提供了添加商品、商品管理、订单管理、货架管理、维护客户的简便模板。但微信小店的开店条件限制为公司和企业,个人商家和微信用户中微商群体都不能借助微信公众号开通微信小店。由于现阶段的微信小店还在起步阶段,微信小店的功能还不够完善,来自淘宝微店、口袋购物微店的竞争,对微信小店成长与发展造成威胁。现阶段,微店的发展还处于抢商家的阶段,但等到商家入驻达到一定规模,微店行业的竞争核心就是入口和场景购物的流量

---

32 腾讯新闻.微商平台争夺战打响:微店泛滥得流量者得天下[EB/OL].(2014-10-30)
[2018-04-05].http://tech.qq.com/a/20141030/009899.htm

导入和信用体系的搭建。

　　总之，微信作为平台提供者，为线上或线下商家在微信上展开线上交易提供相应的接口或功能模块，并从中获取利润。在这种以移动电子商务为主体的商业模式中，微信作为平台的运营商，并不是直接为用户提供电子商务的服务，而是提供一个平台，一个传播媒介而已。[33]

33　赵越.微信平台商业模式研究[D].北京：北京印刷学院，2014:49.

第六章　店名受众与传播效果

传播效果一方面指带有说服动机的传播行为在受传者身上引起的心理、态度和行为的变化；另一方面指传播活动——尤其是报刊、广播、电视等大众传播媒介的活动对受传者和社会所产生的一切影响和结果的总体，不管这些影响是有意的还是无意的、直接的还是间接的、显在的还是潜在的。[34] 可见，传播效果既体现在具体的、微观的传播过程中，也体现在综合的、宏观的社会传播过程中。

说服性传播指的是通过劝说或宣传，使受传者接受某种观点或从事某种行为的传播活动，意味着传播活动在多大程度上实现了传播者的意图或目的。显然，店名语言传播属于说服性传播，其传播效果有针对顾客个人的微观效果，也有针对社会视角的宏观效果。微观的传播效果指店名在受传者身上引发的心理、态度、行为的变化，是否吸引其进店消费，即店名传播在多大程度上实现了店家的意图和目的。店名的宏观传播效果指店名作为一种社会用语，其蕴含的社会文化、浓缩的店铺形象、彰显的经营理念，长期以来对整个社会环境所产生的影响和结果。我们分别从微观和宏观两个视角，对店名的传播效果进行分析研究。

第一节　店名受众与微观传播效果

一、店名受众

受众是指信息传播的接受者，只要是获得了某种信息的人，无论他通过

34　郭庆光.传播学教程[M].中国人民大学出版社，1999:188.

什么渠道，都可称为"受众"。从这个意义上说，顾客就是店名传播的受众，凡是听说过、看到过某店名的人都是该店的受众。实体店名的受众，受到一定的地域空间限制，一般指在某地长期居住的相对稳定的顾客，外地人只是在偶然的情况下（比如出差、旅游等）才能成为该地店名的受众。店名受众数量较多，互相不一定相识，性别、年龄、文化层次不一定相同。在当下"顾客是上帝，受众为中心"的传播环境中，店名受众是积极寻求信息为自己所用的主导者，其行为在很大程度上是由个人的需求和兴趣来决定的。

（一）店名受众的类型

对店名的受众类型进行区分，有助于辨别和掌握受众之间的差异，有助于认识和把握受众特定群体和个体的传播规律，有助于探索和了解特定受众群的结构特点。当然，不同的区分标准，会得到不同的受众类型。

1. 稳定受众和不稳定受众

按照接触店名的频率，可以分为稳定受众和不稳定受众。稳定受众就是这个商店的老顾客，对这家店铺充分认可，经常光顾购买新品；不稳定受众是指偶尔来店闲逛，遇到心仪的商品才会购买的顾客。当然，稳定受众是各个商家竞相争取的主要对象，因为有了稳定受众才能保证其固定的客源和商品的流向；不稳定受众是商家力求劝服、吸引其成为回头客受众的，这样才能保证其受众群体不断扩大，促使其业务不断拓展。

2. 现实受众和潜在受众

按照接触店名的确定性分为现实受众和潜在受众。凡是已经来店购物的顾客称为现实受众；凡是有可能来店购物，但是还没有来过的顾客称为潜在受众。我们经常听到店家热情地招呼过往行人："进来看看有什么需要的吗"，并一再对自己的老顾客说："有空带你的朋友来看看"，即是在充分挖掘具备前来购物可能性的潜在受众。如果能够把潜在受众变成现实受众，就等于扩大了店铺的顾客群，拓展了经营业绩。因此，除了稳固现实受众，潜在受众是店家极力追求的目标。

3. 核心受众和边缘受众

按照店名明确的传播对象，可以分为核心受众和边缘受众。比如童装店的核心受众就是年轻的妈妈，边缘受众是孩子，因为孩子尚不具备完全的选择能力；中老年服装的核心受众是中老年人，而他们的子女则可能是边缘受众，根据他们光顾店铺的频率不同，他们的受众身份有可能会颠倒过来，因人而异；西餐的核心受众是青年和学生，家长则是边缘受众。店家的受众定位最关键的步骤就是在正确定位的总体指导原则（宽窄适度，范围适中）下确定核心受众群，因为核心受众才是进店消费的主力军。边缘受众是店家团结的对象，时间久了边缘受众可能会转变成核心受众中的一员。

（二）店名受众的特点

总体上说，受众是有共性的，但是个体差异、使用与满足、社会关系、所属社会类型、社会文化规范等因素直接影响受众的消费理念、接受动机和对店名文化的解读。不同的受众有不同的期待视野和接受动机，对同一个店名产生不同的理解。所以，作为个体的受众会千差万别，表现在以下方面。

1. 因年龄差异而喜好不同

比如在山东临沂这种三线城市，青年受众比较青睐于西餐厅、电影院、游戏吧、烧烤店、健身房、花房、披萨蛋糕店，喜欢流行、新潮、个性的店铺等；而大多中老年受众更偏爱粥府、面馆、水饺店，注重经济实用不看品牌，个别基础厚实的中老年受众喜欢品牌店，注重商品品质而不在意价格。

2. 受人际关系影响大

店名受众作为群体中的个体，容易受到人际传播环境与社会联系的影响。比如，你本来并没打算逛街，但是朋友约你一起，无意中就成了某些店名的受众；如果你跟朋友一起到过哪家店，对它们的某些商品比较认可，你也会分享给亲戚朋友，扩大了店铺的传播范围，彰显人际传播的效果更佳；如果你对哪家店有意见，你的劝阻也会对亲朋好友产生很大的影响；如果你想去哪家店消费，你朋友的意见和建议也同样会影响到你的选择。所以，受众的消费范围、消费层次和消费意向受到他的圈层关系的影响与制约。

3. 店名受众由成分复杂的一大批人构成，且不是一成不变的

经常会有回头老顾客光顾，也会增加一些新顾客；老顾客会流失，新顾客也会不断增加。如果新老顾客在增减数量上达不到一定的平衡，就会导致这些店铺经营内容、经营方式的改变，甚至倒闭。比如，临沂市北城新区的"费若拉披萨店"，半年前还"门前冷落车马稀"，以送外卖为主，现在每天下午排队等候的就达几十人，导致店员工作压力山大，不再接受外卖订单；而齐鲁园沿街店"京都薇薇"，两年前还气场很大，现在已经换成了"名仕足道"。这都跟受众的流动及其量变是否保持平衡有关。

4. 受个人心理结构、社会环境的影响大

店名传播的受众是由具有共同经验的个人组成的，他们在对店名的认知、选择等方面受到个人的心理喜好、社会环境（社会流行）、经济基础等条件的限制。具体来说，有从众心理、逆反心理、移情等影响因素。这就不难理解商家为什么要搞促销活动，有的甚至不惜聘请一些名人或演艺人员来助兴，就是要制造大卖的火爆氛围，有时候还雇用一些"托儿"，利用人们的从众心理，拉动促销。而有的商家——尤其是大品牌商家立场十分坚定，就是不打折，不搞促销活动，以利用受众的逆反心理，坚定自己的商品品质和品牌力量，照样做到事业长青不老。

二、店名受众与微观传播效果

以上是我们对店名受众的类型与特点的理论分析，我们看到，受众自身是复杂的、多元的，在接受传播过程中会受到诸多因素的影响和制约。那么现实生活中，店名是否影响受众？如何影响？我们通过街头的录音访谈来进行调研分析。

（一）针对店名受众传播效果的访谈

鉴于以上分析，我们认为受众的复杂特点对店名的微观传播效果产生重要影响。店名是否对受众进店消费产生影响？受众喜欢什么样的店名？店铺应该如何命名？带着这些疑问，我们采用了街头访谈的方式，针对"店名是否影响您进店消费"和"您最喜欢什么样的店名"两个问题，对376名顾客（其中男性188名，女性188名）进行了访谈。

第一个问题的访谈结果数据显示，有250名（其中女性168名）受众选择"店名影响我进店消费"，看到一个中意的、有意思、有特点的店名总忍不住进去看看，占66.5%；101名顾客受众（其中女性18名）选择"店名不影响我进店消费"，只占26.9%；另有25名受众（其中女性2名）选择无所谓、不关注店名，只看自己需要的商品，占受访人数的6.6%。

第二个问题的访谈结果数据显示，165名受众（其中女性48名）喜欢简洁明了型的店名，认为店名要明确标出所卖对象，不能云里雾里让人猜不透，占比43.9%；66名受众（其中女性55名）喜欢委婉模糊型的店名，认为店名要好听、有韵味，不能过于直白，占比17.6%；63名受众（其中女性

30 名）喜欢有创意、有个性的店名，认为店名要好玩有趣、有特色，占比
16.8%；36 名受众（其中女性 50 名）喜欢文艺清新型的店名，认为店名要
体现唯美浪漫的情感，占比 10%；28 名受众（其中女性 5 名）喜欢品牌店名，
认为品牌代表一种流行、高大上的文化力量，占比 7%；另有 18 名受众表示
无所谓喜不喜欢，对店名没感觉，占比 4.7%。

通过此次采访我们了解到，店名对消费者的影响还是很大的，绝大多数
店名能够达到预期的传播效果。男女性别不同，对店名的关注度、具体看法
有很大差异，一般女性受众较男性对店名关注度高一些。因为女性更倾向于
喜欢满足视觉上的冲击，遇到一些个性、特色、有趣的店名总忍不住进店看
看，进而有机会消费。只有个别务实理性的女性受众，店名对她来说没有什
么太大的吸引力，她们一般会选择比较直截了当的店名进去购物。在采访中
我们还发现，女性受众在购买意愿特别明确的情况下，她们会比较在意店名，
日常逛街时更多地关注店铺橱窗。我们也发现男性朋友对店名的关注度总体
上较女性来说偏低，他们更喜欢直截了当型的店名，包括品牌店名，这和他
们天性不爱购物、不爱逛街有着很大的关系。而少部分男生（文艺青年）对
店名还是会有些许关注，如果店名能够引起他们的兴趣，他们一定会进店消
费，这时候店名对男生的影响程度比对女生的影响程度还大。

我们发现，不同的消费群体对同一事物的看法、关注度有着较大的差异，
应该是不同的消费理念、消费习惯、家庭经济环境、身份地位造成的原因。
但不管怎样，此次采访仅能代表部分受众对店名的感觉和看法，并不能代表
全部顾客的观点。但是我们管中窥豹，店铺的命名特点对受众的消费选择会
产生一定的影响。

（二）店名影响受众的原则

从以上分析可知，店名对受众能够产生较大影响，但是并不是所有的店
名都能够影响受众，能够对受众产生一定影响力的店名一般要符合以下原则。

1. 需要原则

需要原则是店名影响受众的首要原则。尽管有时候顾客购物并不是计划
中的，而是临时性的商贸行为，但是购买的商品也是基于需要的基础上。受
众在关注店名时是基于某种商品的购买需要而进行店铺筛选，没有购买需要
一般不会对此类店名产生兴趣。这时候店名如果是直截了当型的，顾客就能

够快速筛选；如果是模糊型的，就有可能懵懂进店观看。

2. 打动原则

在需要原则基础上，如果一个店名的确很有趣或者个性有品位，不少顾客也会忍不住进店看个究竟，这就是打动原则。打动原则往往能够打破需求原则的限制，引发人们的好奇心，尤其对女性受众有较大的蛊惑力。"本来没打算买这个，有家店看着挺好玩的就进去买回来了。"这是许多逛街女性的购物经历。

3. 品质情感原则

其实店铺最终打动人、吸引人的地方还是商品的品质与店家情感的传递。商品好回头客就多，回头客多，就跟店家越来越熟络，店家就会分享他开店的初衷、原则与经营理念，"咱家的商品您尽管放心，我不赚您的钱，经营的是一种心情"，从情感上拉近了与顾客的距离。另外，购物袋、小赠品等非语言文字传播符号的加码使用，给顾客暖暖的感觉。

4. 分享原则

如果顾客能够把店名分享给自己的亲戚朋友，就等于拓展了店铺传播范围，扩大了店名传播效果。根据拉扎斯菲尔德的"二级传播"和"意见领袖"理论，这种分享型的人际传播是基于一种熟识的社会关系基础之上的，以自身经历和体验向朋友推荐更容易说服对方，达到传播目的。什么样的店名受众会分享给亲戚朋友？

在我们访谈"你最喜欢什么样的店名"中曾经把话题延伸到"你会分享给你的朋友吗"，大多受众表示会把个性、新奇、商品品质好的店名加以分享。

由此我们得出未来店铺命名的方向：一是传统的简单直接型店名经过上千年的洗礼仍然是受众最喜欢的店名主流命名类型。二是加强店名的文雅、文艺和文化气息。随着大学教育的普及，受众的文化水平呈现逐渐提升的趋势，加强店名的清新文艺风格和文化内涵建设将是未来店名符号传播的大趋势。三是强化店名的传播力，突出传递本店特色、消费水平和服务质量。现实社会受众是分层、分类别进行消费的，店名中突出店铺的经营特色、消费水平和服务质量，便于顾客进行选择，有助于店名的精准传播。四是重视店铺的非语言传播符号的使用，如 logo 标志和橱窗设计等，以吸引初次消费者和打造店铺品牌。以上四个店铺命名方向都能够提高店铺知名度，培养忠实客户，扩大市场占有率，达到最佳传播效果。

第二节 店名的社会宏观传播效果

店名的宏观传播效果是指店名作为一种社会用语，其蕴含的社会文化、浓缩的店铺形象、彰显的经营理念，长期以来对整个社会环境所产生的影响和结果。对店名的宏观传播效果进行研究，可以从社会学视角，探究店名作为一种社会传播符号，在纤细传播、只是传播和文化传播中所扮演的角色，起到了什么作用，以及对整个社会产生的影响。我们采用纵向和横向两个维度来进行比较分析。

从历史的纵向维度来说，店名的产生与社会商贸文化的生成几乎是同源同构，并生共长的。不同社会历史发展阶段的政治、经济和文化制度，和人们长期养成的不同传统习俗、信仰、价值观等因素都在店名中留下深深的烙印并产生较大影响和制约。因此，店名具有较强的时代感，是一个时代的摹写与反映，是我们走进这个时代的一面镜子。(详见第一章店名的起源与发展)

总体上看，唐宋以前的店名、店牌并不规范，以招幌为主，店名文字十分简单，多只注明所卖商品，只彰显了店名的指称和区别符号功能；从结构上看，多只有业名，说明当时的社会商业不发达，竞争不强烈。唐宋时期是我国历史上经济大发展的一个黄金阶段，商贸活动频繁活跃，店铺林立，体现一定的竞争态势。在这一时期，店名逐渐走向规范和丰富，出现了"灵石旅舍""马行东酒楼"等"属名＋业名＋通名"结构形式完整的店名。北宋著名画家张择端在《清明上河图》上以精工妙笔绘出了当时汴京（今河南省开封市）大街上近百家商店各具特色的招牌，真实地描绘了宋代商业的繁荣景象。笼统地说，工业化生产以前的店名，多冠以某姓氏以示区别，通名多以"店""铺子""坊"等为主，反映出以手工作坊为主要生产特征、注重实用、慢节奏的社会生活与经营方式。工业化大生产语境下，"大厦""广场""世界""连锁店"等通名则反映了商品极大的丰富多元性，产生强烈的市场竞争，在店名中突出反映了人们注重求大、求新的时代特点。同时，随着人们审美意识和审美能力的逐步增强，店牌背景、橱窗展示、店面装饰、灯光照明、背景音乐、商品摆放等非语言传播符号成为店名重要的传播语境。一方面凸显了时尚、个性和社会流行元素等时代特征；另一方面也反映了社会分工越来越细化。

横向看，随着社会经济的繁荣发展，店名成为城市街头一道靓丽的风景线，是城市、社会、时代的一张名片，店名的繁荣、多元化程度成为城市经济发展水平的一个重要参考指标。据调查比较发现，我国北京、上海、广州、深圳等一线大城市的店名一直引领全国范围的新颖、时尚和高端层次，不少外地顾客慕名来此购物，说明我国经济发展还存在地区之间和城乡之间的不平衡现象，大城市仍然垄断某些资源。但是我们惊喜地发现，随着城乡一体化的不断推进和互联网技术的开发利用，各个城镇沿街的店铺也逐渐繁荣起来，从店名形式、结构到经营内容都较为和谐一致，新颖别致，体现一定的文化内涵。

当然，在社会经济爆炸式增长的节奏下，店名中也出现了"挺乃儿美容美体""等疯来""陈傻子海鲜"等较为粗俗甚至影响城市文明形象和社会经济文化健康有序发展的反面案例，这是社会发展过程中不可避免的。（此问题将在本书第七章做详细论述。）

第三节 提高店名文化传播效果的途径

我们围绕店名文化传播的所有分析研究，最终要达到的目的就是提升店名文化传播效果。那么，如何才能提高店名文化传播的效果？我们归纳了以下四个主要途径。

一、在命名上下功夫

对一个店铺来讲，起一个抓人眼球、蕴含美好意蕴的名字非常重要，可以帮助店铺树立美好的形象，提升顾客的好感，增强店名传播效果。起名是有策略和规律可循的，在保持店名简短好记、形式与内容一致、不能有歧义、要有美感、与周边环境相和谐的传统需求前提下，还要力求突破传统，有所创新，追求一定的时代感和文化内涵。

今天在全球性的市场经济与信息环境下，人们在物质与精神文化上都有长足发展，对于购物更多的是追求一种文化场景与思想精神上的享受。为满足不同受众的解读期待视野，店名的文化内涵传播成为时代需求。为了达到更好的传播效果，有些商家使用多种修辞策略，在店铺命名中采用夸张、象征、隐喻等传播手法，如餐店"天下第一涮""清粥小菜""风雅颂"等，能够在与顾客的交流中营造联想、想象、品位等高级审美情感活动，增强顾客的审美积极性和参与感，从而提高店名传播效果。

在传播内容中融入非语言传播符号以彰显店铺企业的文化情感、特色与品位。如"北京王府饭店"，立足北京作为历史都城的地域优势，从店名、店面装饰到服务人员形象塑造、服务形式都模仿复制当年的清王府，成为北京餐饮业中的一大特色，迎合了当下生活较为富裕的一部分人追求富贵奢华生活的心理，吸引不少来京的顾客去体验当年王府的饮食及其服务特色。

图 6.1 是临沂市南坊新区的一个海鲜酒店门面及其内景组合照片。店名"锦泽海鲜"，标明主要经营特色，并以蕴含"锦衣玉食、泽披天下"美好寓意的"锦泽"做属名，更重要的是搭配了具有江南港湾特色的内景装饰作为辅助性的非语言传播符号，挂匾名为"苏港寻梦"，加上一些具有中国传统风俗特色的挂件，餐具多采用船的形象，从店名到内装再到餐具的选择，都统一到海鲜经营这个主题上，可谓已经武装到牙齿了，把以东海海鲜为主要经营对象的餐店打造得非常有韵味，迎来大量顾客光顾。

图6.1　摄于临沂市北城新区天津路北段

二、凭借店主信誉提升传播效果

我国传统的商业经营之道就是以诚信为本，重义轻利，这样的商业理念才能作为一种文化长久流传下去。著名的百年老店、老字号、老品牌如"同仁堂""全聚德""惟一斋""楼外楼""东来顺"等就是靠诚信经营理念打造出来的。这些店名历经百年的岁月沧桑，几经打磨，传播至今仍然焕发出勃勃的生机与活力，传播效果可谓历久弥坚。而这种传播效果的获得与店主的诚信经营，享有极高的信誉是分不开的。店主的可信度与传播效果之间成正比关系，该可信度的测量与大众传播的职业传播者的可信度一样，表现为传播者的信誉和专业权威性。相对来说，店主的信誉相比专业权威性更加重要。所以，信誉是店家商业店铺立足的根本。

为了提高自己的信誉，店家主要在两个方面做出努力：一是不断提升店铺及商品的品质，与时俱进，不断研制新产品，满足顾客的需求；二是尽最大努力贴近顾客，惠及顾客。

20世纪90年代末，临沂下岗女工朱呈镕再就业，带领自己的团队自创"朱老大"（如图6.2）品牌，反复研发各种水饺和糖葫芦制作方法，成为"朱老大"品牌的主打产品，在通达路与启阳路交汇处开了第一家"朱老大饺子村"。朱呈镕致富不忘同病相怜的下岗职工们，帮助当时的临沂市一大批下岗工人谋求就业门路。她买了一大批三轮车，只收取少量的费用租给男性下岗工人赚钱养家，女性下岗工人则可以优惠批发糖葫芦零卖。朱呈镕的信誉

图6.2 摄于临沂市通达路

一度飙升，成为全省热心大姐的典范。在 2003 年"非典"期间，"朱老大"还向北京捐献了五万千克水饺，帮助北京渡过难关。餐店名犹如创始人其人，朴实、憨厚、有正义感，尤其是旁边的国旗很吸睛。饺子村在全国范围内开了几十家分店，可以说与其信誉、知名度是分不开的。

笔者曾经看到一则新西兰"吉百利巧克力公司"面临倒闭，热心顾客发起全国募捐极力拯救的消息，在两天之内获捐约合人民币 1500 万元。其原因就在于该公司老板的优良信誉，不仅注重巧克力的品质，还免费在当地举办巧克力豆奔跑大赛，15 年来，由于参赛人员越来越多，造成公司严重亏损，不得不宣布公司破产和结束持续 15 年的巧克力豆奔跑大赛。当地的顾客们受益多年，感觉这么好的企业倒闭实在可惜，不约而同地组织起这场"旷世奇捐"，挽救了这个企业。公司老总以诚信、友善赢得全国乃至世界上众多顾客的信任并感恩回馈，这在世界上是非常罕见的。

当下不少名人也都竞相以自己的名气为信誉保障，纷纷开创自己的第二事业，收到极好的传播效果。当然，由传播主体可信度决定的传播效果会随时间递减。尤其在当下物质产品极大丰富的市场经济环境下，顾客对一种产品会产生疲倦情绪。这就需要店家经常推陈出新，与时俱进，否则也会逐渐被市场冷落。

三、打造商品品牌提升传播效果

品牌传播 (Brand Communication)，是企业以品牌的核心价值为原则，在品牌识别的整体框架下，将特定品牌推广出去，以建立品牌形象，促进市场销售。品牌传播是品牌力塑造的主要途径，是企业满足消费者需要和培养消费者忠诚度的有效手段。

无论是老字号还是一般店铺品牌，都是品牌社会利用品牌叙事传达一种世界观、一系列超越商品功能和认知特征的信念。在品牌引领发展的当下，商家往往直接利用品牌给店铺命名，彰显店名符号的精神文化象征功能。如"全聚德"（如图 6.3）"凯撒""玖姿""LV""佰草集"等店名，以存在主义的纽带形式把消费者和品牌联系起来，是品牌的力量和源泉。品牌叙事的意指过程以自我循环的方式运行，这种自我循环能够带动消费者积极参与传播。

北京"全聚德"，创建于 1864 年（清同治三年），从字面上讲，"全"

寓意全心全意、全面发展；"聚德"即聚拢德行，是对德行为先、忠仁忠义的中国传统文化的精神象征和最好概括，是中国传统饮食文化的执着坚守和经典传承。"全聚德"运用自己独有的历史文化积淀塑造品牌、宣传品牌和发展品牌，成为代表北京古老历史文化和新生餐饮文化概念的中国第一餐饮品牌，在国内外享有盛誉。"全聚德"菜品经过不断创新发展，形成了以独具特色的"全聚德烤鸭"为龙头，集"全鸭席"和400多道特色菜品于一体的"全聚德"菜系，备受各国元首、政府官员、社会各界人士及国内外游客的喜爱，被誉为"中华第一吃"。

全聚德股份公司成立以来，秉承周恩来总理对其"全而无缺，聚而不散，仁德至上"的精辟诠释，发扬"想事干事干成事，创业创新创一流"的企业精神，扎扎实实地开展了体制、机制、营销、管理、科技、企业文化、精神文明建设七大创新活动，确立了充分发挥"全聚德"的品牌优势，走规模化、现代化和连锁化经营道路的发展战略。十几年来，以独具特色的饮食文化塑造品牌形象，积极开拓海内外市场，加快连锁经营的拓展步伐，已经形成拥有70余家"全聚德"品牌成员企业，上万名员工，品牌价值近110亿元的餐饮集团。

"不到万里长城非好汉，不吃全聚德烤鸭真遗憾。"这发自国内外五洲宾朋内心的赞美，使"全聚德"同中国的长城一样，成为中华民族的又一象征。两百多个国家和地区的元首、政要都曾光临"全聚德"。百余年来，"全

图6.3 摄于北京市宣武区前门大街

165

聚德"总济天下同仁，高朋满座，胜友如云。"全聚德"不仅仅是在做生意，它还在传播中华民族的饮食文化，成为促进中外友谊、交流与合作的纽带和桥梁。"全而无缺、聚而不散、仁德至上"，百年的炉火，锤炼出不灭的企业精神，传导着"全聚德"不畏艰难、全力以赴、奋力拼搏、谋求发展壮大的宏图伟志，体现着"全聚德"同心协力、锲而不舍、聚心、聚志、聚力、追求事业发展和永远奋进的顽强精神，象征着"全聚德"圆满、团圆、仁义、恭谦的道德观念和以德为先、诚信为本，热情、周到为各方宾客服务的经营理念。"全聚德"既古老又年轻，既传统又现代，正向着"中国第一餐饮，世界一流美食，国际知名品牌"宏伟愿景而奋勇前进。

上海的"万升""老正兴"，洛阳的"真不同"，济南的"汇泉饭店"，绍兴的"咸亨酒店"等都是享有盛誉的历史名店、老字号餐饮品牌，这些以品牌命名的餐店能够在与消费者的关系中获得优势地位，符合人们在多元文化包裹下文化寻根的精神需求。餐饮企业在经营中逐步形成的品牌文化积淀，代表了企业和消费者的利益认知与情感归属，是品牌与传统文化以及企业个性形象的总和，是消费者对品牌在精神上的高度认同。在民族文化复兴语境下，这类老字号的品牌力越来越强大。

"俏江南"，创始于 2000 年，以被称为"中国传统文化精粹"的脸谱为标志，中英文结合的店名，竹子内墙上画有中国传统习俗的装饰画，餐厅里的戏曲元素增添了餐馆的艺术魅力。自成立以来，"俏江南"遵循着创新、发展、品位与健康的企业核心精神，不断追求品牌的创新和突破，从国贸第一家餐厅到北京、上海、天津、成都、深圳、苏州、青岛、沈阳、南京、合肥等 50 多家店，从服务商业精英、政界要员到 2008 北京奥运会、2010 上海世博会……历经十几年的健康成长，俏江南已经成为中国最具发展潜力的国际餐饮服务管理公司之一，并引领着中华美食文化走向国际市场，"俏江南"的品牌力逐渐提升。

很多普通店铺正在向着品牌店铺发展。如港式餐厅"高第街 56 号"，"高第街"是广州一条状元街，是古人科举情绪的见证者，而 56 号院世代出才子，"高第街 56 号"名称中蕴含的是一份"高中及第"的好彩头。自古至今，我们国人都有盼子成龙、盼女成凤的父母情结，这一品牌的价值就在于利用古代人们考试改变命运的历史，彰显当下人们对子女的殷切期盼，成为草根、白领和小资经常光顾的天堂。浙江的"绿茶餐厅""外婆家"，内蒙古的"小肥羊"等也分别创建了自己的餐饮品牌，影响力越来越大。

2015年，马云等收购了"肯德基""必胜客"和"Taco Bell"三大品牌在中国的独立经营权，组建了中国最大的餐饮上市企业——"百胜中国"，将餐饮企业发展成中西合璧的国际品牌，是中国饮食文化国际化进程中的一种新结晶。

可见，店铺依靠优良的产品品质打造企业品牌，在品牌文化的推动拉升下，不断提高店铺的知名度和美誉度，助推店名传播效果的提升，相关的研发产品也会跟着风生水起，这也是一个企业从起步到做大、做强的规律所在。

四、借助现代媒介技术拓展传播效果

店名文化传播的途径越来越丰富多元，音频、视频成为强势传播形态。日本的《寿司之神》、我国的《舌尖上的中国》等传播范围之广、影响之大是前所未有的，将"二郎寿司"以及中国小吃店铺全方位、立体地推向全球、推向全世界，引起强烈反响。纪录片展现了食物给人们生活带来的仪式、伦理等方面的文化，见识中国特色食材以及与食物相关、构成中国美食特有气质的一系列元素，了解中华饮食文化的精致和源远流长。

如今，信息技术的高速发展，互联网这个被喻为继报纸、广播、电视以后的第四媒体，以其快速、高效的优势将信息传递带到了一个全新的境界，同时也为企业创造出前所未有的商机和宣传平台。互联网的成熟与发展，为广告提供了一个强有力的、影响遍及全球的载体，它超越地域、疆界、时空的限制，使商品的传播达到全球化。除了利用报纸、交通广播、电视等传统媒体为店铺拓展宣传渠道，更多商家充分利用互联网电子传播媒介，把店名、店铺经营内容介绍、店铺文化、价位、联系电话等信息以图片或视频的形式一并呈现到网络空间，使现代商贸文化"传"的形式与现代大众传播"传"的形式形成全面碰撞，无形中让店名插上翅膀，飞出店名实体的地域限制，扩大了传播效果。具体有以下几个方面。

（一）微视频、直播技术的应用

随着网络技术的不断开发，网络店铺可以利用直播技术，全面展示自己的产品，介绍产品的特点、性能、使用方法以及注意事项，给网购者一个现场参与感，以弥补网络只是展示产品图片的平面感、失真感的不足。比如，网购衣服最大的不足就是不能上身试穿，店家可以让模特模拟现场试穿衣服，

全方位介绍服装的面料、款式、不同尺寸与颜色,跟顾客一个现场的交流互动,弥补了网络摸不到、看不全的距离感和虚拟局限性,取得很好的传播效果。

(二)分众精准传播

未来,店名将主要搭载互联网、手机移动网络等传播平台,仍然是商贸文化的重要载体和传播场域。网络店铺的细致分类、浏览和消费记录,已经形成商贸文化传播大数据,店家可以根据顾客的个人消费喜好,利用微信、微博进行分众传播,店名仍然是信息推送的首要元素。网络具有交互性、持久性、多元性及密集性等四大特点,商家可以充分利用这些特点作为店名笼络网友,锁定并力求拓展顾客范围。因为网友对网络有惯性,一旦认定了一帮人群,他就会长期黏在网上,而不像传统媒体,任何一个好的内容都可能吸引一帮人走,这对于网上的广告、店铺同样产生一定的黏度。

(三)VR、AR 技术的开发与应用

VR 是一种虚拟现实技术,是仿真技术与计算机图形学人机接口技术、多媒体技术、传感技术、网络技术等多项技术的融合。主要包括虚拟环境、感知、自然技能和传感设备等方面。理想的虚拟现实应该具有一切人所具有的感知功能。简单说,VR 就是数字化仿真技术,是拷贝、复制现实世界中的一切规律,包括物理的,也包括人体感知的,它旨在构建一个全新的、符合人类现实世界规律的虚拟世界。

AR 是一种增强现实技术,是一种将真实世界的信息和虚拟信息整合的技术。只要 AR 技术足够成熟,通过 AR 的智能硬件就可以无限发掘出现实事物背后的一切信息。AR 硬件的作用就是把虚拟的数字信息深度结合到现实事物上。

如果这两种技术能够实现完美结合,未来将在医学、艺术、航空航天等多个领域发挥非常重要的作用,包括商家的店名宣传。店家可以通过这种技术把自家店铺制作成全景视频发布到网络空间,消费者可以同样使用这种技术来亲身体验商品,突破网络传播的平面性和虚拟局限,以切实实现精准传播,扩大商品的成交量。2016 年被称为"VR 元年",目前这两种技术尚在开发研究阶段,还没有推广应用,我们期待智能生活早一天来临。

第七章　店名文化传播问题与对策

　　美国历史学家大卫·彼特曾经说过，现代广告的社会影响力可以与具有悠久历史传统的教会和学校匹敌。广告主宰着宣传工具，它在公众标准形成中起着重要作用。曹志耘也指出，各个民族都有其独特的对世界的认知和表达方式，有自己的哲学观念。哲学观念深刻地影响着有关语言的结构和运用，当然也影响着广告语言的应用。作为广告的一个重要成分，商家店名也同样具有影响力，它同其他形式的广告语言一样，是人们认知活动的反映。可以说，店名表现出了人们真实的运用心理和不同的社会文化语境，折射出了人们的价值取向和世界观。

　　企业名称、门店牌匾，不仅仅是一个标识符号，还可以从中窥测其文化品位、志趣格调和思想境界，[35] 店名是城市、社会、时代的一张名片。店名是否规范、是否有时代特色、是否传递一种积极的商贸文化、是否与社会主流文化合拍，不仅关乎一个城市、一条街道的文明形象，对引导社会经济文化健康有序发展也具有重大现实意义。一个新奇好记、响亮上口的店名，可以让消费者过目不忘，印象深刻；一个内涵丰富、意味悠远的店名，则让人意犹未尽，念念难忘。但是，一个空洞、无味、媚俗的店名也会给城市和社会带来不良影响。

35　潘文国.实用命名艺术手册[M].上海：华东师大出版社,1994:51.

第一节 店名文化传播存在的问题

一、店名文化传播存在的主要问题

总体上看，店名作为一种社会用语，在传播社会文化、繁荣城市经济文化方面做出了重要贡献。但是近年来，随着市场经济的竞争加剧，一些商家为了夺人眼球，在店铺命名上玩弄技巧，求奇求怪、崇洋尚大，在店名中出现跟风性、崇洋性、媚俗性、无厘头性等问题。具体表现在以下方面。

（一）店名形式不规范

店名作为公共空间中的一种社会用语，不仅传播具有广告、宣传作用的信息，也部分地反映和代表着城市的文明程度和管理水平。笔者走访了北京、上海、丽江、青岛、济南、临沂等城市部分商业繁华街道，发现店名都不同程度地存在一些问题。

1. 繁体字、生僻字的使用

繁体字指已有正式简化字体所代替的汉字，繁简字体的明确区分始于中国文字改革委员会于 1964 年编印的《简化字总表》。1986 年 10 月，国家语言文字工作委员会在《关于重新发表〈简化字总表〉的说明》中明确指出："凡是在《简化字总表》中已经被简化了的繁体字，应该用简体字而不用繁体字。"[36] 国家在政策层面反对乱用繁体字和不规范的简体字，繁体字的使用目前仅限于出版用字、书法用字、姓氏用字几个方面。作为店名，不在使用繁体字之列。但是在我们收集的店名语料中存在繁体字和简体字混用的现象。如图 7.1 的"上島咖啡""可頌坊"（蛋糕甜品店），"君品炒雞"（餐店），以及"百脑匯"（电子用品店）、"雪中飛"（羽绒服品牌店）、"卿云軒"（复旦大学礼品店）、"樂魚"（烤鱼店，图 7.2）等。大概是因为繁体字更注重表意，从视觉上来看比简化字更形象，所以有些店主以为使用繁体字会使店名更加彰显文化底蕴，古色古香。但是这与《中华人民共和国

36　语文出版社.语言文字规范手册[M].4版.北京：语文出版社，2006.7.

图7.1　2017年摄于上海交大南门

图7.2　摄于临沂市南坊新区天津路

国家通用语言文字法》第十四条规定"招牌、广告用字、企业事业组织名称应当以国家通用语言文字为基本的用语用字"相违背。更有甚者，在本来就复杂的繁体字上多一横、少一竖，随意篡改，似是而非，让人摸不着头脑。

生僻字就是不常见或人们不熟悉的汉字，在店名中使用生僻字可谓是一把双刃剑，一方面可以引起人们的好奇心而进店看个究竟，收到较好的传播效果；另一方面，由于不常见、不认识，更多人们选择回避，反而起不到店家的传播意图。正因如此，店名中使用生僻字的不多，但是存在的。如"羴（shan）""鱻(xian)"等字，在个别餐馆中会出现。从字面上看，店内经营特色分别与羊、鱼有关，形象生动，但是读音比较难辨认。

2. 存在异体字、错别字

异体字是读音、意义相同但字形不同的汉字。如"村"与"邨"，"烟"

与"煙"等，在 1955 年 12 月中华人民共和国文化部中国文字改革委员会关于发表《第一批异体字整理表》的联合通知中，后面的字体已经被规范掉，改用前者代替。但是在个别店名中仍然存在异体字，主要出现在一些小店牌匾上。这与《中华人民共和国国家通用语言文字法》第十四条规定"公共服务行业以规范汉字为基本的服务用字"相违背。

错别字就是写错字或者用 A 字代替 B 字。错别字的出现原因是多方面的，但是若在店名中出现错别字，其不良影响是不容忽视的。如，在小店牌匾上把"鸡蛋"写成"鸡旦"，把家具写成"红木家俱"，按照《新华字典》的解释，"具"是器物的意思，而"俱"是全部、都的意思，显然"俱"应改为"具"。"清溪渡假山庄"，"渡"一般表示横渡水面或渡口的意思，而"度"表示过、由此到彼的意思，显然"渡"应该改为"度"。

3. 店名表意不清

作为商业店名，首先应该让顾客知晓商店的服务内容，然后才能判断是否进店消费。但是有些店铺片面追求新、奇、怪、洋，故意将服务类型掩饰住，欲求"犹抱琵琶半遮面"的模糊效果，谁知带来的却是表意不清的缺憾。如图 7.3 中店名"木不子"，看名称既不是一个词，也不是一个短语，只是三个字的排列组合，根本不知其经营的是什么，进店才搞明白原来是女装，不知店家起这么个表意不清的店名因缘何在，但是如果不往店内看，很多顾客只会走过路过，难以达到其预期的传播效果。

图7.3 摄于临沂市颐高上海街

纯英文的店名。用纯英文做店名，尤其并不是大家熟知的品牌，广告宣传少、没有汉字或汉语拼音解释的店名，对英文水平一般的顾客来说简直就像读天书（如图 7.4）。这类店名不在少数，大多为女性服装店，大概女装最注重追求时尚、流行、崇洋，

图7.4 摄于临沂市颐高上海街

店家抓住顾客的尚新、尚奇的心理，故意起个意在表明经营的是外来流行商品而具体表意不清的店名来吸引顾客。其实，店内服装的生产厂家跟外国毫无关系。单独使用外国文字命名曾经成为一种潮流，并且呈现逐年增多的趋势。

还有一些店家的店名索性就用符号来代替。临沂市解放路有一家店铺名为"＋－×÷"，让过往的市民很难想象这是卖什么的。据老板说，取这个让人觉得奇怪的"店名"，就是想吸引大家的眼球，其实卖的货和别人的没啥区别。

4. 店名存在模仿跟风的雷同现象

店名在用词上一个共同的目的是追求效应，符合大众口味，或者是社会上普遍叫好的词，因此，比较容易出现店名的雷同现象。有些是店家有意模仿，如临沂市是王羲之的故乡，以羲之命名的店名有"羲之宾馆""羲之故居""羲之酒家""羲之学校"等；临沂也是近代红色革命根据地，无私奉献的"红嫂精神"是红色沂蒙精神的重要代表，因此出现了"红嫂煎饼""红嫂特产""红嫂烟酒副食""红嫂水饺"等店名。借名人之名或名店之势命名，也许会借东风之势取得一时的好处，但是并非正途，如果前者已经注册商标，甚至独家买断，就有可能引起法律纠纷。当然，有些店名并不是店家有意去模仿，但是在客观上出现的这种雷同现象，其实并不容易体现店名的差异性，也就不容易宣传自己。

（二）店名内容意义不协调

1. 虚张声势，名不副实

希望自己的生意兴隆、雄冠群商、成名成器是商家的普遍心理，可以理解。但是有些店家不考虑自己的经营实力和实际的经营规模，在给店铺命名时故意过分夸张，造成店名与店铺经营规模不一致的现象，这种名不副实的店铺名称可能会吸引顾客光顾，但是绝大多数顾客会有一种上当受骗的感觉，反而难以获得消费者的信任。笔者就曾经走进一家名为"童装大世界"的商店，以为是一家规模较大的童装超市，结果很失望，店铺只有20多平方米，童装种类和品质都一般，与心理期待相差甚远。类似的店名有很多，如"五金总汇""中华烟酒行""天下第一涮""家具广场""手机大世界"等，这些店铺的经营规模并不大，名字却过度夸张，给人一种浮夸、不实在的感觉，甚至引起人们的反感。

2. 盲目崇洋，刻意复古

随着我国对外开放程度的不断加深，港台及西方商业文化对人们的影响逐渐深入，在日益激烈的商业竞争中，一些人产生了一种错误的观念。不少商家以为取个洋店名就能迎合消费者的崇洋心理，提高自己店铺的档次，所以纷纷用外文或者不知何意的翻译作店名。如"罗马休闲中心""凯

图7.5　摄于临沂市颐高上海街

撒服饰""费若拉""SOfit色非"（如图7.5）"好望角"等。有些店铺卖的的确是外来商品，用外文命名店铺无可厚非，如"费若拉"经营的是意式披萨，"凯撒服饰"是法国服装品牌等。但是更多的店铺根本没有一点儿异域风情，就不免有盲目崇洋的嫌疑。

还有一些店名刻意复古，比如"风雅颂""甘其食""泷千家""伊顺斋"等，并没有把古城的风韵体现出来，反而给人一种格格不入的感觉。

3. 庸俗、媚俗、无厘头

随着网络以及其他大众媒体泛娱乐化倾向的加深，大众流行文化的庸俗化、媚俗化和无厘头主义倾向越来越严重，并且反映到店名中。有少数几家商店故意选用粗俗字眼命名，以刺激人们的逆反心理，以此来招徕顾客。如"我铐——恶魔巾栈""挺乃尔美容美体馆""等疯来""陈傻子海鲜""花花公子""蜀锦香厕所串串""笨笨网吧"等。这类店名与社会主流文化与价值观相忤逆，对城市文明形象的塑造与发展不利，对青少年儿童的识字教育也会产生不良影响。

二、店名不规范带来的负面影响

店名不规范带来的负面影响很大，主要表现在以下几个方面。

（一）影响城市文明形象

店名是城市街头一道靓丽的风景线，店名是否规范、是否与店铺内容和谐统一、内涵是否富有历史或时代文化因子，将直接影响这个城市的精神文明建设。所以，规范店名用语有助于提升城市文明形象，吸引更多的游客光顾，甚至在提升城市经济实力方面也能起到很大作用。

（二）影响青少年学习识字

近几年，我国为了弘扬与传播传统文化，领略汉字之美妙，2014年中央电视台接连推出了《中国汉字听写大会》《中国成语大会》等大型电视文化节目，在青少年中掀起一股热爱汉字、重视汉字、传播汉字、继承弘扬汉字的热潮。同样是展现汉字之美的形式，店名作为城市街头公共空间的社会用语，是青少年识字、了解社会、获取信息的一个重要途径。但是店名中存在的少数繁体字、生僻字和错别字，还有书写不规范、表意不清的汉字，对青少年的识字结构会产生较大的负面影响。

（三）影响社会文化环境

店名用字是社会用语传播与传承的一个窗口，也是中国传统文化建构、发展与传承的一个重要组成部分，它对公众文化素质的培养起到了潜移默化的宣传作用。可以说，店名是一定社会思想、文化观念的浓缩，因此，店名背负着社会文化传播的道德原则与责任。一些不文明、丑化、洋化和不规范的店名长期存在，势必会对民族道德、价值观念、世界观等产生负面影响，对建设友好和谐的语言生活、跟上时代信息前进的步伐、建设文明和谐的社会文化环境、发展文化生产力也会产生巨大的负面影响。

第二节　店名文化规范的意见与建议

一、店名不规范的原因探究

（一）部分商家法律意识淡薄

1987年4月10日，国家语言文字工作委员会、商业部、对外经济贸易部、国家工商行政管理局共同制定了《关于企业、商店的牌匾、商品包装、广告等正确使用汉字和汉语拼音的若干规定》对商店牌匾命名的规范化提出了具体要求，指出：商店的牌匾以1986年10月10日重新发表的《简化字总表》为标准，不得使用已被简化了的繁体字和不符合《简化字总表》规定的简体字，包括已废止的《第二次汉字简化方案（草案）》中的简化字、书写行款，一般应采用左起横行。还指出，本规定自下达之日起施行，在此之前用字不合规范的商品包装等（到用完为止），企业、商店的牌匾今后应当采用规范字书写。

由于大部分店主以为就是给店铺起个不同一般的名字，与法律何干？所以开店前并未认真研读此法规，导致一些命名不规范现象的产生。

（二）商家审美素养有待提高

由于店主文化水平不一，个人审美素养参差不齐，这些因素会与店名及其所蕴含的社会文化有一定的联系。尤其是英汉语结合的店名，如果店主文化水平高一些，所起的店名就比较规范，不会出现不伦不类的现象；即使想从语言方式上哗众取宠，让受众也能比较自然地接受，甚至有一种新鲜感。如"台北传奇 The Legend of Taibei""当代艺术家画廊 Modem Artist Gallery"等，都非常规范。相反，如果店主文化水平不高，在刻意追求新奇时就很可能忽视了店名的规范，给人一种东施效颦、不伦不类的感觉。

（三）执法监管不到位

城市工商部门在审核经营者的开业申请材料时，主要审核的内容包括是否重名、有无场所、有无公司章程等，对于商店名称中出现的繁体字、生僻字、错别字等问题并没有采取严格的监管措施。另外，我国对汉字的规范性管理也仅仅局限在倡导的层面，这就造成了即使街面上出现了一些不规范的店名也无人过问的局面，使得一些商家过分追求新奇怪异而不顾其带来的负面影响。

（四）民间监督缺失

管理部门对店名的规范还只限于开店、登记等初级管理阶段，并没有具体的实质性的命名要求。在民间人们对店名只限于有意无意地观赏阶段，并没有形成一股监督的力量。好的店名自然会被分享、传递。但是不规范的店名也只限于口头说说，并没有形成自发的监督力量对其进行影响和约束。这也是导致店名不规范现象的一个重要原因。

二、店名规范建议

根据《企业名称登记管理规定》等相关规定，"经营者的店名不能有损于国家和社会公共利益，不能对消费者造成欺骗和误解等。"[37] 因此，商家为炒作，故意挖空心思取些稀奇古怪的名字固然可以理解，但取名必须有必

37　企业名称登记管理规定[M].上海:中国经济出版社，2004:124.

要的尺度，店名不应该含有人身攻击、性别歧视、粗俗或其他欺骗性内容，否则工商部门有权不予登记或即便是登记了亦可予以纠正。商店标识用字是面向广大社会公众、供人识记的示意性文字，因此必须使用规范字，才便于群众辨认，得以发挥标识性作用。但是目前，有些商标定型字已使用了繁体字或异体字，并且已经注册，成为一种无形资产，若要更改，会引发一些麻烦和遭受一定的经济损失，如商业老字号、姓氏中的异体字、书法艺术作品等已注册的商标定型字，允许其保留繁体字、异体字，可暂不更改。但新注册的商标，必须使用规范字。我们可以采取以下措施进行规范。

（一）完善相关政策法规

目前，我国有关商店命名方面的法规不多，据我们所掌握的材料，仅有两个规定、一个细则：一个是上文提到的《关于企业、商店的牌匾、商品包装、广告等正确使用汉字和汉语拼音的若干规定》；一个是《企业名称登记管理规定》；一个是《全国城市社会用字检查细则》。从这几个法规中可以看出，目前我国对商店名称的用字规范现象还处在宣传提倡阶段，还没有从法律和监管层面制定严格的监管措施以及违规惩处措施。所以，为了促进店名用语的规范化，还需要进一步完善相关法律法规及政策。在此基础上，国家工商部门应加大监管力度，争取逐步清除商店用字的不规范现象。

（二）树立汉字规范意识

店名不是随心所欲的行为，它传递着文化信息，一旦定型，便是社会信息的一部分。

作为商家，应重视商铺店面的命名。作为工商部门，在审核商铺成立的条件时，除了核查是否有重名现象，还应该从语言文化角度进行把关，确保每一个商店名称都传递正确的文字信息。教育部门也应加强汉字基本功方面的教育，尤其在普遍使用电子媒介的当下，人们动手写字的机会越来越少，汉字书写基本功越来越差。学校应该重视学生汉字书写基本功的训练，这也是传承中国传统文化的一部分，使学生从小学开始就接受汉字规范化的观念，养成正确书写汉字的顺序，培养汉字规范意识，在他们日后的职业生涯中，就会自觉地拒绝使用不规范汉字，从而对商店的合理命名起到一定的促进作用。

（三）从政府、市场、民众三个层面构建三位一体的文化价值引领体系

社会用字标准化、规范化是国家统一、民族团结和社会进步的重要标志，是城市文明程度的具体体现。名牌字号用字不规范，不仅有损城市的整体形象，而且对人们的思想——特别是对中小学生的认知会造成不良影响。为了提高精神文明建设和城市管理水平，许多城市根据《全国城市社会用字检查细则》和有关规定，制定并实施了一些有力措施，取得了一定的成效。但是并没有做到店名完全规范化。

我们应该重视这个问题，从政府、市场、民众三个层面共同构建三位一体的文化价值引领体系。从政府层面来讲，进一步细化、健全规章制度，统一规范管理；进一步严格依法管理，提升城市形象，充分发挥城管系统的职能作用，加大管理和执法力度，逐步规范店招、店牌用字。从市场层面来讲，进一步加大宣传教育力度，比如开店前需要参加企业文化宣传与规范培训，提高店家的文化水平和思想认识，让他们明白，文化是从文字开始的，以提高其店名用字的责任意识，在商贸市场层面形成良性的汉字文化竞争意识。从民众层面来讲，要形成崇高的审美素养，对不雅、媚俗和过于无厘头的店名要表现出嫌弃、厌恶，而不是猎奇、喜欢，让不规范的店名没有市场，客观上对店名的规范化起到监督的作用。这样，就形成了政府监管、民众优化鉴别、市场良性循环之三位一体的文化价值引领体系，推动我国店名的规范化发展。

商家店名的诞生离不开创意，但创意绝不是随心所欲、天马行空。创意来源于信息、知识和经验，是科学与艺术的结晶。一方面，我们要以宽容的态度看待语言生活的新现象，研究新问题；另一方面，我们要及时跟踪研究语言生活中的热点问题，处理好语言规范与语言发展的关系。当前，我国商业店名中存在的语言文字应用的种种不良倾向，说明当前我国语言文字生活中缺乏有力的引导和严格的监管机制，也说明我国的社会用语制约机制尚在建立和完善中。同时也说明有关商家缺乏社会责任感，不重视祖国神圣的语言文字。因此，要避免商店名称中的语用失误，要纠正我国语言文字应用中的不良现象，有关各方一定要认真贯彻执行国家语言文字工作的方针政策，重视语言文字的规范化、标准化工作，要自觉维护我国语言文字的纯洁性。

参考文献

一、著作文献

[1] 郭庆光. 传播学教程 [M]. 北京：中国人民大学出版社，2011.

[2] 何兆熊. 新编语用学概要 [M]. 上海：上海外语教育出版社，2000.

[3] 周明强. 现代汉语实用语境学 [M]. 杭州：浙江大学出版社,2005.

[4] 王思斌. 社会学教程 [M]. 北京：北京大学出版社，2008.

[5] 李彬. 符号透视：传播内容的本体诠释 [M]. 上海：复旦大学出版社，2003.

[6] 李彬. 传播符号论 [M]. 北京：清华大学出版社，2012.

[7] 李佐文. 认知语用学导论 [M]. 北京：中国传媒大学出版社，2010.

[8] 潘文国. 实用命名艺术手册 [M]. 上海：华东师范大学出版社，1994.

[9] 李涛. 动画符号与国家形象 [M]. 杭州：浙江大学出版社，2012.

[10] 戴元光，金冠军. 传播学通论 [M]. 上海：上海交通大学出版社，2000.

[11] 何自然，冉永平. 新编语用学概论 [M]. 北京：北京大学出版社，2009.

[12] 刘森林. 语用策略 [M]. 北京：社会科学文献出版社，2007.

[13][加拿大] 迈克尔·格里高利，苏珊·卡洛尔著，徐家祯译. 语言和情景——语言的变体及其社会环境 [M]. 北京：语文出版社，1988.

[14] 冉永平. 语用学：现象与分析 [M]. 北京：北京大学出版社，2006.

[15] 王德春. 语体学 [M]. 南宁：广西教育出版社，2000.

[16] 史秀菊. 语境与言语得体性研究 [M]. 北京：语文出版社，2004.

[17] 朱永生. 语言·语篇·语境 [M]. 北京：清华大学出版社，1993.

[18] 朱永生. 语境动态研究 [M]. 北京：北京大学出版社，2005.

[19] 杨中举，公衍梅，路双. 微传播研究 [M]. 西安：西安交通大学出版社，

2016.

[20] 赵勇，周忠元. 艺术学概论 [M]. 济南：山东人民出版社，2013.

[21] 袁辉，李熙宗. 汉语语体概论 [M]. 北京：商务印书馆，2005.

[22] 邵敬敏. 上海店名文化心理分析 [M]. 汉语广视角研究，东北师范大学出版社，2006.

[23] 薛亚青. 群体主持电视综艺节目会话研究 [M]. 济南: 山东人民出版社，2015.

[24][美] 艾·里斯，劳拉·里斯，寿雯译. 品牌的起源 [M]. 北京：机械工业出版社，2016.

[25] 黄伯荣，廖旭东. 现代汉语（增订五版）[M]. 北京：高等教育出版社，2011.

[26] 钱理，王军元. 商店名称语言. 上海 [M]：汉语大辞典出版社，2005.

[27] 王军云. 商名是金 [M]. 北京：中国华侨出版社，2005.

[28] 罗听如. 社会用语用字规范化透析 [M]. 长沙：湖南师范大学出版社，2004.

[29][法] 罗兰·巴尔特，李幼蒸译. 符号学原理 [M]. 中国人民大学出版社，2008.

[30][芬兰] 埃罗·塔拉斯蒂，黄汉华译. 音乐符号学原理 [M]. 上海音乐学院出版社，2017.

[31][美] 约翰·迪利，张祖建译. 符号学基础 [M]. 中国人民大学出版社，2012.

[32]Paul Drew & John Heritage(eds).Conversation Analysis volume Ⅳ :Institutional Interactions.London:Sage Publications.2007.

[33]J.Maxwell Atkinson & John Heritage(eds).Structures of Social Action. Cambridge: Cambridge University Publications.2010.

[34] 陈为艳. 播音主持艺术及主持人发展研究 [M]. 九州出版社，2016.

[35] 徐传胜. 圣彼得堡数学学派研究 [M]. 科学出版社，2016.

[36] 林岗. 符号·心理·文学 [M]. 花城出版社，1985.

[37] 王国安，王小曼. 汉语词语的文化透视 [M]. 汉语大词典出版社，2003.

[38] 孙继善，孙歧. 汉字与中国古代文化 [M]. 内蒙古大学出版社，2011.

[39] 沈松勤 . 唐宋词社会文化学研究 [M]. 浙江大学出版社，2000.

二、论文文献

[1] 李彬 . 语言·符号·交流——谈布拉格学派的传播思想 [J]. 新闻与传播研究，2002（2）.

[2] 李彬 . 传播符号及其意义——大众传播学通俗讲座（二）[J]. 军事记者，2002（2）.

[3] 李涛 . 传播符号学视阈中的动漫传播理论建构 [J]. 当代传播，2011（6）

[4] 刘宁生 . 店名的社会语言学分析 [J]. 中国语文天地，1987（06）.

[5] 郑梦娟 . 当代商业店名的社会语言学分析 [J]. 语言文字应用，2006（03）.

[6] 郭先珍 . 店名的社会文化属性 [J]. 语文建设，1996（04）.

[7] 取得好店名 招徕八方客——济南饮食店名的取名心理分析 [J]. 民俗研究，1999（11）.

[8] 李洪彩 . 临沂市牌匾语言与沂蒙文化探析 [J]. 临沂师范学院学报，2005（10）.

[9] 童慧刚 . 试论店名属词的创新及其文化意蕴 [J]. 上海大学学报，2000（02）.

[10] 王玉华 . 店名修辞及其审美取向 [J]. 天津大学学报，2006（09）.

[11] 甘娟 . 从"陌生化"的角度看英文店名的修辞 [J]. 广东工业大学学报，2008（12）.

[12] 金敏呈 . 汉语商业名称的语义探讨 [J]. 汉语学习，1999（12）.

[13] 中餐馆店名的语言及文化特点分析 [J]. 修辞学习，2004（01）.

[14] 申智奇 . 得体性：商业店名的语用理据 [J]. 华南师范大学学报，2007（06）.

[15] 潘峰 . 店名语用的三个原则 [J]. 语言文字应用，2011（08）.

[16] 杨昆 . 表层融合与深层认知——店名的认知语用分析 [J]. 大学英语（学术版）2011（09）.

[17] 李丽辉 . 从修辞角度看店铺名称中的数词 [J]. 湖南社会科学，2007（01）.

[18] 张扬 . 大庆市商业店铺名称语言特征分析 [J]. 大庆社会科学，2015（10）.

[19] 晓枫 . 中国广告跨文化传播提升策略思考 [J]. 新闻前哨，2017（12）.

[20] 胡璇.汉字的文化功能与文化传播的意义 [J].新闻与写作, 2017（12）.

[21] 胡跃东.新媒体对文化传播力的影响分析 [J].新闻研究导刊, 2017（10）.

[22] 李唐.新媒体对文化传播力的影响与提升研究 [J].视听, 2017（11）.

[23] 马彩丽.服饰招牌的多元化语言学透视 [J].语文学刊, 2009（10）.

[24] 张小霞.理发店店名的社会语言学分析 [J].咸阳师范学院学报, 2015（3）.

[25] 徐晓艳.美国商店名称的认知语言学探究 [J].学术探索, 2012（1）.

[26] 耿春玲, 玉红.从招牌语言的特点看语言对社会的映射 [J].理论界, 2006（02）.

[27] 黄巧银.南宁市招牌语的社会文化内容初探 [J].广西教育学院学报, 2008（04）.

[28] 蒋华.永州店名中永州城市文化的传承与缺失 [J].社会科学论坛（学术研究卷）, 2009（11）.

[29] 邢丹.从邹城大城小铺, 探店名文化内涵 [J].青春岁月, 2013（21）.

[30] 阮崇友.昆明市茶馆店名的语言文化内涵探析 [J].文教资料, 2014（09）.

[31] 蒋华.店名中成语使用之原因及其类型 [J].社科纵横, 2008（09）.

[32] 闫润.锦州市店名的命名文化内涵与功能探析 [J].青年作家, 2014（16）.

[33] 方颖.商丘古城店名分析及文化解读 [J].商丘职业技术学院学报, 2015（04）.

[34] 许红晴.当代网络服装店名的社会语言学分析 [J].小说评论, 2013.（3）:271—275.

[35] 李雪青.浅析成语在饭店名称中的运用 [J].北方文学（下半月）, 2010（03）.

[36] 魏荣.甘肃店名用语特点及审美取向浅论 [J].改革与开放, 2011（03）.

[37] 兰金梅.巴彦淖尔市蒙餐饭店名的语言文化探究 [J].景德镇学院学报, 2015（08）.

[38] 潘佳凝.城市中店名、广告牌的语言学文化 [J].青年文学家, 2014（08）.

[39] 李首鹏.商店店名的类型管窥 [J].重庆邮电学院学报, 2006（03）.

[40]林岩,黄燕生.中国店铺幌子研究[J].中国历史博物馆馆刊,1995(12).

[41]金石.古代商家招牌谈片[J].文史杂志,1996(12).

[42]张大鲁.水村山郭酒旗风——传统招幌漫谈[J].苏州丝绸工学院学报,2001(05).

[43]刘惠琼.城市商店名称演变的跟踪研究——以广州市北京路为例[J].华南农业大学学报,2009(04).

[44]黄利华,胡伟芳.当代美发店店名的命名策略[J].商场现代化,2008(06).

[45]韩山.浅谈商店文明用字[J].商业文化,1995(03).

[46]蒋重母,邓海霞.武汉街道招牌用字不规范现象管窥[J].武汉教育学院学报,2001(02).

[47]杨永和.我国语言文字应用中的不良现象——以商家店名为例[J].商场现代化,2007(04).

[48]丁安英.青岛市店铺名存在的问题、原因、影响及建议[J].语文学刊2015(02).

[49]陈萌.商店名称的现代符号学解读[J].重庆科技学院学报,2009(10).

[50]王楠楠.什刹海商业店名的民俗文化内涵[J].文化月刊,2015(10).

[51]李景生.店名变化与人们审美价值的取向[J].贵州工程应用技术学院学报,2008(05).

[52]傅钰.试论网络店名体现出的新特点[J].怀化学院学报,2012(06).

[53]唐七元.试谈网络书店名的结构特点及其文化内涵[J].语文学刊,2012(02).

[54]李华.网店名称的语言调查及社会文化分析[J].山东农业大学学报(社会科学版),2010(09).

[55]马洪波.安阳市区店名的社会语言学分析[J].安阳师范学院学报,2013(2).

[56]张建华.社会学视角下的小吃机店名分析[J].安徽文学(下半月),2013(10).

[57]蔡滢,王正琪.从社会学视角分析南昌市商业店名[J].海外英语,2017(4).

[58]王耿.对武汉餐饮店名的语言学分析[J].语文教学与研究,2016(06).

[59] 吕玥.天津商店命名的社会语言学考察和研究.硕士论文.天津师范大学，2002.

[60] 张晓旭.语言学视角下的店铺命名行为研究.硕士论文.吉林大学，2006.

[61] 赵爱英.店名的语言特征及其历史文化心理.硕士论文.华中师范大学，2006.

[62] 刘娜.南北中餐店名的社会语言学考察.硕士论文.暨南大学，1007.

[63] 李雪青.北京饭店名称的修辞研究.硕士论文.河北大学，2010.

[64] 黄维跃.从化街口餐饮店名语言特点研究.硕士论文.广州大学，2012.

[65] 邵磊.大连时尚店名的社会语言学分析.硕士论文.辽宁师范大学，2010.

[66] 刘元娇.济南市区餐饮店名研究.硕士论文.山东师范大学，2010.

[67] 黄胜兰.洛阳商店命名的语言特征及社会属性探微.硕士论文.江西师范大学，2010.

[68] 李梦晴.淘宝网店名的社会语言学分析.硕士论文.南昌大学，2013.

[69] 刘奇.淘宝网店铺名称的语言学研究.硕士论文.沈阳师范大学，2012.

[70] 李爽.隐喻型店名的认知角度探析.硕士论文.渤海大学，2012.

[71] 杨璐.网络店铺名称语言的社会文化研究.硕士论文.曲阜师范大学，2013.

[72] 张威.网络店铺名称研究.硕士论文.东北师范大学，2014.

[73] 朱培培，孙如建.试探店名谐音现象[J].牡丹江教育学院学报，2010（03）.

[74] 尉亮.银川市店铺名称语言的词汇特征分析[J].现代语文，2008（11）.

[75] 赵艳平.从社会语言学视角看新潮商店命名——以河北省保定市为例[J].中学语文教学参考，2015（02）.

[76] 唐晓童.非语言符号传播类型浅议[J].宜宾学院学报，2002（12）.

[77]2012美国总统大选电视辩论中的非语言符号传播[J].新闻世界，

2013（02）.

[78] 钟首民 . 非语言符号传播中的性别差异 [J]. 湖南文理学院学报，2015（01）.

[79] 李英菀 . 语境论视角下长春餐饮业店名研究 [J]. 青年文学家，2014（27）.

[80] 于丽 . 乌鲁木齐市主要街道店面通名考察 [J]. 语言与翻译，2004（01）.

[81] 李卓阳 . 忻州市城区餐饮行业店名语言特点分析 [J]. 忻州师范学院学报，2014（06）.

[82] 张晓旭 . 语言学视角下的店名功能研究 [J]. 现代语文，2009（01）.

[83] 李光 . 问题、表征与规范：网络视频直播泛化的思考 [J]. 现代传播，2017（06）.

[84] 徐玉梅 . 从对立到融合——电视剧《安居》的空间叙事与文化表征 [J]. 中国电视，2017（07）.

[85] 王晶 . 当代中文餐饮店名的语音分析 [J]. 当代教研论丛，2014（10）.

三、网络文献

部分图片截图及一小部分参考资料来自网络 360 图片、百度百科、新浪网、问道网、金鹰网等网络资源。

附录　店名语料

一、按字数归类的店名语料

共计 1296 个店名。

1. 两个字的店名（54 个）

拉比　高梵　欣莉　麗潔　子译　鑫鑫　初秋　玫约　最爱　天丽　明禾　糖糖
良品　千姿　姚领　花漾　雅格　优优　天天　旺旺　典典　贝贝　步森　利郎　内酷
童年　三彩　唐狮　快鱼　明洞　名媛　千千　田边　丽尔　衣品　纳薇　初见　衣缘
贝蒂　东丽　盼盼　舞者　剪爱　沙宣　蚯蚓　标榜　首艺　秀客　正新　贡茶　斠炉
樂鱼　例外　尚·品

2. 三个字的店名（129 个）

哈哈堂　部落格　百年润　古摄影　尼家纺　沂河缘　胖太太　甜蜜蜜
e时代　红黄蓝　爱儿健　莉佳丽　红衣坊　靓夫人　贵夫人　人中王　女人花　巴黎站
米兰站　女人秀　莱迪尚　大黄蜂　海威迩　沐沐家　麻布语　爱茉莉　糖果果
童衣阁　小叮当　嘟嘟家　潮宝贝　贵妇人　大赢家　韩尚馆　布着屋　火之蕴
小资范　小外资　担担面　风雅颂　三人行　一点利　舞之恋　海岸线　星期衣
欧伊曼　窦衣坊　雅戈尔　水云间　金利来　玫服饰　花之都　爱心果　独辫子
金木鱼　阿依莲　报喜鸟　天赐福　外贸屋　红颜秀　红喜坊　意尔康　剪剪吧
新感觉　可尔美　新大地　一剪缘　青丝坊　回头率　精剪刀　锅锅香　动漫园
乐天堂　髦肉王　晋味缘　煮烤宫　枣豆坊　米粉坊　串串香　来一杯　大力士
熏意特　傻包包　麦当劳　德克士　妙角士　曼哈顿　香辣鱼　爱尚面　篾面馆
小馋猫　澜公馆　长春藤　放牛斑　小小厨　煮满签　东北乐　凤凰居　肉夹馍
老济南　羊一锅　令狐冲　刘一锅　鸡焖鱼　甘其食　吴裕泰　朕的茶　都一处
泰芒啦　老牌坊　皇城根　壹品尚　麦乐仕　费若拉　鲁味居　百菜园　采棉人

博泰药 等疯来 雅梵娜 杰米熊 月之韵 鸭诱惑 喵小煮 愛面館 佳佳人
杰奎琳 煲来啦! 麻·元素

3. 四个字的店名（414 个）

真诚日化 百年靓齿 众信洗化 红粉精品 豪门玉妆 鹏盛日化 美在
这里 恋上自己 恒富日化 香水百合 美丽妆行 三 A 牙刷 富光口杯 便
民百货 一家超市 百姓超市 宏远超市 桐真商店 龙辰商店 靓姿日化
康丽日化 霖晓日化 羲之宾馆 百圆美妆 胜豹日化 九红洗化 鹏飞百货
思颖超市 永芳百货 九九超市 华龙超市 双喜超市 世纪新娘 巴黎春天
丽人影楼 家有儿女 亲亲宝贝 金色童年 数码宝贝 我的宝贝 同仁医药
橘子红了 翔升文具 丹纳乐器 怡景丽家 玖得玉缘 创洁干洗 姐妹家政
腾鲁电器 黄铮酒行 鸿信通讯 大师摄影 水阁云轩 罗马皇宫 艺彩彩扩
绝版酒吧 缘来小站 红娘喜铺 云香茶叶 城市屋顶 人人图书 巴布车房
红豆家具 明轩灯饰 宝岛眼镜 宜室家居 蛮牛家政 快乐尘埃 齐安医疗
慕思卡莉 米兰家居 鹭达眼镜 福邦典当 诗情花艺 盛康药店 金星公寓
亲子之家 千丽灯饰 车来车往 翔龙工艺 佳洁牙科 安达驾校 树新文具
橘林文具 金才画社 宏鹰文具 彩虹文具 鸢飞风筝 鑫源金店 花样年华
平阳房产 经世书局 一树梨花 壳遇可求 花的记忆 东巴纸坊 乡里乡亲
金雨舞蹈 中训教育 卡柏洗衣 快乐老家 正仁武道 万利文具 超强教育
优胜教育 德喜母婴 神墨教育 启航教育 奥博美车 粗布外贸 顶尖时尚
云裳外贸 创禾外贸 太古名店 秘密衣装 伊丝艾拉 新韵服饰 利奥纳多
丝绸老店 运动一族 妞娜公主 德菲蒂奥 吉美外贸 赤橙黄绿 童年衣柜
生态竹纺 维她服饰 宝贝衣柜 羽沙国际 佳丽织衣 秦家铺子 苏杭丝绸
睡衣世界 田园丽人 缔缦家纺 巴拉巴拉 昌源丝绸 花香留年 品味女人
时尚潮流 伊香飘影 七彩童年 彝家食湾 潇洒裤行 味道服饰 城市部落
雅诺外贸 衣米阳光 严海服饰 纯真年代 美好孕婴 韩版服饰 时尚妈咪
梦想妈咪 好孕妈咪 私人衣橱 新颖外贸 天一尚品 简爱外贸 贵族宝贝
尚品外贸 美麗夫人 米兰时尚 印象草原 羲大丽屋 上海故事 漂亮美媚
麗娘服饰 杨澜衣柜 海澜之家 百圆裤业 外贸服饰 甜心宝贝 雅云服饰
增致牛仔 安踏体育 百盛名品 尚品诱货 漫步佳人 女人世界 莹莹的店

木兰女装	品牌折扣	都市丽人	妈妈衣橱	亨达皮鞋	红鑫喜铺	衣香丽影
欧尚衣社	超艺制衣	淼淼制衣	快乐小鱼	芙蓉包店	欧姿女装	雅怡服饰
昊宝服饰	新时修衣	快乐贝贝	米兰时尚	宝贝衣柜	多多童装	汉舞瑶绮
糖果外贸	千惠织衣	爱的故事	牛仔部落	佰姿内衣	美宣造型	逸丝风尚
潮流前线	美你美发	玲珑美发	中兴化妆	标美造型	美格美发	自然发则
美度发型	时尚顶尖	风暴狂剪	炫发组合	伊然美发	潇洒发艺	媚力丝射
绝世鬼剪	米兰童话	金色童年	智木玩具	启蒙童年	真爱童年	旺旺童年
漫游世界	黄凡网吧	百川网吧	笨笨网吧	良子足道	后宫洗浴	在水一方
三奇会馆	华夏足道	蓝海渔具	古韵琴行	欣意玩具	国盛玩具	星皇台球
瑶滚网吧	和泉茶楼	和逸茶楼	和茗茶楼	汇祥健身	帝豪洗浴	音乐之声
名仕台球	金鹰台球	拿铁酒吧	酷乐网咖	祥云茶舍	东野钓具	扬健推拿
名仕足道	万宾酒店	河烤酒吧	兰州拉面	金龟馅饼	赶海海鲜	朝阳穆馆
沙县小吃	宁宇盒饭	香村馅饼	盛源餐馆	平衡粥店	习酒食府	回味烤鱼
小城故事	香港杏记	河畔羊庄	蒙阴火烧	新华板馆	华鑫快餐	东吴面馆
紫溪小面	牛肉板面	沂州老穆	蒙阴火烧	家常水饺	麻辣小镇	奶茶小站
特色小吃	韩国美食	台湾茗果	鸭血粉丝	炸鸡队长	绝味鸭脖	家常菜馆
中式快餐	嘉兴粽子	张艺炒货	清真烧烤	过桥米线	食话食说	烧烤老店
爵士牛排	安惠快餐	米家烧烤	康康粥府	笑笑面馆	金龟馅饼	三峡烤鱼
永和豆浆	安安快餐	金一水饺	冯家穆馆	面馍味道	小草之家	福阳快餐
开阳穆馆	武家穆馆	大馅水饺	程茗快餐	正旺快餐	妙福馅饼	庄户水饺
惠民早餐	石页米线	码头烤牌	康都炸肉	一嘉好粥	秦镇米皮	王氏熟梨
鲜果漫饮	成都美食	阿杜快餐	清真小馆	桃酥大王	融汇典当	家乐快餐
三汁焖锅	惠美饺子	西安名吃	嘎啦咖啡	王氏熟梨	果贝牛排	味千拉面
鲜榨果汁	珍珠甘栗	恒利盒饭	正宗里脊	老俵食品	韩品小厨	姜妈花甲
爱缇米斯	皇家曲奇	顺和小吃	程茗快餐	锦洲烧烤	好客饭庄	富尧全羊
东北百味	文记全羊	怡朦酒店	怡朦烧烤	玖玖茶饮	江南小镇	惠美饺子
今日饭店	杨华板面	麦香烘焙	林丰菜馆	永顺炒鸡	京成一品	欢乐烤场
浩宇快餐	农家小院	红星饭店	延吉烧烤	云南菜馆	费县全羊	元一火锅
扬州小镇	开元蛋糕	陈家水饺	二牛盒饭	天天快餐	佳旺快餐	利民饭店

尚品糁馆　重庆印象　厚道饭店　一品饼屋　长寿面馆　一品香糁　金祥食府
惠客小炒　顺和面馆　吉祥水饺　红星饭店　鑫新水饺　永乐盒饭　麻辣主义
捞烫时代　老妈馄饨　和平饭店　方氏面馆　莒南驴肉　沸腾诱惑　桐林餐厅
意式披萨　君品炒鸡　金泽海鲜　新光针织　大卫男装　简逗·披萨
童画·阿特　冰珂·淑苑　拓奇·研丽

4. 五个字的店名（185 个）

阿诗玛庭院　馨馨然彩妆　爱尚化妆品　家家悦超市　福润达超市　福旺家超市　早早便利店　山姆士超市　颜如玉洗化　官运来杯业　惠宜美超市　好媳妇超市　小红帽超市　好再来百货　辣妈潮童馆　万年青健身　金生源银楼　视明眼镜店　恒源祥车饰　康源大药房　卫东眼镜店　红太阳广告　好兆头橱柜　华祥苑茗茶　南天竺书轩　光华大药房　鹭燕大药房　奈特沃通讯　大格局广告　靠得住家政　老班长汽修　朱老大澡巾　杨家埠风筝　挤车平安社　保君起名馆　京福隆甘栗　我们在丽江　百岁坊银器　大冰的小屋　鸢尾图书馆　名居大药房　富木专卖店　康惠大药房　百变置物架　派多格宠物　小春泽外贸　好太太服饰　九州内衣店　裕丰园馄饨　好妈妈童装　鑫聆改衣店　内衣生活馆　典雅女装馆　老北京布鞋　希努尔男装　索派男装馆　小方块童装　阿斌烫染坊　天天乐玩具　良步轩足浴　大富豪足疗　东方好莱坞　金童年玩具　沁园春茶楼　传奇电玩店　爱尚电玩城　东方红影院　启明星影像　尖尖角饺子　小天鹅火锅　大拇哥水饺　杭州小笼包　爱鸭鸭脖王　黄焖鸡米饭　静雅饺子屋　四川火锅城　欢乐滋披萨　金叶水饺店　爱尚麻辣烫　腊汁肉夹馍　张田麻辣烫　滕州菜煎饼　常州刀削面　苍山塌煎饼　淮南牛肉汤　南京灌汤包　西安肉夹馍　老汤面疙瘩　好滋味饺子　龙湾酸菜鱼　重庆鸡公煲　一品香砂锅　姐妹麻辣烫　语涵麻辣烫　九州美食园　砂锅肉夹馍　蓬莱饺子楼　吉祥馄饨面　京福华肥牛　喜家德水饺　我家肉蟹煲　汲家肉夹馍　鲁南炒鸡王　重庆棚棚面　特色牛肉汤　灌汤包老店　把子肉快餐　章健风干鸡　临城火烧铺　蜀来香冒菜　蒙阴肉火烧　台湾第一香　东北乐饭店　黄记玉米汁　LY 栗缘甘栗　米家摊煎饼　临沂老粥店　罐罐香米线　星巴克咖啡

老成全羊汤　　老魏炒鸡店　　忆江南酒店　　杨记粥饼城　　何记饺子楼　　凝香园美食　　叶师傅盒饭　　田家家常菜　　老台门汤包　　傻小二面馆　　辣子鸡盒饭　　营丰烩面王　　筷乐馄饨铺　　傻瓜包子店　　顺泰草鸡店　　香博疙瘩汤　　滕州全羊馆　　芜湖小笼包　　天津灌汤包　　实惠小吃部　　祥禾馄饨馆　　庆民水饺店　　常聚小酒馆　　将军肚汤包　　尹氏全羊馆　　金麦源蛋糕　　好再来餐馆　　李氏摊煎饼　　柴火老公鸡　　沂蒙塌煎饼　　谷香汇糁馆　　牛魔王糁馆　　沂城火烧铺　　东关老糁馆　　香酥爆烤鸭　　莒南笨鸡店　　南方西点房　　黄泥叫花鸡　　兴诚活鸡店　　蓝森林烧烤　　尚俺家炒鸡　　宝鼎烧烤城　　爱鸭黑鸭王　　马头全羊馆　　枣庄菜煎饼　　香辣大肉面　　家常炒菜馆　　彤德莱火锅　　振宇炒鸡店　　广东猪脚饭　　千里香馄饨　　阳光炒鸡店　　小洋葱餐厅　　老施龙虾馆　　花果山水果　　食肉兽小馆　　富华饺子楼　　山妞土特产　　老村长小吃　　福泽甲鱼馆　　金牌家常菜　　加拿大海鲜　　申泰鲜奶吧　　蒙山草鸡店　　左宴私房菜　　凯顿·洁衣诺

5. 六个字的店名（169个）

百尼玛的天空　　娇美佳人洗化　　九州商业大厦　　滨江友好商城　　福临万家超市　　好媳妇晾衣架　　凤展购物广场　　真正薄利超市　　临沂鑫洁刷业　　临沂佳宜包行　　临沂美缘馨日　　临沂名望日化　　临沂妙芙香水　　临沂鑫泉日化　　临沂广明日化　　临沂祥琳日化　　临沂金诚日化　　临沂建国日化　　临沂新丰日化　　临沂启东洗化　　临沂千汇日化　　卓越日化商行　　迪美洗化商行　　临沂正航商贸　　临沂中百商贸　　临沂红妃彩妆　　临沂雨欣商贸　　临沂诚信日化　　临沂宝忠日化　　临沂龙腾商贸　　临沂嘉乐洗化　　临沂万丰日化　　临沂森馨商贸　　东昇百货超市　　兰蔻婚纱影楼　　久久婚纱摄影　　众信汽车装具　　君浩广告制作　　李氏婚纱摄影　　福鑫汽车装具　　密科斯慢摇吧　　梦从音响电器　　石语珠宝饰品　　小薇精品婚纱　　达辉参茸药房　　礼记广告装饰　　光合作用书房　　先风数码影像　　惟艺轩漆线雕　　怡泰照明电器　　宝宝贝贝宠物　　戴夫欧普卫浴　　速8快捷酒店　　阳光窗帘布艺　　国美家具广场　　临沂环宇胶带　　临沂晓艳文具　　临沂顺德胶带　　华强体育用品　　华昌文具商行　　阿里山卫生所　　海纳日韩服饰　　外贸男装仓储　　童鑫欧韩童装　　私人订制服饰　　芭莎欧韩时装　　康康欧韩童装　　天资美容美发　　千惠发型设

计 缘美形象设计 时尚秀发飘扬 黑8台球会馆 康琪电玩商行 佳艺游戏商行 星美国际影城 美标健身中心 宜家网络会所 红袖添香足道 罗马皇宫洗浴 大富豪游乐场 临沂燕山玩具 临沂顺发玩具 友谊台球器材 轩天阁电玩店 极乐岛电玩城 紫金阁娱乐城 中优健康之家 屋顶烧辣肉丝 狼诱惑酱骨头 臧家秘方排骨 家味道水饺馆 朱老大饺子村 小树林贵宾楼 弘扬季节菜品 鲁班沂州宾馆 鸿萃花园酒店 熙顺紫菜包饭 肉夹馍特色面 河间驴肉火烧 韩记烧烤炒菜 第1佳大鸡排 金刚山辣白菜 皇姑桥老菜馆 南方王记小吃 一家人美食城 外婆家石锅香 临沂李家烧鸡 秘方排骨米饭 星火东北烧烤 南关齐阳糁馆 味为先豆腐脑 记烧鸡肴肉店 南关清真糁馆 尖尖角饺子店 屋顶烧烤酒吧 东坡氂肉米饭 来一杯奶茶屋 老冯记美食城 蒋大妈月子汤 北京瑞丰烤鸭 美味源炒鸡店 重庆拌菜老店 四川拌菜老店 老陈家豆腐脑 老北京绿豆饼 迦迦私房面馆 一碗笑养生面 南关老街糁馆 中国阑州拉面 正豪大大鸡排 晋妈妈牛肉面 郯国炒鸡老店 刘氏农家饭店 大乐惠美食城 巷子深家常菜 武汉精武鸭脖 张二怪蹄蹄香 晟富花式餐厅 晋一品刀削面 崔记老南关糁 一心韩式烤肉 如家水饺馄饨 八路餐馆老店 何家马头烤牌 山泉水全羊汤 金田快餐盒饭 临沂同缘饭庄 鑫诚酥油火烧 鲜羊肉火锅城 梨航炒鸡老店 福建馄饨小吃 潘记牛肉板面 津津香熟食店 香喷喷铁板烧 老昌盛汤包馆 老丰盛汤包店 第一烤场串吧 山东辣椒炒肉 新视野眼镜店 老北京疙瘩汤 麦淇卡烘焙坊 妙角士西饼屋 大连海鲜烧烤 丽萍舞蹈学校 晓辉钢琴学校 建华吉他学校 德尔香饺子馆 捌零玖零·私橱 野人部落－烤涮

6. 七个字的店名（112个）

颜记朝阳家常菜 迦迦旋转串串吧 豆腐卷煎包锅贴 金三角生态烧烤 东坡家国人快餐 国色天香麻辣香 五常米排骨米饭 福乐家购物中心 潘朵拉的美妆盒 利万佳购物广场 好怡嘉购物中心 人人和连锁超市 纯点临沂旗舰店 临沂艾儿化妆品 爱诺化妆品商行 捷成化妆品商行 比倩山东商务部 巴洛克钢琴学校 艾莱克少儿英语 宝丽化妆品商行 千金缘婚纱摄影 维纳斯婚纱摄影 今生缘婚纱摄影 车之缘汽车坐垫 伊莉莎婚纱摄影

新发现户外用品　非概念设计装饰　天缘茶语茶叶店　枫景无框阳台窗　度全程礼仪庆典　无所畏户外活动　阿玲发型精品店　壹加壹儿童摄影　丘比特婚纱摄影　威尼斯数码广场　云南茶礼文化园　现代打击乐学校　如家小筑家居馆　金雀园特产总汇　兰山高兆禄诊所　新时代百育教育　毕加索绘画培训　新秀星影视传媒　潮流干线名品店　伊香飘影曼天雨　牧羊人外贸服饰　红朵儿欧韩童装　潇雅发艺工作室　代代新美容美发　青丝坊美发会所　牵牵手发型设计　大自然休闲广场　沈老太烧肴老店　干煸间驴肉火烧　苍山香酥塌煎饼　土家族掉渣烧饼　王派蜜汁臭豆腐　成都冒菜酸辣粉　跳跳堂时尚火锅　徐掌柜鞋底火烧　微山湖龙虾烧烤　筋头巴脑一锅香　食尚旋转小火锅　鸿业庆丰包子铺　胶东海鲜家常菜　李守娟烧鸡肴菜　丰年记中式餐厅　福杰野生大鱼坊　赖扁担重庆小面　张记清真羊肉馆　康家美味小吃屋　魔锅坊麻辣香锅　蒙山大锅牛肉汤　水泊梁山聚贤楼　众家客美食广场　巴麦隆自助烤肉　可口可味手擀面　明达油饼母鸡汤　郑氏瑞丰家常菜　汉釜宫韩式烤肉　苍山郭家大包子　摸错门牛肚火锅　侯氏黄焖鸡米饭　明达油饼母鸡汤　刘锦记龙虾大王　尝尝香过桥米线　临海海鲜鱼水饺　妈妈味道家常菜　小香泰私房小厨　夜沙龙龙虾烧烤　主烤官炭烤一族　金鼎轩烧烤广场　农家豆腐草鸡店　大连味道肉面馆　黑森林法式甜点　湘钢手工大馒头　炫包族特色汤包　益寿坊盐卤豆腐　清真鑫鑫全羊馆　味还行牛肉板面　赵记烧鸡肴肉店　麻辣童话麻辣烫　大不同烧鸡肴肉　好运来水饺快餐　欢乐颂自助式 KTV　北京甜品生活馆　北京秘制羊蝎子　九峰茉莉红茶馆　云南蒸汽石锅鱼　临沂蕾琪化妆品　重庆小刘忙烤鱼　杨记烧鸡肴肉店

7. 八个字的店名（85 个）

易风个性时尚精品　美特好千峰南路店　临沂长春镜梳商行　临沂超群洗化商行　临沂国美洗化商行　临沂昊兴日化商行　临沂超强日化商贸　临沂鑫盛日化商贸　临沂天元日化商贸　临沂天娜彩妆商行　蒙娜丽莎婚纱摄影　林庄御园售楼中心　阳光高第自助公寓　最顽皮宠物生活馆　山东明珠木业公司　海科体育用品公司　金翠兽药有限公司　格力空调售后中心　圣瓦伦丁婚纱摄影　浪漫之约婚纱摄影　爱宝贝母婴生活馆　临沂姚迈体育用品　林华体育文具商行　文都双鱼文体用品　临沂鑫兴文具用

品　临沂伟伟体育用品　临沂棋具批发中心　华龙戏具乐器商行　永峰胶带销售总部　临沂至胜体育总汇　金冠霖手机大卖场　临沂红靓日化商行　甲申室内建筑设计　兰山传瑞口腔诊所　临沂蓝藝艺术学校　艺海舞蹈培训学校　开心宝贝儿童摄影　木可外贸出口成衣　诚信美发用品超市　爱心儿童服装专卖　名人外贸精品服饰　风韵时尚精品女店　金色童年时尚童装　魅力雅典美发造型　逸园高温瑜伽会馆　蓝梦女子护肤瘦身　享瘦健康减肥会所　杨铭宇黄焖鸡米饭　楼尚岳式私房菜馆　兰州马氏牛肉拉面　正宗云南过桥米线　欢乐牧场自助餐厅　曹林独家秘制烤鱼　正宗河间驴肉火烧　安徽正宗牛肉板面　马氏炒菜炒面烧烤　李守之烧鸡熏肉店　沂蒙特色高伟炒鸡　广东潮汕老洪饭店　溢品香黄焖鸡米饭　合和精品川菜烧烤　济宁名吃鬏肉米饭　劝君上当，上当一回　安徽阜阳牛肉板面　沪上阿姨现煮茶饮　临沂于家糁馆总店　蜗牛快跑美食餐厅　巧嘴妈妈中式餐厅　华茂福建沙县小吃　肉夹馍笼蒸豆腐脑　邹记云南过桥米线　华客食坊大肉包子　独一处炒鸡骨头馆　溢香阁黄焖鸡米饭　李庄熟食烧鸡猪蹄　煎饼卷大葱生态园　济南一九烧烤龙虾　蜀辣坊时尚麻辣烫　煨知缘黄焖鸡米饭　王记东北幸福人家　新光针织展销中心　风光无限汽车用品名品汇工厂直营店　新颖·时尚饰品广场　临沂兰质·蕙心彩妆

8. 九个字店名（28个）

大家乐生鲜连锁超市　山东临沂广得利纸杯　山东爱尚化妆品公司　托普斯太阳花散热器　牵手婚友联谊俱乐部　爱车人汽车装饰中心　临沂金程纸品大世界　临沂市瑞鑫文具商行　临沂易得力文体用品　临沂市文豪特种纸业　小天使音乐舞蹈学校　施德瑞来消毒服务站　洛世奇进口饰品包包　东北君悦炒鸡饺子楼　紫微星理疗养生中心　兰陵周记全羊汤炒菜　农贸市场海鲜美食城　宋三老汤鸡肴肉总店　秦镇米皮小禾酸辣粉　苍山豆腐小李草鸡店　四川酸菜鱼重庆火锅　脆皮大油条糁馆老店　正宗潍坊酥皮肉火烧　码头烤牌回锅羊肉汤　小象同学的泰式奶茶　老北京布鞋临沂总店　馨居布艺沙发专卖店　哎呦不错外贸童装店

9. 十个字及以上店名（40个）

临沂充电灯胶带大世界　潍坊杰顺雨具有限公司　临沂宏旭百货批发商

行　临沂新世纪毛巾批发商行　临沂周诚商贸有限公司　临沂金玲珑日化有限公司　临沂圣骐日化有限公司　心语星愿韩国饰品专卖　临沂诚通美容美发用品　临沂春江商贸港优超市　金伯利钻石老凤祥银楼　鲜牛肉水饺馆特色炒菜　芝麻开门专业儿童摄影　嘉年名华国际家居广场　漂亮妈妈产后恢复中心　心在一起快捷连锁酒店　西部文化艺术培训中心　临沂爱心奇航文具商行　临沂鸿发办公用品商行　灵峰点钞机临沂总代理　东北一家人三鲜饺子楼　临沂联山胶带胶粘制品厂　上海桃源文具有限公司　临沂市利信得印刷中心　临沂欧宜英语培训学校　新光针织服装展销中心　青岛风味烧烤涮肚老店　陕西风味骨汤面肉夹馍　暖盟小镇户外主题咖啡馆　临沂康佳台球桌有限公司　美时美刻女子美容生活馆　柠檬鱼专业酸菜鱼连锁　八一路老孙烧烤涮肚老店　三亚龙摄影婚纱蜜月会馆　黄土高坡许家烧烤砂锅老店　丁记食品正宗里脊连锁总店　尚他家自选麻辣烫超市　糁油条稀饭八宝粥豆汁咸糊豆　临沂金富康美容美发用品　原生态竹纤维杭州丝绸专卖店

10. 纯英文店名（19个）

hello pizza　She's　E-one　Dwuji　NOLO　3S　CO CO　GAGA　Balabala　Sand&foam　Gcrues　CP　cache c cache　beautiful life　DODO　Hellobaby　khaki　adidas　I CAN PLAY

11. 组合式店名（62个）

爱♥盒饭　2012酒吧　happy海贝　U.KNOW悠诺　首尔SEOUL　123童装　Sangni相框　爱Baby摄影　NOLO丽人衣　Cc衣柜　aidai爱戴　黑贝.herbay　GAGA雪莲服饰　瑞RUI　DoMo炸串　eral.艾莱依　美佳乐1993　RYB红黄蓝　XG旭兴日化　HM华美洗化　M&G晨光文具　Isaxir爱尚轩然　QQMeiGui芊芊玫瑰　Honey&koko韩国　3A扑克　Ada欧韩依舍　鸿星尔克ERKE　EICHITOO爱居兔　ISHOW爱秀内衣　黄小丁de店　服装U.KNOW悠诺　mito欧韩童装　E-shine时尚造型　1818主题餐吧　1911牛肉烤串　RandB珍奶会所　LOKE&LOCK乐扣乐扣　QZMEI时尚大码　The shop六本木　show秀欧韩时装　25小时电玩城　欢唱量贩式KTV　橙果KTV　5D体验馆　阿米果KTV　芭缇雅KTV　麦乐星KTV　爱尚歌KTV　钻石钱柜KTV　幸福时光KTV　星光大道KTV　不见

不散 KTV　　董小姐の贡茶　　成花花の茶饮铺　　QQ 千趣形象设计　　QUEEN. CAROL 可人儿临沂专卖店　　rooeng 罗蒂诺童装卖　　OL 衣橱　　外贸出口成衣 No.1　　BFF 闺蜜欧美时尚　　云水百都唐会商务 KTV　　HAVE A DRINK 来一杯

二、按结构归类的店名语料

除去数字和英文及组合店名，取得 1172 个有效店名。

1. 属名＋业名＋通名（354 个）

苏北女鞋店　　美女内衣包店　　时光花店　　浪漫满屋鲜花店　　爱一生鲜花店　　品简工艺品店　　天迈工艺品店　　云天竹木店盛康药店　　鑫源金店　　灌汤包老店　　万宾酒店　　平衡粥店　　临沂饭店　　怡朦酒店　　今日饭店　　林丰菜馆　　红星饭店　　尚品糁馆　　厚道饭店　　红星饭店　　和平饭店　　视明眼镜店　　卫东眼镜店　　九州内衣店　　鑫聆改衣店　　传奇电玩店　　东北乐饭店　　傻瓜包子店　　顺泰草鸡店　　蓝海国际酒店　　忆江南酒店　　临沂老粥店　　老魏炒鸡店　　面对面大酒店　　庆民水饺店　　金叶水饺店　　橙子酒店　　惠众小吃店　　极速快餐店　莒南笨鸡店　　振宇炒鸡店　　阳光炒鸡店　　兴诚活鸡店　　天缘茶语茶叶店　　尖尖角饺子店　　速 8 快捷酒店　　馨居布艺沙发专卖店　　心在一起快捷连锁酒店　　阿玲发型精品店　　老北京布鞋临沂总店　　原生态竹纤维杭州丝绸专卖店　　哎呦不错外贸童装店　　轩天阁电玩店　　金麦田蛋糕店　　蒙山草鸡店　　青岛风味烧烤涮肚老店　　沈老太烧肴老店　　小树林　　贵宾楼　　鸿萃花园酒店　　李守之烧鸡熏肉店　　八一路老孙烧烤涮肚老店　　诗丽儿床上用品店　　境美床上用品店　　优芙化妆品店　　飞歌手表专营店　　桐真商店　　龙辰商店　　传奇电玩店　　利民饭店　　芙蓉包店　　广东潮汕老洪饭店　　杨记烧鸡肴肉店　　农家豆腐草鸡店　　八路餐馆老店　　赵记烧鸡肴肉店　梨航炒鸡老店　　脆皮大油条糁馆老店　　津津香熟食店　　老丰盛汤包店　　金叶水饺店　　味源炒鸡店　　重庆拌菜老店　　丁记食品　　正宗里脊连锁总店　　宋三老汤鸡肴肉总店　　黄土高坡许家烧烤砂锅老店　　临沂于家糁馆总店　　店四川拌菜老店　　郯国炒鸡老店　　刘氏农家饭店　　苍山小李豆腐草鸡店　　新视野眼镜店　（90 个）

东关老糁馆　　古道茶馆　　民间瓦罐煨汤馆　　朝阳糁馆　　盛源餐馆

新华板馆　　东吴面馆　　家常菜馆　　笑笑面馆　　长寿面馆　　顺和面馆　金祥食府　方氏面馆　保君起名馆　鸢尾图书馆　典雅女装馆　索派男装馆　谷大白的面馆　祥禾馄饨馆　常聚小酒馆　德尔香饺子馆　傻小二面馆　滕州全羊馆　尹氏全羊馆　好再来餐馆　谷香汇糁馆　牛魔王糁馆　马头全羊馆　老施龙虾馆　冯家糁馆　开阳糁馆　武家糁馆　炫课老鸭粉丝面馆　小渔村活鱼馆　良子养生馆　美时美刻女子美容生活馆　福泽甲鱼馆　三亚龙摄影婚纱蜜月会馆　最顽皮宠物生活馆　爱宝贝母婴生活馆　如家小筑家居馆　辣妈潮童馆　黑8台球会馆　瑷盟小镇　户外主题咖啡馆　楼尚岳式私房菜馆　家味道水饺馆　大厨面馆　皇姑桥老菜馆　南关齐阳糁馆　逸园高温瑜伽会馆　一九八六形象会馆　临沂同缘饭庄　老昌盛汤包馆　南关清真糁馆　北京甜品生活馆九峰茉莉红茶馆　云南菜馆　索派男装馆　典雅女装馆　张记清真羊肉馆　迦迦私房面馆　南关老街糁馆　独一处炒鸡骨头馆　大连味道肉面馆　清真鑫鑫全羊馆　（64个）

　　糊涂火锅城　　四川火锅城　　杨记粥饼城　　梦圆饺子城　　宝鼎烧烤城极乐岛电玩城　25小时电玩城　紫金阁娱乐城　星美国际影城　妙角士西饼屋　福榭百货商城　爱尚电玩城　一家人美食城　桃园美食城　大乐惠美食城　鲜羊肉火锅城　老冯记美食城　（16个）

　　黄铮酒行　　临沂宏旭百货批发商行　　临沂长春镜梳商行　　临沂新世纪毛巾批发商行　临沂佳宜包行　临沂充电灯胶带大世界　临沂超群洗化商行临沂国美洗化商行　临沂昊兴日化商行　卓越日化商行　宝丽化妆品商行爱诺化妆品商行　捷成化妆品商行　临沂天娜彩妆商行　临沂红靓日化商行林华体育文具商行　临沂爱心奇航文具商行　临沂市瑞鑫文具商行　华龙戏具乐器商行　临沂鸿发办公用品商行　华昌文具商行　康琪电玩商行　佳艺游戏商行　古韵琴行　桂鸿商行　迪美洗化商行（26个）

　　好清香大酒楼　　和泉茶楼　　和逸茶楼　　和茗茶楼　　丽人影楼　　何记饺子楼　　聚缘永酒楼　蓬莱饺子楼　金生源银楼　富华饺子楼　金伯利钻石老凤祥银楼　东北一家人三鲜饺子楼　水泊梁山聚贤楼　蓬莱饺子楼东北君悦炒鸡饺子楼　沁园春茶楼　（16个）

福乐家购物中心　　好怡嘉购物中心　　林庄御园售楼中心　　漂亮妈妈产后恢复中心　　格力空调售后中心　　爱车人汽车装饰中心　　西部文化艺术培训中心　　临沂棋具批发中心　　临沂市利信得印刷中心　　新光针织服装展销中心　　紫微星理疗养生中心　　美标健身中心（12个）

利万佳购物广场　　凤展购物广场　　新颖·时尚饰品广场　　金冠霖手机大卖场　　威尼斯数码广场　　嘉年名华国际家居广场　　国美家具广场　　大自然休闲广场　　大富豪游乐场　　金鼎轩烧烤广场　　众家客美食广场　（11个）

百川网吧　　笨笨网吧　　瑶滚网吧　　绝版酒吧　　河烤酒吧　　黄凡网吧　　拿铁酒吧　　安吉休闲餐吧　　申泰鲜奶吧　　密科斯慢摇吧　　迦迦旋转串串吧　　洋洋网吧　　屋顶烧烤酒吧（13个）

临沂周诚商贸有限公司　　临沂金玲珑日化有限公司　　临沂圣骐日化有限公司　　临沂龙腾商贸有限公司　　山东爱尚化妆品公司　　山东明珠木业公司　　海科体育用品公司　　金翠兽药有限公司　　临沂康佳台球桌有限公司　　上海桃源文具有限公司（10个）

瓦伦堡自助餐厅　　欢乐牧场自助餐厅　　丰年记中式餐厅　　蜗牛快跑美食餐厅　　巧嘴妈妈中式餐厅　　晟富花式餐厅　　红房餐厅　　鹭鼎记餐厅　　桐林餐厅　　龙运自助餐厅　　我家牛排自助餐厅　　小洋葱餐厅（12个）

安达驾校　　现代打击乐学校　　巴洛克钢琴学校　　天使音乐舞蹈学校　　丽萍舞蹈学校　　晓辉钢琴学校　　建华吉他学校　　临沂蓝藝艺术学校　　艺海舞蹈培训学校　　临沂欧宜英语培训学校　（10个）

麦麦音乐会所　　青丝坊美发会所　　宜家网络会所　　零度发型会所　　享瘦健康减肥会所　　阿里山卫生所　　兰山传瑞口腔诊所　　兰山高兆禄诊所（8个）

乐芙蛋糕屋　　心之饼屋　　一品饼屋　　静雅饺子屋　　康家美味小吃屋　　来一杯奶茶屋　　静雅饺子屋（7个）

红娘喜铺　　红鑫喜铺　　临城火烧铺　　筷乐馄饨铺　　沂城火烧铺　　成花花の茶饮铺　　鸿业庆丰包子铺　　全有杂货铺　临城火烧铺　（9个）

康源大药房　　光华大药房　　名居大药房　　鹭燕大药房　　康惠大药房　　南方西点房　　达辉参茸药房　　光合作用书房（8个）

　　精诚花坊　　绿野鲜花坊　　麦淇卡烘焙坊　　阿斌烫染坊　卡琪烘焙坊　福杰野生大鱼坊（6个）

　　九州美食园　　天天鲜果园　　云南茶礼文化园　　煎饼卷大葱生态园（4个）

　　辣椒王食府　　客乡食府　　习酒食府　　康康粥府　（4个）

　　得三春茶庄　　点水流香茶庄　　河畔羊庄（3个）

　　实惠小吃部　　牵手婚友联谊俱乐部　　永峰胶带销售总部（3个）

　　大家乐生鲜连锁超市　　诚信美发用品超市　　尚他家自选麻辣烫超市（3个）

　　舒心酒家　　小兴隆酒家　　金才画社　　挤车平安社　　欧尚衣社　　百亿度假村　　朱老大饺子村（7个）

　　童年衣柜　　宝贝衣柜　　福口居　　福来顺火锅居　　十德茶堂　　祥云茶舍　　施德瑞来消毒服务站　　经世书局　　临沂金程纸品大世界　　彝家食湾　临沂至胜体育总汇　　韩膳阁　　好客饭庄　　东方红影院　　潇雅发艺工作室　南天竺书轩（23个）

2. 属名＋业名的结构方式（576个）

　　泰杰百货　真诚日化　百年靓齿　众信洗化　红粉精品　豪门玉妆　鹏盛日化　恒富日化　美丽妆行　富光口杯　便民百货　靓姿日化　康丽日化　霖晓日化　百圆美妆　胜豹日化　九红洗化　鹏飞百货　永芳百货　同仁医药　橘子红了　翔升文具　丹纳乐器　玖得玉缘　创洁干洗　姐妹家政　腾鲁电器　艺彩彩扩　爱Baby摄影　云香茶叶　人人图书　巴布车房　红豆家具　明轩灯　宝岛眼镜　宜室家居　蛮牛家政　齐安医疗　米兰家居　鹭达眼镜　福邦典当　诗情花艺　金星公寓　千丽灯饰　翔龙工艺　佳洁牙科　树新文具　橘林文具　宏鹰文具　彩虹文具　鸢飞风筝　蓝天家居　花样年华　平阳房产　东巴纸坊　菲菲鲜花　公牛插座　百面镜业　灰姑娘花艺　百合缘鲜花　千姿花卉　圆缘花艺　中训教育　卡柏洗衣　快乐老家　正仁武道　万利文具　超强教育　优胜教育　德喜母婴　神墨教育　启航教育　奥博美车　粗布外贸　云裳外贸　创禾外贸　秘密衣装　新韵服饰　醇臻爱衣　海韵床品　英玲睡衣　美心木门　万斯灯饰　清云丝绸　吉美外贸　赤橙黄绿　生态竹纺　维她服饰　佳丽织衣　秦家铺子　苏杭丝绸　缔缦家纺　昌源丝绸　严海服饰　韩版服饰　私人衣橱　简爱外贸　尚品外贸　麗娘服饰　杨澜衣柜　百圆裤业　外

贸服饰 舒沃男装 尊之源男装 雅云服饰 增致牛仔 安踏体育 木兰女装 酷乐网咖 太和板面 大卫男装 万年青健身 妈妈衣橱 亨达皮鞋 超艺制衣 淼淼制衣 欧姿女装 雅怡服饰 昊宝服饰 新时修衣 宝贝衣柜 多多童装 糖果外贸 千惠织衣 佰姿内衣 美宣造型 美你美发 玲珑美发 中兴化妆 标美造型 美格美发 美度发型 风暴狂剪 伊然美发 潇洒发艺 绝世鬼剪 智木玩具 米果 KTV 芭缇雅 KTV 良子足道 后宫洗浴 华夏足道 蓝海渔具 欣意玩具 国盛玩具 星皇台球 汇祥健身 帝豪洗浴 名仕台球 金鹰台球 麦乐星 KTV 东野钓具 扬健推拿 名仕足道 爱尚歌 KTV 兰州拉面 金龟馅饼 赶海海鲜 沙县小吃 宁宇盒饭 香村馅饼 蒙阴火烧 沂州老糁 韩国美食 绝味鸭脖 中式快餐 嘉兴粽子 张艺炒货 清真烧烤 过桥米线 爵士牛排 安惠快餐 米家烧烤 金龟馅饼 三峡烤鱼 永和豆浆 安安快餐 金一水饺 清真全羊 福阳快餐 大馅水饺 程茗快餐 正旺快餐 妙福馅饼 庄户水饺 惠民早餐 石页米线 码头烤牌 康都炸肉 一嘉好粥 秦镇米皮 王氏熟梨 鲜果漫饮 成都美食 阿杜快餐 家乐快餐 三汁焖锅 惠美饺子 西安名吃 嘎啦咖啡 王氏熟梨 果贝牛排 味千拉面 鲜榨果汁 珍珠甘栗 恒利盒饭 正宗里脊 老俵食品 姜妈花甲 皇家曲奇 顺和小吃 程茗快餐 锦洲烧烤 富尧全羊 文记全羊 怡朦烧烤 玖玖茶饮 杨华板面 麦香烘焙 永顺炒鸡 欢乐烤场 浩宇快餐 延吉烧烤 费县全羊 元一火锅 开元蛋糕 陈家水饺 二牛盒饭 天天快餐 佳旺快餐 吉祥水饺 鑫新水饺 永乐盒饭 老妈馄饨 莒南驴肉 意式披萨 简逗·披萨 君品炒鸡 金泽海鲜 新光针织 阿诗玛庭院 馨馨然彩妆 XG 旭兴日化 HM 华美洗化 爱尚化妆品 颜如玉洗化 李庄熟食烧鸡猪蹄 官运来杯业 好再来百货 M&G 晨光文具 恒源祥车饰 红太阳广告 好兆头橱柜 华祥苑茗茶 奈特沃通讯 大格局广告 靠得住家政 老班长汽修 （258 个）

朱老大澡巾 家埠风筝 京福隆甘栗 百岁坊银器 百变置物架 派多格宠物 小春泽外贸 好太太服饰 好妈妈童装 老北京布鞋 希努尔男装 小方块童装 阿斌烫染坊 天天乐玩具 良步轩足浴 大富豪足疗 海佳户外 万通达户外 乐锋充值 蚂蚁充值 爱美丽化 英杰日化 金童年玩具 万年青健身 启明星影像 尖尖角饺子 小天鹅火锅 大拇哥水饺 杭州小

笼包　爱鸭鸭脖王　黄焖鸡米饭　欢乐滋披萨　爱尚麻辣烫　张田麻辣烫　滕州菜煎饼　常州刀削面　苍山塌煎饼　淮南牛肉汤　南京灌汤包　西安肉夹馍　好滋味饺子　龙湾酸菜鱼　重庆鸡公煲　姐妹麻辣烫　语涵麻辣烫　裕丰园馄饨　吉祥馄饨面　京福华肥牛　喜家德水饺　我家肉蟹煲　汲家肉夹馍　鲁南炒鸡王　重庆棚棚面　把子肉快餐　章健风干鸡　蜀来香冒菜　黄记玉米汁　米家摊煎饼　罐罐香米线　星巴克咖啡　老成全羊汤　凝香园美食　田家家常菜　营丰烩面王　芜湖小笼包　天津灌汤包　将军肚汤包　金麦源蛋糕　李氏摊煎饼　柴火老公鸡　香酥爆烤鸭　黄泥叫花鸡　蓝森林烧烤　尚俺家炒鸡　爱鸭黑鸭王　枣庄菜煎饼　香辣大肉面　花果山水果　金牌家常菜　加拿大海鲜　娇美佳人洗化　易风个性时尚精品　潘朵拉的美妆盒　好媳妇晾衣架（83 个）

　　临沂郝丽杯业　山东临沂广得利纸杯　临沂鑫洁刷业　临沂名望日化　临沂妙芙香水　临沂鑫泉日化　临沂艾儿化妆品　临沂广明日化　临沂祥琳日化　临沂金诚日化　临沂建国日化　爱居窗帘布艺　九红洗化　临沂新丰日化　临沂启东洗化　临沂千汇日化　临沂超强日化商贸　临沂鑫盛日化商贸　临沂正航商贸　临沂中百商贸　临沂红妃彩妆　临沂雨欣商贸　临沂诚信日化　临沂宝忠日化　临沂金富康美容美发用品　临沂诚通美容美发用品　临沂天元日化商贸　临沂蕾琪化妆品　临沂兰质·蕙心彩妆　临沂嘉乐洗化　临沂万丰日化　临沂森馨商贸　福鑫汽车装具　芝麻开门专业儿童摄影　伊莉莎婚纱摄影　新发现户外用品　非概念设计装饰　梦从音响电器　石语珠宝饰品　枫景无框阳台窗　小薇精品婚纱　礼记广告装饰　启明星影像　度全程礼仪庆典　先风数码影像　QQ 千趣形象设计　惟艺轩漆线雕　怡泰照明电器　无所畏户外活动　花为媒婚介服务　开心宝贝儿童摄影　风光无限汽车用品　甲申室内建筑设计　融汇典当　宝宝贝贝宠物　戴夫欧普卫浴　飞利浦照明　太阳雨太阳能　圣瓦伦丁婚纱摄影　浪漫之约婚纱摄影　壹加壹儿童摄影　丘比特婚纱摄影　阳光窗帘布艺　临沂姚迈体育用品　文都双鱼文体用品　临沂环宇胶带　临沂鑫兴文具用品　临沂伟伟体育用品　临沂市文豪特种纸业　临沂晓艳文具　临沂顺德胶带　华强体育用品　临沂易得力文体用品　艾莱克少儿英语　新时代百育教育　毕加名人外贸精品服饰　童鑫欧

韩童装　红朵儿欧韩童装　洛世奇进口饰品包包　芭莎欧韩时装　康康欧韩童装　金色童年时尚童装　天资美容美发　千惠发型设计　代代新美容美发缘美形象设计　牵牵手发型设　魅力雅典美发造型　蓝梦女子护肤瘦身　红袖添香足道　罗马皇宫洗浴　秀熙推拿按摩　陕西风味骨汤面肉夹馍　临沂燕山玩具　临沂顺发玩具　友谊台球器材　屋顶烧辣肉丝　洁威雅清洁洗化杨铭宇黄焖鸡米饭　狼诱惑酱骨头　臧家秘方排骨　雅米私家烘焙　兰州马氏牛肉拉面　正宗云南过桥米线　崔氏佳蛋糕　重庆小板凳火锅　乡厨炒鸡家常菜　秦云老太婆摊摊面　贝儿时尚饮品　家外家烤肉拌饭　土家族掉渣烧饼　曹林独家秘制烤鱼　弘扬季节菜品　不知道餐饮美食　青少年宫麻辣烫　正宗河间驴肉火烧　索绘画培训　新秀星影视传媒　兰陵周记全羊汤炒菜　安徽正宗牛肉板面　苍山香酥塌煎饼　熙顺紫菜包饭　王派蜜汁臭豆腐肉夹馍特色面　成都冒菜酸辣粉　柠檬鱼专业酸菜鱼连锁　韩记烧烤炒菜跳跳堂时尚火锅　第1佳大鸡排　马氏炒菜炒面烧烤　金刚山辣白菜　徐掌柜鞋底火烧　南方王记小吃　微山湖龙虾烧烤　溢品香黄焖鸡米饭　临沂李家烧鸡　筋头巴脑一锅香　合和精品川菜烧烤　食尚旋转小火锅　秘方排骨米饭　星火东北烧烤　重庆小刘忙烤鱼　味为先豆腐脑　胶东海鲜家常菜　李守娟烧鸡肴肉　济宁名吃甏肉米饭　东坡甏肉米饭　蒋大妈月子汤　北京瑞丰烤鸭　老陈家豆腐脑　味好美汉堡奶茶　赖扁担重庆小面　尖椒羊肉炒鸡沪上阿姨现煮茶饮　老北京绿豆饼　东坡家国人快餐　国色天香麻辣香锅五常米排骨米饭　鲜牛肉水饺馆特色炒菜　魔锅坊麻辣香锅　秦镇米皮小禾酸辣粉　一碗笑养生面　中国阑州拉面　正豪大大鸡排　晋妈妈牛肉面　蒙山大锅牛肉汤　巴麦隆自助烤肉　可口可味手擀面　明达油饼母鸡汤　郑氏瑞丰家常菜　华茂福建沙县小吃　品味居烤肉火锅　左边披萨咖啡饮品　怡佳人休闲食品　老地方在烧烤　零纬度烤鱼　汉釜宫韩式烤肉　巷子深家常菜　摸错门牛肚火锅　肉夹馍笼蒸豆腐脑　华客食坊大肉包子　邹记云南过桥米线　溢香阁黄焖鸡米饭　豆腐卷煎包锅贴　金三角生态烧烤　侯氏黄焖鸡米饭　武汉精武鸭脖　明达油饼母鸡汤　尝尝香过桥米线　临海海鲜鱼水饺野人部落-烤涮　晋一品刀削面　崔记老南关糁　妈妈味道家常菜　小香泰私房小厨　沂蒙特色高伟炒鸡　四川酸菜鱼重庆火锅　济南一九烧烤龙虾

夜沙龙龙虾烧烤　主烤官炭烤一族　一心韩式烤肉　黑森林法式甜点　如家水饺馄饨　湘钢手工大馒头　苍山郭家大包子　何家马头烤牌　炫包族特色汤包　益寿坊盐卤豆腐　山泉水全羊汤　金田快餐盒饭　味还行牛肉板面　麻辣童话麻辣烫　蜀辣坊时尚麻辣烫　颜记朝阳家常菜　鑫诚酥油火烧　王记东北幸福人家　大不同烧鸡肴肉　福建馄饨小吃　潘记牛肉板面　正宗潍坊酥皮肉火烧　好运来水饺快餐　香喷喷铁板烧　码头烤牌回锅羊肉汤　爱的故事（小字：纯手工巧克力）　第一烤场（小字：串吧）　小象同学的泰式奶茶　银河系饰品　臻爱银饰　妃兰雅饰品　菲丽银饰　北京秘制羊蝎子　山东辣椒炒肉　老北京疙瘩汤　云南蒸汽石锅鱼　大连海鲜烧烤（235 个）

3. 属名＋通名的结构方式（56 个）

一家超市　百姓超市　宏远超市　思颖超市　九九超市　华龙超市　双喜超市　家家悦超市　福润达超市　福旺家超市　早早便利店　山姆士超市　惠宜美超市　好媳妇超市　小红帽超市　福临万家超市　真正薄利超市　临沂春江商贸港优超市　东昇百货超市（19 个）

太古名店　纯点临沂旗舰店　香秀儿专卖店　莹莹的店　兰蔻旗舰店　凡舒的店　富木专卖店　士顿铂翡专卖店　麦迪尔旗舰店　琴宏昌专卖店　名达菲旗舰店　海奕施热杰专卖店（12 个）

怡景丽家　海澜之家　小草之家　宏泰家　扬州小镇　蜗居小镇　羲大丽屋　大冰的小屋　十全坊　臻品坊　牛仔部落　临沂丽都　水阁云轩　罗马皇宫　缘来小站　城市屋顶　冰珂·淑苑　西雅阁　比倩山东商务部　浩月阁　福鹿山庄　时光小院　帝王豪庭　鲁班沂州宾馆　滨江友好商城（25 个）

4. 业名＋通名的结构方式（17 个）

穇馆　咖啡馆　内衣生活馆　百货商店　五金商店　洗涤日化商店　烧烤老店　聚宝堂　外贸屋　南瓜饼屋　薯条库　冰的堡　茶社　鞋柜　煮烤宫　内衣世界　童装大世界

5. 只有属名（166 个）

闪酷　君乐购　恒泽　璐帕莎　蒙卡莉娜　例格　迪奈尔　拉比　印象草原　高梵　欣莉　麗潔　子译　鑫鑫　初秋　玫约　最爱　天丽　尚·品觉先生　明禾　糖糖　良品　千姿　姚领　花漾　雅格　优优　居家家　典

典　贝贝　天天　旺旺　步森　利郎　内酷　瑞祺祥　七度品尚　火树银花
吉瑞福　古魅　银领时尚　星敞雅　爱诺雅　依饰缘　玲珑月　希威　梦娇
蕾　醉美　星世界　耳朵的三杯水　斯人也　欧茹拉　三彩　唐狮　快鱼　明
洞　名媛　炫色　田边　丽尔　衣品　纳薇　初见　衣缘　贝蒂　东丽　盼
盼　舞者　剪爱　沙宣　蚯蚓　标榜　首艺　秀客　正新　例外　哈哈堂
部落格　百年润　胖太太　甜蜜蜜　红黄蓝　爱儿健　莉佳丽　人中王　女
人花　巴黎站　莱迪尚　大黄蜂　海威迩　沐沐家　麻布语　爱茉莉　糖果
果　嘟嘟家　潮宝贝　贵妇人　大赢家　火之蕴　串串香　风雅颂　三人行
锅锅香　小资范　小外资　乖宝贝　一点利　舞之恋　海岸线　星期衣　欧
伊曼　水云间　金木鱼　阿依莲　可尔美　新大地　回头率　乐天堂　大力
士　熏意特　曼哈顿　长春藤　小小厨　东北乐　费若拉　禅芸溪　尚水元
等疯来　雅梵娜　甘茶度　清梅居　杰米熊　月之韵　杰奎琳　美在这里　恋
上自己　香水百合　巴黎春天　金色童年　我的宝贝　快乐尘埃　慕思卡莉
车来车往　一树梨花　壳遇可求　乡里乡亲　伊丝艾拉　利奥纳多　妞娜公
主　德菲蒂奥　巴拉巴拉　花香留年　伊香飘影　天一尚品　上海故事　甜美
公主　甜心宝贝　衣香丽影　快乐小鱼　快乐贝贝　汉舞瑶绮　媚力丝射　米
兰童话　金色童年　启蒙童年　真爱童年　旺旺童年　漫游世界　在水一方
音乐之声　重庆印象　茗梦幽来　莳谨茶毓　漂亮美媚

6. 只有业名（3个）

糁油条稀饭八宝粥豆汁咸糊豆　　肉夹馍笼蒸豆腐脑
豆腐卷煎包锅贴

三、按文化归类的店名语料

1. 店名中的传统文化（640个）

（1）家文化（66个）

东北一家人三鲜饺子楼　　一家人美食城　　家乐快餐　　东坡家国人快
餐　　一家人快餐　　田家家常菜　　如家水饺馄饨　　小香泰私房小厨　　小两
口馓子　　小草之家　　尚俺家炒鸡　　王记东北幸福人家　　家有儿女　　怡景
丽家乐淘家具　　美好孕婴　　米兰家居　　红豆家具　　嘉年名华国际家居广

场　　爱宝贝母婴生活馆　　亲子之家　　梦之家家纺　　如家小筑家居馆　　家家悦超市　　福乐家购物中心大　　家乐生鲜连锁超市　　福临万家超市　　福旺家超市　　宜家网络会所　　厨炒鸡家常菜　　我家肉蟹煲　　家味道水饺馆　　家常水饺　　喜家德水饺　　康家美味小吃屋　　郑氏瑞丰家常菜　　巷子深家常菜　　金牌家常菜　　左宴私房菜　　家常菜馆　　家常炒菜馆　　宜室家居　　国美家具广场　　靠得住家政　　中优健康之家　　尼家纺　　晋妈妈手擀面　　外婆家石锅香　　姜妈花甲　　蒋大妈月子汤　　爸爸奶吧　　乖宝贝　　巧嘴妈妈中式餐厅　　妈妈味道家常菜　　老妈馄饨　　好妈妈童装　　时尚妈咪　　梦想妈咪　　好孕妈咪　　妈妈衣橱　　姐妹家政　　漂亮妈妈产后恢复中心　　好媳妇晾衣架　　好媳妇超市　　宝贝衣柜　　甜心宝贝　　姐妹麻辣烫

（2）社会性别文化（33 个）

胖太太　　靓夫人　　贵夫人　　好太太服饰　　田园丽人　　贵妇人　　美麗夫人　　麗娘服饰　　御姑娘麻辣烫　　世纪新娘　　衣香丽影　　丽人影楼佳佳人　　典雅女装馆　　时尚秀发飘扬　　美时美刻女子美容生活馆　　女人花　　维她服饰　　品味女人　　女人世界　　丽人衣柜　　木兰女装　　都市丽人　　漫步佳人　　欧姿女装　　风韵时尚精品女店　　蓝梦女子护肤瘦身　　女人秀　　娇美佳人洗化　　大卫男装　　男人馆　　外贸男装仓储　　希努尔男装

（3）祈福求祥的传统文化（141 个）

爱❤盒饭　　笑笑面馆　　永和豆浆　　安安快餐　　临丰饺子楼　　福阳快餐正旺快餐　　LY 栗缘甘栗　　惠美饺子　　凤凰居　　一碗笑养生面　　顺和小吃朝阳糁馆　　好客饭庄　　富尧全羊　　凝香园美食　　筷乐馄饨铺　　祥禾馄饨馆　　佳旺快餐　　利民饭店　　厚道饭店　　红衣坊　　如意炒鸡店　　长寿面馆　　金祥食府　　惠客小炒　　宝鼎烧烤城　　福泽甲鱼馆　　好运来水饺快餐云裳外贸　　缔缦家纺　　昌源丝绸　　潇洒裤行　　爱心儿童服装专卖　　雅云服饰　　爱心果　　独辫子　　尚品诱货　　天赐福　　红喜坊　　红鑫喜铺　　牵手发型设计　　开心宝贝儿童摄影　　快乐贝贝　　玲珑美发　　今生缘婚纱摄影　　芝潇雅发艺工作室　　久久婚纱摄影　　小薇精品婚纱　　美你美发　　代代新美容美发　　缘美形象设计　　潇洒发艺　　媚力丝射　　亲亲宝贝　　我的宝贝　　车之缘汽车坐垫　　众信汽车装具　　恒源祥车饰　　玖得玉缘　　创洁

干洗 红太阳广告 金伯利钻石 老凤祥银楼 红娘喜铺 阳光高第自助公寓 福鑫汽车装具 好兆头橱柜 华祥苑茗茶 启明星影像 快乐尘埃 牵手婚友联谊俱乐部 怡泰照明电器 花为媒婚介服务 风光无限汽车用品 快乐金星公寓 宝宝贝贝宠物 馨居布艺沙发专卖店 福邦典当 心在一起快捷连锁酒店 沂河缘 最强囍事 阳光窗帘布艺 安达驾校 保君起名馆 京福隆甘栗 正仁武道 金雀园特产总汇 德喜母婴 奥博美车 鹏盛日化 洁丽雅毛巾 新秀星 真诚日化 众信洗化 红粉精品 恋上自己 恒富日化 香水百合 富光口杯 百姓超市 天北超市 好怡嘉购物中心 人人和连锁超市 福润达超市 早早便利店 龙辰商店 凤凰购物广场 美特好千峰南路店 宏远超市 好再来百货 靓姿日化 永芳百货 华龙超市 东昇百货超市 双喜超市 翔升文具 宏鹰文具 彩虹文具 华昌文具商行 真爱童年 天天乐玩具 国盛玩具 启明星影像 静雅饺子屋 雅怡服饰 汉舞瑶绮 一嘉好粥 万年青健身 吉祥馄饨面 盛源餐馆 惠美饺子 顺泰草鸡店 永顺炒鸡 顺和面馆 吉祥水饺 永乐盒饭 和平饭店 康发食品 益寿坊盐卤豆腐

（4）逐金尊贵的传统文化（47 个）

鑫源金店 裕丰园馄饨 金龟馅饼 恒利盒饭 亨达皮鞋 金三角生态烧烤 童鑫欧韩童装 泓业庆丰包子铺 钻石钱柜 KTV 大富豪游乐场 金鼎轩烧烤广场 金麦源蛋糕 晟富花式餐厅 富华饺子楼 金泽海鲜 金鹰台球 大富豪足疗 旺旺童年 万利文具 百盛名品 金生源银楼 金冠霖手机大卖场 豪门玉妆 金才画社 金木鱼 贵宾楼 官运来杯业 皇家曲奇 罗马皇宫洗浴 帝豪洗浴 紫金阁娱乐城 大赢家 皇城根 羲大丽屋 金色童年 鬏肉王 川面王 煮烤宫 顺和炒鸡王 爱鸭黑鸭王 桃酥大王 营丰烩面王 后宫洗浴 贵丽丝 人中王 澜公馆贡茶 爱鸭鸭脖王

（5）乡土文化（21 个）

瑷盟小镇 斟炉 回锅羊肉汤 乡里乡亲 杨家埠风筝 缘来小站 东野钓具 赶海海鲜 河畔羊庄 农贸市场海鲜美食城 李庄熟食烧鸡

猪蹄　　麻辣小镇　　农家豆腐草鸡店　　柴火老公鸡　　庄户水饺　　码头烤牌
羊一锅煎饼卷大葱生态园　　香村馅饼　　山妞土特产　　百菜园　　小树林

（6）市井文化（52个）

城市部落　　古摄影　　水阁云轩　　石语珠宝饰品　　云香茶叶　　城市
屋顶枫景无框阳台窗　　红颜秀　　惟艺轩漆线雕　　南天竺书轩　　橘林文具
经世书局　　青藤茶楼　　红袖添香足道　　大自然休闲广场　　和茗茶楼　　轩
天阁电玩店　　溢品香黄焖鸡米饭　　狼诱惑酱骨头　　老鸭粉丝馆　　香辣
鱼　　美味源炒鸡店　　油饼母鸡汤　　鲜果漫饮　　蜗牛快跑美食餐厅　　小馋
猫　　特色炒菜　　鲜榨果汁　　珍珠甘栗　　老城火烧铺　　青花的记忆　　阿
杜快餐　　东关老糁馆　　八路餐馆老店　　一品饼屋　　老昌盛汤包馆　　老
丰盛汤包店　　奶茶小站　　惠民早餐　　老铺子肉火烧　　人人图书　　部落格
麻．元素　　麻布语　　百事棉品　　玫约　　原生态竹纤维　　增致牛仔　　采
棉人　　粗布外贸　　丝绸老店　　生态竹纺　　牛仔部落

（7）数字文化（31个）

1818主题餐吧　　第1佳大鸡排　　1911牛肉烤串　　89号仓库　　123童
装　　美佳乐1993　　黑8台球会馆　　3A扑克　　壹加壹儿童摄影　　5D体验
馆　　5D动感影城　　25小时电玩城　　2012酒吧　　千惠发型设计　　百年靓
齿　　九九超市　　百岁坊银器　　千金缘婚纱摄影　　三彩七彩童年　　千惠织
衣　　利万佳购物广场　　一树梨花　　百圆裤业　　一九六八形象会馆　　一
品香砂锅　　一品全羊　　万宾酒店　　佰姿内衣　　千丽灯饰　　百亿度假村
一剪缘

（8）大众俚俗文化（225个）

欢乐牧场自助餐厅　　鸿萃花园酒店　　回味烤鱼　　摸错门牛肚火锅　　雪
莲服饰　　柠檬鱼专业酸菜鱼连锁　　独一处炒鸡骨头馆　　溢香阁黄焖鸡米饭
辣子鸡盒饭　　煨知缘黄焖鸡米饭　　绝味鸭脖　　夜沙龙龙虾烧烤　　味还行
牛肉板面　　小洋葱餐厅　　红朵儿欧韩童装　　蛮牛家政　　河烤酒吧　　花
之都　　桐真商店　　霖晓日化　　胜豹日化　　树新文具　　文都双鱼文体用
品　　金翠兽药有限公司　　屋顶烧辣肉丝　　大拇哥水饺　　特色小吃　　弘
扬季节菜品　　平衡粥店　　腊汁肉夹馍　　楼尚岳式私房菜馆　　金叶水饺

店　跳跳堂时尚火锅　米粉坊　爱尚麻辣烫　过桥米线　青少年宫老馄饨　肉夹馍特色面　老汤面疙瘩　好滋味饺子　筋头巴脑一锅香　正宗八一路烧烤　安惠快餐　合和精品　语涵麻辣烫　食尚旋转小火锅　九州美食园　南关齐阳糁馆　烧烤老店　秘方排骨米饭　傻包包　桃园美食城　康康粥府　煲来啦！　尖尖角饺子店　金一水饺　面馍味道　开阳糁馆　上当一回，劝君上当　康都炸肉　味好美汉堡奶茶　妙福馅饼老粥铺　屋顶烧烤酒吧　砂锅老店　三汁焖锅　国色天香麻辣香锅　莱格麻辣烫　魔锅坊麻辣香锅　爱心快餐　迦迦旋转串串吧　迦迦私房面馆　味千拉面　旺记小吃　南关老街糁馆　罐罐香米线　尚他家自选麻辣烫超市　木子米粉　笼蒸豆腐脑　众家客美食广场　煮满签　天天快餐　大乐惠美食城　可口可味手擀面　怡朦烧烤　玖玖茶饮　今日饭店老俵食品　老台门汤包　欢乐烤场　傻小二面馆　红星饭店　傻瓜包子店　香博疙瘩汤　尝尝香过桥米线　尖尖角灌汤饺子　元一火锅　开元蛋糕　实惠小吃部　二牛盒饭　常聚小酒馆　永和豆浆　将军肚汤包光头烧烤　好再来餐馆　谷香汇糁馆　湘钢手工大馒头　炫包族特色汤包　金田快餐盒饭　一品香糁　鑫诚酥油火烧　一品香烧烤　津津香熟食店吧　脆皮大油条糁馆老店　三合糁馆　香辣大肉面　香喷喷铁板烧千里香馄饨　捞烫时代　沸腾诱惑　新韵服饰　新光针织服装展销中心　宝贝衣柜　赤橙黄绿　童年衣柜　佳丽织衣　睡衣世界　九州内衣店　沐沐家　时尚潮流　富木专卖店　味道服饰　超艺制衣　孕宝贝　孕时代　贵族宝贝　时尚大码　淼淼制衣　昊宝服饰　新时修衣多多童装　小方块童装　金色童年时尚童装　视明眼镜店　新颖·时尚饰品广场　君浩广告制作　卫东眼镜店　腾鲁电器　鸿信通讯　艺彩彩扩　非概念设计装饰　梦从音响电器　明轩灯饰　度全程礼仪庆典　先风数码影像　大格局广告　融汇典当　朱老大澡巾　阿玲发型精品店速8快捷酒店　老班长汽修　爱车人汽车装饰中心　立晨木门　永峰胶带销售总部　平阳房产　便民百货　一家超市　新视野眼镜店　九红洗化　九州商业大厦　滨江友好商城　真正薄利超市　康丽日化　智木玩具　蓝海渔具　欣意玩具　糁馆　灌汤包老店　把子肉快餐　正宗

里脊　　手工水饺炒菜　　鞋柜　　品牌折扣　　新光针织服装　　私人订制服饰　　百变置物架　　甲申室内建筑设计　　天天快餐　　花腰餐吧　　童年　　爱面馆　　爱儿健　　糖果果　　一品阁 sa 馆　　红黄蓝　　鸭诱惑　　牛肉板面　　绝味鸭脖　　爵士牛排　　炸鸡队长　　枣豆坊　　鸭血粉丝　　鸡焖鱼　　花椒鸡　　山泉水全羊汤　　爱茉莉香酥爆烤鸭　　黄泥叫花鸡　　兴诚活鸡店　　君品炒鸡刀削面　　鲜羊肉火锅城　　梨航炒鸡老店　　大不同烧鸡肴肉　　特色牛肉汤　　阳光炒鸡店　　砂锅肉夹馍　　石页米线　　胖胖大包　　肉夹馍　　大馅水饺　　鬏肉米饭　　尖椒羊肉炒鸡　　鲜牛肉水饺馆　　糁油条稀饭八宝粥豆汁咸糊豆

（9）其他文化（45 个）

鸢尾图书馆　　浪漫之约婚纱摄影　　衣米阳光　　鹭达眼镜　　天缘茶语茶叶店　　诗情花艺　　美在这里　　花香留年　　新时沏　　爱尚面　　食话食说　　品香缘米线　　鸢飞风筝　　玫服饰　　尚品糁馆　　怡朦酒店　　主烤官炭烤一族　　初见　　箴面馆　　月之韵　　水云间　　花漾　　优优　　冰珂·淑苑　　舞之恋　　魅缘坊　　伊然美发　　爱的故事　　壹品尚　　麦乐仕　　高梵欣莉　　童衣阁　　伊香飘影　　名媛　　芙蓉包店　　衣品　　米兰时尚　　美度发型　　衣缘　　东丽　　三亚龙摄影婚纱　　逸丝风尚　　可尔美　　童画·阿特　　启蒙童年

2. 店名中的当代流行文化（254 个）

（1）传媒文化（29 个）

董小姐の贡茶　　成花花の茶饮铺　　潮流干线名品店　　妞娜公主　　纯真年代　　潘朵拉的美妆盒　　芝麻开门专业儿童摄影　　在水一方　　沁园春茶楼　　放牛斑　　小城故事　　牛魔王糁馆　　泰芒啦　　大力士　　令狐冲野人部落－烤涮　　星光大道 KTV　　麻辣童话麻辣烫　　武大郎烤肉饼　　心语星愿　　小红帽超市　　礼记广告装饰　　不见不散 KTV　　东方好莱坞　　阿诗玛庭院　　甜蜜蜜　　快乐老家　　蓝森林烧烤　　小叮当

（2）店名中的个性文化（67 个）

星期衣　　妙角士　　劝君上当，上当一回　　重庆印象　　甘其食　　喵小煮　　朕的茶　　食肉兽小馆　　顶尖时尚　　创禾外贸　　太古名店　　麗潔

布着屋　火之蕴　小资范　尚·品　小外资　一点利　糖糖　天一尚品　良品　海岸线　丽尔　沙宣　标榜　回头率　哈哈堂　首艺新大地　青丝坊　绝世鬼剪　精剪刀　壳遇可求　数码宝贝　大师摄影　尼玛的天空　自然发则　车来车往　小样壁纸　挤车平安社　剪爱　等疯来　新感觉　我们在丽江　大冰的小屋　三 A 牙刷　百年润发　瑞 RUI　光合作用书房　黄小丁 de 店　GUOREN 国人　易风个性时尚精品　内酷　捌零玖零·私橱　炫色　麻辣主义　例外　辣妈潮童馆　时尚顶尖　蜜月会馆　风暴狂剪　炫发组合　卡其色　田边　潮宝贝　莹莹的店　秘密衣装　嘟嘟家

（3）健康休闲文化（51 个）

佳洁牙科　馨馨然彩妆　美丽妆行　爱尚化妆品　颜如玉洗化　华强体育用品　乐天堂美标健身中心　友谊台球器材　和逸茶楼　汇祥健身　祥云茶舍　康源大药房　运动一族　光华大药房　鹭燕大药房博泰药店　康惠大药房　齐安医疗　盛康药店　达辉参茸药房　无所畏惧户外活动　新发现户外活动　户外主题咖啡馆　中兴化妆　青丝坊美发会所　美宣造型　标美造型　天资美容美发　诚信美发用品超市　阿斌烫染坊　美格美发　丹纳乐器　魅力雅典美发造型　捷成化妆品商行良步轩足浴　逸园高温瑜伽会馆　享瘦健康减肥会所　大众浴池　良子足道　三奇会馆　华夏足道　星皇台球　和泉茶楼　星域娱乐城　音乐之声　名仕台球　东方红影院　同仁医药　名居大药房　星美国际影城　紫微星理疗养生中心

（4）品牌文化（88 个）

老牌坊　雪竹　阿依莲　小天鹅火锅　杨铭宇黄焖鸡米饭　长春藤　杰米熊　大黄蜂　爱居兔　唐狮　快鱼　快乐小鱼　纳薇　七茉　舞者　蚯蚓　都一处生煎　红黄蓝　意尔康　彤德莱火锅　海澜之家　外贸服饰　金利来　安踏体育　报喜鸟　吴裕泰　LI-NING　樂鱼　凯撒　李守之烧鸡熏肉店　福杰野生大鱼坊　李守娟烧鸡看肉宋三老汤鸡看肉总店　米家烧烤　黄记玉米汁　王氏熟梨　章健风干鸡豪大大鸡排　老成全羊汤　老魏炒鸡店　冯记全羊老店　李记全猪烧

鸡　　张二怪蹄蹄香　　刘锦记龙虾大王　　明达油饼母鸡汤　　宗记黄焖鸡米

饭　　何家马头烤牌　　杨记烧鸡肴肉店　　赵记烧鸡肴肉店　　潘记牛肉板面

老施龙虾馆　　侯氏黄焖鸡米饭　　振宇炒鸡店　　沈老太烧肴老店　　朱老大

饺子村　　臧家秘方排骨　　鲁班沂州宾馆　　汲家肉夹馍　　冯家糁馆　　老冯

记美食城　　王氏熟梨　　东坡髈肉米饭　　徐掌柜鞋底火烧　　南方王记小吃

八一路老孙烧烤涮肚老店　　姜记糁　　宁宇快餐良心品质　　王派蜜汁臭豆腐

熏意特张田麻辣烫　　青兰饺子楼　　杨国福麻辣烫　　鸿业庆丰包子铺　　丰

年记中式餐厅　　老陈家豆腐脑　　米家摊煎饼　　程茗快餐　　全记髈肉米饭

文记全羊　　叶师傅盒饭　　杨华板面　　崔记老南关糁　　尹氏全羊馆　　徐记

煎包　　李氏摊煎饼　　刘一锅　　方氏面馆　　曹林独家秘制烤鱼　　杨澜衣柜

（5）民间培训教育文化（19个）

西部文化艺术培训中心　　现代打击乐学校　　金雨舞蹈　　中训教育

超强教育　　启航教育　　新时代百育教育　　小天使音乐舞蹈学校　　丽萍舞

蹈学校　　晓辉钢琴学校　　建华吉他学校　　临沂蓝藝艺术学校　　艺海舞蹈

培训学校　　临沂欧宜英语培训学校　　神墨教育　　古韵琴行　　优胜教育

巴洛克钢琴学校　　毕加索绘画培训

3. 民族文化（14个）

清真全羊　　阿瓦山寨　　彝家食湾　　摩梭女　　东巴纸坊　　民族轩

土家族掉渣烧饼　　清真兰州拉面　　东巴纸坊　　清真鑫鑫全羊馆　　清真王

府　　清真烧烤　　南关清真糁馆　　清真小馆

4. 地域文化（173个）

陕西风味骨汤面　　肉夹馍　　正宗云南过桥米线　　香港杏记　　四川火

锅城　　重庆小面　　蒙阴火烧　　苍山香酥塌煎饼　　常州刀削面　　河间驴

肉火烧　　成都冒菜酸辣粉　　南京灌汤包　　西安肉夹馍　　嘉兴粽子　　青岛

风味烧烤涮肚老店　　蓬莱饺子楼　　济宁名吃髈肉米饭　　三峡烤鱼　　重庆

火锅　　重庆棚棚面　　重庆拌菜老店　　临城火烧铺　　四川拌菜老店　　台湾

第一香　　东北乐饭店　　秦镇米皮　　临沂饭店　　临沂老粥店　　台湾第一香

成都美食　　老北京绿豆饼　　临沂于家糁馆总店　　老陕西肉夹馍　　武汉精

武鸭脖　　五常米排骨米饭　　重庆酸辣粉　　中国阑州拉面　　北京掉渣饼

淮南牛肉汤　　兰州拉面　　广东菜馆　　沂蒙餐馆　　东北大众炒菜　　芜湖小笼包　　四川香天下火锅　　西安名吃　　福建沙县小吃　　沂蒙特色高伟炒鸡　　广东潮汕老洪饭店　　大连味道肉面馆　　天津灌汤包　　沂蒙塌煎饼　　苍山郭家大包子　　福建馄饨小吃　　正宗潍坊酥皮肉火烧　　台湾第一香　　阿里山卫生所　　晋味缘　　京福华肥牛　　宝岛眼镜　　临沂顺德胶带　　山东临沂广得利纸杯　　临沂顺发玩具　　临沂鑫洁刷业　　临沂佳宜包行　　临沂美缘馨日　　临沂爱心奇航文具商行　　临沂名望日化　　临沂超群洗化商行　　临沂千汇日化　　临沂金程纸品大世界　　皇姑桥老菜馆　　临沂鸿发办公用品商行　　京鼎香　　紫溪小面　　九峰茉莉红茶馆　　桐林餐厅　　水泊梁山聚贤楼忆江南酒店　　苏杭丝绸江南小镇　　扬州小镇　　山东明珠木业公司　　云南茶礼文化园　　上海桃源文具有限公司　　兰州马氏牛肉拉面　　兰陵周记全羊汤炒菜　　河间驴肉火烧　　京都薇薇　　上海故事　　沂州老糁　　东北百味老济南　　京成一品　　沂城火烧铺　　老北京疙瘩汤　　老北京布鞋临沂总店　　苍山小李豆腐　　胶东庄户城　　东北人家饭馆　　淮南牛肉汤　　滕州菜煎饼　　重庆小刘忙烤鱼　　临沂李家烧鸡　　胶东海鲜家常菜　　重庆鸡公煲　　微山湖龙虾烧烤　　龙湾酸菜鱼　　鲁南炒鸡王　　安徽阜阳牛肉板面　　郯国炒鸡老店　　蒙山大锅牛肉汤　　苍山小李豆腐草鸡店　　临沂牛肉汤馆　　单县羊肉汤　　花果山水果　　北京秘制羊蝎子　　莒南驴肉　　山东辣椒炒肉　　云南蒸汽石锅鱼　　加拿大海鲜　　蒙山草鸡店　　费县全羊　　大连海鲜烧烤　　蒙阴炒鸡总店　　四川酸菜鱼重庆火锅　　济南一九烧烤龙虾　　滕州全羊馆　　临海海鲜鱼水饺　　正宗淮南牛肉汤　　东北君悦炒鸡饺子楼　　正宗河间驴肉火烧　　莒南笨鸡店　　马头全羊馆　　枣庄菜煎饼　　老单县羊肉汤　　广东猪脚饭　　云南菜馆　　临华龙戏具乐器商行　　重庆小板凳火锅　　星火东北烧烤　　东吴面馆　　台湾第一香　　川菜烧烤　　蜀来香冒菜　　黄土高坡许家烧烤　　赖扁担重庆小面　　锦洲烧烤　　华茂福建沙县小吃　　晋一品刀削面　　临沂同缘饭庄　　蜀辣坊时尚麻辣烫　　东北乐　　北京甜品生活馆　　老北京布鞋　　青州小菜　　延吉烧烤　　临沂新丰日化　　大家湘厨　　杭州丝绸专卖店　　纯点临沂旗舰店　　临沂艾儿化妆品　　临沂建国日化　　临沂环宇胶带　　临沂新世纪毛巾批发商行　　临沂市文豪特种纸业　　沂蒙饺子屋　　北京瑞丰

烤鸭　　临沂康佳台球桌有限公司　　临沂市利信得印刷中心　　临沂宏旭百货批发商行　　鲁味居　台湾茗果

5. 外来文化（151 个）

小林家 pizza　　德克士　　GOURMET 美食　　HAVE A DRINK 来一杯　　麦当劳　　She's hello pizza　　DoMo 炸串　　RandB 珍奶会所　　QUEEN.CAROL 可人儿临沂专卖店　　卡兰迪　　伊丝艾拉　　利奥纳多　　eral. 艾莱依　　黑贝 .herbay　　雅梵娜　　德菲蒂奥　　Isaxir 爱尚轩然　　happy 海贝　　rooeng 罗蒂诺童装专卖　　QQMeiGui 芊芊玫瑰　　OL 衣橱　　Honey&koko 韩国　　E-one Dwuji　　Ada 欧韩依舍　　NOLO　　外贸出口成衣 No.1　　QZMEI 欧伊曼 Cc 衣柜　　拓奇·研丽　　peak　　JYGUGGE 古歌　　aidai 爱戴　　3S GAGA　　Balabala　　U.KNOW 悠诺　　Sand&foam　　鸿星尔克 ERKE　　Gcrues EICHITOO　　杰奎琳　　FABT CP　　cache c cache　　The shop 六本木 beautiful life　　RYB　　ISHOW 爱秀内衣　　BFF 闺蜜欧美时尚　　DODO　　CC 小姐　　CO CO　　首尔 SEOUL　　show 秀欧韩时装　　hellobaby　　mi to 欧韩童装　　khaki　　Adidas　　蒙娜丽莎婚纱摄影　　伊莉莎婚纱摄影　　圣瓦伦丁婚纱摄影　　丘比特婚纱摄影　　E-shine 时尚造型　　LOKE&LOCK 乐扣乐扣 Sangni 相框　　托普斯太阳花散热器　　凯顿·洁衣诺　　巴布车房　　施德瑞来消毒服务站　　戴夫欧普卫浴　　威尼斯数码广场　　艾莱克少儿英语　　卡柏洗衣　　芭缇雅 KTV　　派多格宠物　　山姆士超市　　I CAN PLAY　　妙角士西饼屋　　爱尚歌 KTV　　钻石钱柜 ktv　　欢唱量贩式 KTV　　熙顺紫菜包饭莱迪尚　　费若拉　　曼哈顿　　海威迩　　韩尚馆　　西雅图　　秀客　　来一杯奶茶屋　　果贝牛排　　韩品小厨　　爱缇米斯　　星巴克咖啡　　米兰站　　密科斯慢摇吧　　小象同学的泰式奶茶　　简逗·披萨　　莉佳丽　　羽沙国际巴拉巴拉　　巴黎站　　欧尚衣社　　芭莎欧韩时装　　贝蒂　　潮流前线　　罗马皇宫　　慕思卡莉　　拿铁酒吧　　韩衣佳人　　上岛咖啡　　汉釜宫韩式烤肉维纳斯婚纱摄影　　兰蔻婚纱影楼　　幸福时光 KTV　　XG 旭兴日　　欢乐颂自助式 KTV　　HM 华美洗化　　巴黎春天　　爱 Baby 摄影　　洛世奇进口饰品包包　　米兰童话　　金刚山辣白菜　　意式披萨　　阿咪果 KTV　　橙果 KTV　　嘎啦咖啡　　麦香烘焙黑森林法式甜点　　南方西点房　　麦淇卡烘焙坊　　申泰

鲜奶吧　小春泽外贸　剪剪吧　韩版服饰　尚品外贸　名品汇工厂直营店　新颖外贸　米兰时尚　韩国饰品专卖　康康欧韩童装　名人外贸精品服饰　木可外贸出口成衣　哎呦不错外贸童装店　糖果外贸　欢乐滋披萨　必胜客欢乐餐厅　一心韩式烤肉　巴麦隆自助烤肉　外贸屋　简爱外贸　韩国美食

6. 网络文化（16个）

百川网吧　笨笨网吧　地球村网吧　洋洋网吧　一点通网吧　瑶滚网吧　极乐岛电玩城　爱尚电玩城　动漫园　好朋友网吧　轩天阁电玩城　酷乐网咖　QQ千趣形象设计　e时代　漫游世界　青苹果网吧

后　序

本书是著者在硕士毕业论文的基础上，从传播学视角进行深入研究形成的初步成果。关注店名始于 2003 年，在送女儿去幼儿园的路上，街道两旁形形色色的店铺牌匾吸引了孩子的目光，从而让她认识了很多汉字，也让我意识到社会用语的趣味性及其规范的重要性和必要性。2004 年在曲阜师范大学读研期间，张诒三老师主讲的社会语言学研究方法，让我茅塞顿开，对店名的语言文化及其传播产生了浓厚的兴趣。2007 年，我在导师陈克守的指导与帮助下，完成了硕士毕业论文《临沂市牌匾语言研究》，从语言学的角度对店铺名称进行了分析研究。

2009 年，我开始从事传播学课程的教学工作，但是对店名的思考一直没有中断。如何在社会语言学研究的基础上进一步创新，挖掘店名的社会文化内涵及其在社会文化传播中所扮演的角色、功能与作用是我一直在苦苦探索的问题。随着对传播学理论及研究范式认识的不断深入，特别是在熟悉了"语言符号""店名符号""传播符号""文化符号"等概念之间的密切关系后，从传播学视角诠释店名在我脑海中逐渐形成研究轮廓。2016 年，在领导和同事的指导帮助下，在无数个雕琢观点、推敲字句的日子里，我的学术视野逐渐打开。2016 年下半年，本书正式启动研究，2017 年 12 月书稿形成。

本书在写作过程中获得了社科研究主管部门、专家学者及临沂大学传媒学院领导、老师和同学的大力支持与帮助。

山东省社科规划办在 2016 年将本研究课题列为山东省社会科学规划一般研究项目，并给予一定资助。在此表示感谢！同时对临沂大学传媒学院传播学重点学科的关心与支持表示感谢！

赵勇教授、杨中举教授、戴俊谭教授、周忠元教授、徐传胜教授和薛亚青教授，在课题项目申报和本书研究观点凝练与研究思路梳理方面提供了大量指导和帮助；高佳老师在访谈资料的整理、归纳与数据分析中给予了大量帮助；高梅老师提供了云南丽江古城的店名照片；隋长虹老师陪我完成临沂市北城新区的店名语料搜集；临沂大学传媒学院 2014 级和 2015 级播音与主持艺术专业的王彤彤、李真、李安然、韩庆、刘今、赵凌云、陈缘、王东、徐晋等同学在搜集店名语料与归类整理等基础性研究中做了大量的工作。在此一并表示感谢！同时感谢责任编辑卢媛媛对本书细致严谨的编辑！

从传播学视角研究店名文化目前尚处于起步阶段，可参考的直接资料有限。店名浩如烟海，本书收集到的语料只是沧海一粟。鉴于本人能力所限，书中难免讹误和疏漏，敬请各位专家阅后斧正。